KB265005

찰스 하지의
조직신학개요

찰스 하지의

조직신학개요

찰스 하지 지음 | 원광연 옮김

[생명의 길]

젊은이들에게 영생의 길을 제시하는 고전으로 백년 이상 빛을 발해 왔다. 존 머레이는 본서를 걸작이라고 불렀다.

크리스챤
다이제스트사

서문

　하나님의 계시 가운데 가장 분명한 원리 중의 하나는 거룩이 진리의 열매라는 사실이요, 또한 그 원리에서 이끌어 낼 수 있는 가장 명백한 추론 중의 하나는 바로 진리를 올바르게 드러내는 것이야말로 거룩을 권장하는 최고의 수단이라는 것이다. 그리스도인들은 하나님의 말씀이야말로 인간의 구원과 관련된 진리들을 가르쳐 주는 유일한 무오(無誤)한 선생으로 믿는다. 그러나, 과연 성경이 진정 하나님께로부터 온 계시일까? 만일 그렇다면, 성경이 가르치는 교리들은 어떤 것들일까? 그리고 이런 교리들은 과연 우리의 마음과 삶에 어떠한 영향을 미칠까?

　미국 주일학교 연합회(the American Sunday School Union)의 출판위원회는 이러한 질문들에 대해서 명확한 해답을 제시하며 또한 지성적이며 교양 있는 젊은이들의 손에 쥐어 주어서 주목하게 하고, 그리하여 생명의 길로 나아가는 발걸음을 인도해 줄 만한 책이 없다는 사실을 오랜 동안 느껴왔다.

　본서는 그 위원회의 요청에 따라서 마련된 것이다. 본서의 소망은 위에서 언급한 그런 목적을 어느 정도라도 이루었으면 하는 것이다. 기독교 국가인 미국에서는 성경이 과연 하나님의 말씀이냐 하는 따위의 질문을 새삼스레 한다는 것은 전혀 불필요한 일인 것처럼 보일 수도 있다. 그러나 젊은이들과 많은 교류가 있는 사람이라면 심지어 신앙적으로 교육받은 사람들 가운데서도 이 점에 대해서 다소간 회의(懷疑)가 있으며, 혹 절대적인 회의는 없다 할지라도 성경의 신적 기원에 대한 증거가 생각만큼 그렇게 결정적이지 못하다는 인상을 갖고 있는 경우가 허다하다는 것을 알고 있을 것이다. 그리하여 믿음이 없다는 것을 큰 죄로 느끼는 경우가 거의 없는 현실인 것이다. 그러므로 어째서 성경을 하나님의 말씀으로 믿지 않으면 안되는가 하는 질문에 대해서 간략하면서도 분명하게 해답을 주어야 할 필요가 중요하게 부각된 것이다.

이보다 더 함축적인 질문, 곧 성경은 무엇을 가르치는가? 하는 것에 대해서는 복음적 신앙에 필수적인 저 위대한 실천적 교리들 — 즉, 죄, 칭의, 믿음, 회개, 거룩한 삶에 관한 교리들 — 을 다루는 가운데 해답이 제시될 것이다.

이러한 교리들이 마음과 삶에 미치는 영향에 대해서는, 다시 말해서 신앙적 체험에 대해서는, 하나님의 백성들의 무수한 기록들이나 하나님의 교회에서 늘상 목격하는 사실들이 참고로 언급될 것이다. 그러나 우리가 기댈 수 있는 가장 안전한 것은 바로 성경이다. 왜냐하면 성경은 진리가 무엇인지를 가르쳐줄 뿐만 아니라 일깨워진 양심과 믿는 마음에 그 진리가 어떻게 작용하는지도 가르쳐주기 때문이다. 성경이 죄에 대하여 칭의에 대하여 믿음과 회개에 대하여 가르쳐주는 내용을 볼 때에, 과연 우리가 어떻게 느끼며 행동해야 할지를 가장 잘 배울 수 있는 것은 바로 성경인 것이다. 순전한 신앙적 체험이란 우리의 견해와 느낌들을 하나님의 진리와 일치시키는 것이기 때문이다.

구원받기 위해서는 무엇을 믿어야 하고 무엇을 체험해야 하는지에 대해서 진정으로 알고자 하는 자들에게 본 소책자가 진리를 간단히 드러내어 줌으로써 생명의 길을 제시하는 데 도구가 된다면, 본서를 준비하고 출간한 본래의 취지에 대해 충분히 부응하는 것이 될 것이다.

차례

제 1 장

하나님의 말씀인 성경

제1절 성경의 신적 기원에 대한 내적 증거

흔히 복음을 들을 때에 사람들은 그것이 과연 하나님의 말씀인가 하는 의문을 제기한다. 어린 시절부터 그것을 하나님의 계시로 인정하도록 교육받아 왔고 또한 그것을 거부할 만한 충분한 이유도 제시할 수가 없기 때문에, 그냥 무작정 복음의 주장에 승복해 버리는 것이다. 그러나, 그보다 더 확신을 갖고서, 성경이 교묘하게 고안된 우화 같은 것이 아니라고 기꺼이 믿는 경우도 있을 것이다. 그런 경우 그들은 만일 그것이 절대적인 사실이라면 자기들은 복음이 요구하는 모든 것에 대해 즉시 굴복할 것이라고 생각한다.

그런 의심들은 성경의 신적 권위에 대한 증거에 어떤 결함이 있기 때문에 일어나는 것도 아니요, 그런 증거가 계속 증가한다고 해서 그런 의심이 사라질 수 있는 것도 아니다. 그런 의심은 마음의 상태에서 나오는 것이다. 기독교에 대한 모든 증거들 가운데서 가장 중요한 증거는, 마음이 하나님 보시기에 올바로 되어 있지 않으면 절대로 제대로 인식할 수가 없다. 똑같은 진리를 제시해도 어떤 사람은 마음 속에 흔들림 없는 확신을 갖게 되는가 하면 어떤 사람은 의심과 불신앙의 상태 그대로 남아 있기도 한다. 또한 증거를 별달리 더 제시하지 않았는데도 불구하고, 마음이 회의(懷疑)의 상태에서 믿음의 상태로, 물론 이성을 갖고서, 아주 신속하게 바뀌는 경우도 있다.

외적인 증거만을 아무리 제시한다 하더라도 그것으로 순전한 믿음이 생길 수는 없다. 애굽 땅에서 이적들이 계속 이어지는 것을 보았고, 홍해의 물이 갈라져 그곳을 통과하는 체험을 했고, 매일같이 하늘로부터 이적적으로 양식을 공급받았으며, 시내 산에서 하나님의 위엄이 나타나는 것을 보고 두려워 떨었던 이스라엘 사람들이 그 산 앞에서 금송아지를 만들어 자기들의 신으로 삼았던 것을 기억한다. 그리스도께서 거의 날마다 이적을 베푸시는 것을 눈으로 직접 목격하고서도 사람들은 "그를 십자가에 못박으라! 십자가에 못박으라!"고 외치지 않았던가! 그리하여 우리 주님은 "모세와 선지자에게 듣지 아니하면 비록 죽은 자 가운데서 살아나는 자가 있을지라도 권함을 받지 아니하리라"(눅 16:20)고 말씀하셨다. 그러므로 우리는 지금 복음을 믿지 않는 자들은 그리스도께서 베푸신 모든 이적들을 다 보아도 믿지 않을 것이라고 확신 있게 결론지을 수 있을 것이다.

의심하는 자들로 하여금 그들에게 믿음이 없는 원인이 진리의 증거에 어떤 결함이 있기 때문이 아니라 그들 자신의 도덕적인 상태 때문이라는 사실을 깨닫게 해 주는 것이 매우 중요하다. 사도 바울은 이렇게 말씀하고 있다: "만일 복음이 가리웠으면 망하는 자들에게 가리운 것이라. 그중에 이 세상 신이 믿지 아니하는 자들의 마음을 혼미케 하여 하나님의 형상이신 그리스도의 영광의 복음의 광채가 비취지 못하게 함이니라"(고후 4:3, 4).

여기 진술되어 있는 교리에는 우리의 일상의 경험에 빗대서 설명할 수 없는 점이 하나도 없다. 진리와 그 진리를 전달받는 사람 사이에 조화가 이루어지지 않으면, 그 어떠한 진리라 할지라도 올바로 깨달을 수가 없다. 심지어 추상적이고 사색적인 진리들도 그것들을 깨달을 만큼 이해력이 생기지 않으면 진리로 볼 수가 없는 것이다. 미각(味覺)의 대상에 대해서도, 그 대상과 미적 기준 사이에 일치하는 점을 지각할 수 있는 능력이 없다면 그것이 아무리 맛있다 할지라도 그 탁월함을 인식할 수가 없다. 더구나 도덕적이요 신앙적인 진리에 대해서는 더 분명하다. 그 진리를 이해할 수 있는 마음의 상태가 반드시 있어야만 되는 것이다. 우리의 도덕적인 감각이 죄로 말미암아 완전히 파괴되어 버렸다면, 도덕적인 특징들에 대해서 전혀 지각할 수가 없을 것이다. 그런 상태에서는, 그 자체로서도 진리요 또한 순결한 마음으로 볼 때에도 진리인 것이 도무지 진리로 인식될 수가 없는 법이다. 죄의 악함에 대해서 적절한 감각이 없다면, 하나님의 공의에 대해서도 믿을 수가 없다. 양심이 일깨워지면, 그 사람은 외적인 증거가 전혀 제시되지 않아도 즉시 진리를 믿게 되는 것이다.

성경이 그것을 읽는 모든 사람들에게 즉각적이고도 절대적인 믿음을 요구한다는 사실을 간파하지 못할 사람은 아무도 없을 것이다. 성경이 철학자의 서재에서, 혹은 버림 받은 선원의 가슴 속에서 무시당한 채 있을 수도 있고, 아직 선교지의 언어를 습득하지 못한 선교사를 통해서 전해지고 있을 수도 있다. 그러나, 이런 상황에서라도 성경을 펴게 되면, 그 순간 고요한 음성이 들려오게 된다: "아들을 믿는 자는 영생이 있고 아들을 순종치 아니하는 자는 영생을 보지 못하고 도리어 하나님의 진노가 그 위에 머물러 있느니라"(요 3:36).

만일 이러한 요구가 교육 받은 사람에게만 한정된 것이라면, 그 요구가 교육 받은 사람만이 알아볼 수 있는 그런 증거를 근거로 할 것이라고 생각할 수 있을 것이다. 또는 정당하게 안수받은 목사들에게서 성경을 제시받은 자들에게만 그런 요구가 해당된다면, 그 요구가 그 목사들의 권위에 달려 있다고 생각할 수 있을 것이다. 그러나 그 성경의 요구는 그런 식으로 한정된 것이 아니다. 그 요구는 말씀 그 자체와 분리할 수가 없다. 성경은 어린 아이가 이방 무리들에게 읽어줄 때에나, 큰 교회당에서 선포할 때나 성경은 똑같이 명령하는 것이다.

그러나 만일 어디든지 말씀이 가는 곳마다 이러한 믿음에 대한 요구가 따른다면, 그 요구는 말씀 그 자체 속에 포함되어 있는 증거를 근거로 하는 것일 수밖에 없다. 믿음에 대한 요구가 제시된 증거보다도 더 범위가 넓을 수는 없는 것이다. 그러므로, 성경의 외적 증거를 인지할 수 있는 능력이 있는 사람들에게만 믿음에 대한 의무와 믿음으로써 오는 혜택들이

해당된다고 보지 않는 한, 성경에 대한 증거가 그 자체 속에 이미 들어 있다는 것을 인정할 수밖에 없는 것이다.

　기독교의 진리에 대한 다른 사람들의 증언을 믿음의 근거로 삼는 일은 다음 두 가지 분명한 이유로 받아들일 수가 없다. 첫째로, 이미 말씀한 바와 같이, 사람들의 증언은 믿음의 근거가 될 만큼 그 범위가 넓지 못하기 때문이다. 그런 증언을 듣지 않은 수많은 사람들 역시 여전히 믿어야 할 의무가 있는 것이다. 둘째로, 증언은 전적으로 부적당하기 때문이다. 학식 있는 몇몇 사람들이 증언한다고 해서, 무수한 사람들에게 이 세상에서의 삶을 좌우하고 장차 올 운명을 결정하게 될 그 중요한 신앙의 문제를 그것에 의지해서 결정하라고 요구할 수는 없다. 게다가, 학식 있는 사람들 중에는 성경을 위해서 증언하기도 하지만, 또한 코란경을 위해서 증언하는 사람들도 있는 것이다. 그러므로 증언은 믿음의 정당한 근거가 될 수 없다. 증언은 진리를 지지하는 데 쓰이기도 하지만, 그릇된 것을 지지하는 데에도 쓰일 수도 있는 것이다. 보통 사람들에게 유식한 모슬렘들의 증언은 거부하고 반대로 유식한 그리스도인들의 증언은 신뢰할 만한 것으로 받아들여야 할 이유가 무엇인지를 깨달으라고 요구한다면, 그것은 그들에게 마치 기독교의 역사적 증거를 시험하는 것만큼이나 어려운 과제를 부과하는 것이다. 그러므로 성경이 우리의 믿음에 대해서 제시하는 보편적이고도 즉각적이며 권위 있는 요구를 정당화할 수 있는 길은, 오직 성경의 신적 기원의 증거들이 성경 자체 내에 포함되어 있다는 것을 인정하는 것밖에는 없는 것이다.

　증거를 보지 못하겠다고 공언하는 사람들에게 그러한 증거의 본질을 적절히 밝혀준다는 것은 쉬운 일이 아니고 어쩌면 전혀 불가능한 일일지도 모른다. 그러나 그 증거가 절대적인 신빙성을 세워주는 합리적이고도 적절한 근거라는 사실에 대해서는 충분히 이야기할 수 있을 것이다. 어떠한 작품이든 그 작자의 인상을 지니기 마련이다. 심지어 사람들 가운데서도 한 사람이 다른 사람의 작품의 모조품을 완벽하게 만들기란 얼마나 어려운지 모른다. 그러니, 하나님의 작품들이 그 작자이신 하나님의 그 모방할 수 없는 인상을 지니고 있다는 것이 과연 이상스런 일이겠는가? 하늘이 하나님의 영광을 선포하지 않는가? 곤충을 보아도 거기서 하나님의 솜씨가 분명히 나타나지 않는가? 그렇다면 하나님의 말씀에 그 신적 기원에 대한 본래적인 증거가 들어 있다는 사실을 어째서 믿지 못할 것으로 여기는가? 성경이 하나님의 작품이라면, 그분의 성품의 인상이 성경에 내포되어 있을 것이고, 그렇게 해서 그 자체가 하나님의 것임을 드러내는 것이 아니겠는가?

이 증거를 판단할 능력이 우리에게는 없다는 식으로 이를 반대할 수도 있을 것이다. 사람이 만들어 놓은 것들의 우수성을 판단하는 데에도 상당한 지적인 교양이 필요하며 또한 그런 작품의 순수성을 결정하기 위해서는 그 작자의 성품을 정확하게 알고 있어야 한다면, 과연 누가 감히 어떤 것은 하나님이 만드셨을 만하고 또 어떤 것은 만드셨을 만하지 못하다는 것을 판단할 만큼 하나님에 대해서 지식이 많은 체할 수 있겠는가?

만일 성경의 지적인 탁월함이 성경의 내적 증거라면, 이것은 정말 치명적인 반론이라 할 수 있을 것이다. 그러나, 이 탁월함이 대부분 도덕적인 데 있다는 것과 또한 선(善)은 그 자체가 증거를 지니고 있다는 사실을 기억하면, 그런 반론이 힘을 잃어버리고 마는 것이다. 이런 유의 증거는 구태여 큰 지식이나 세련된 안목이 없어도 인식할 수가 있다. 그저 바른 도덕적인 감각만 있으면 된다. 그런 감각이 존재하는 한 선한 것이 선하다는 증거가 즉각적으로 인식되는 것을 도저히 피할 수가 없는 것이다.

성경이 인간의 기예(技藝)보다 더한 것으로 기록되었다거나 그 성격과 그 능변(能辯)의 탁월함이 인간의 능력을 훨씬 넘어서기 때문에 우리가 성경이 신적인 권위가 있다고 믿는 것이 아니다. 이런 문제들은 대다수의 사람들로서는 도저히 판단할 능력이 없다. 그러나 여기서 문제가 되고 있는 증거는 하나님의 자녀라면 아무리 미천해도 다 알 수 있는 그런 것이다. 그 증거는 일부분은 소극적이며 또한 일부분은 적극적이다. 우선, 신적인 기원과 절대로 공존할 수 없는 요소가 성경에 전혀 없다는 것이 성경의 신적 기원의 한가지 증거다. 성경에는 이성과 모순되는 것도 없고, 선함과 모순되는 것도 없다. 만일 성경에 이성이나 올바른 도덕적 감정과 반대되는 점이 하나라도 있다면, 성경의 신적 기원에 대한 믿음은 도저히 불가능한 것이 되고 말 것이다. 그런 오류나 죄가 그 저자 때문에 생긴 것이라고 할 수밖에 없을 것이다. 그런데 이러한 소극적인 증거에는 우리가 흔히 상상하는 것보다 더한 사실이 들어 있다. 이러한 증거는 오로지 신적 기원을 주장하는 성경을 위해서만 제시할 수가 있고 그 이외의 다른 책들에 대해서는 절대로 주장할 수가 없다. 그러므로, 성경과 다른 모든 외경(外經)의 책들과의 사이에 도저히 건널 수 없는 간격이 자리잡고 있다는 사실이 드러나는 것이다. 외경에 대해서는 어느 책이든, 신적 기원을 주장할 수가 없다. 도저히 진리일 수가 없는 진술들이 거기에 들어 있기 때문인 것이다.

그러나, 성경의 주장에 힘과 권위를 주는 것은 바로 신적 기원에 대한 적극적인 증거이다. 이 증거는 주로 성경의 완전한 거룩성에 있으며, 또한 하나님과 사람과 구속, 미래의 상태, 우리의 올바른 판단들, 합리적인 인식들, 그리고 개인의 경험 등에 관한 성경의 모든 진술들이 모두 완전히 일치한다는 사실에 있다. 사람이 각성하여 이러한 거룩성을 보게 되면, 또는 하나님의 말씀에 제시되어 있는 의무의 규칙이 양심에서 나오는 것과 얼마나 정확하게 일치하는지를 깨닫게 되면, 인간의 본성에 대해서 진술하는 기사가 얼마나 인간의 경험과 일치하는지를 보게 되면, 그것이 얼마나 우리의 경우와 맞아 떨어지는지를 보게 되면, 거기에 제시된 진리들이 얼마나 강력하게 작용하여 영혼을 순결케 하고 위로를 주며 유지시켜 주는지를 느끼게 되면 — 그러면, 성경이 하나님께로부터 비롯되었다는 것을 필연적으로 믿게끔 되어 있는 것이다.

그런 책이 거짓말이요 위작이라는 생각 자체가 모순인 것이다. 인간은 어떤 증거를 분명히 파악하여 거기에 동의하게 되면 그것을 도저히 거부할 수 없게끔 되어 있다. 도덕적인 훌륭함을 명확하게, 다양하게 그리고 항상 드러내 보이는 사람을 신뢰하지 않는다는 것은 불가능하다. 어떤 사람의 선한 성품을 보고 느끼면서도 그 사람을 사기꾼이나 협잡꾼이라고 믿을 수는 없는 것이다. 이와 마찬가지로, 성경의 탁월함을 본다면 그것이 엄청난 거짓이라고 믿을 수가 없는 것이다. 성경은 스스로를 하나님의 말씀이라고 주장한다. 하나님의 이름으로 말씀하며 하나님의 권위를 갖고 선포한다. 이러한 주장들이 거짓이라면 어떻게 성경이 그렇게 거룩할 수가 있겠는가? 거짓된 것이 어떻게 완벽한 탁월함의 요인이 될 수 있겠는가? 어떤 사람의 아주 설득력 있는 증언에 대해 우리가 신뢰할 때에, 그 신뢰를 흔들어 놓을 수 있는 한 가지 가능한 방법은 그 사람이 좋은 사람이 아니라는 것을 보여주는 것이다. 그 사람이 선하다는 것이 인정되면 그의 말에 대한 신뢰는 없어지지 않는다. 특히 그가 하는 모든 말이 우리 자신의 경험으로 분명하게 확증되고 우리의 양심과 판단에도 인정될 경우에는 더욱 그렇다. 그러므로 우리가 성경의 탁월함을 간파하고 또한 성경의 내용이 우리의 경험과 필연적인 일들과 일치하는 것을 느끼게 되면, 그것을 사실이 아닌 것으로 생각한다는 것은 불가능한 것이다.

사마리아의 여인이 동네 사람들에게 다니면서 예수께서 자기가 과거에 행한 모든 일들을 그대로 말씀했다고 이야기하자, 많은 사람들이 믿었다. 그러나 몸소 예수님의 교훈을 들은 다음 그 사람들은 그 여인에게, "이제 우리가 믿는 것은 네 말을 인함이 아니니 이는 우리가 친히 듣고 그가 참으로 세상의 구주신줄 앎이니라"(요 4:42)라고 말했다. 그리스도인이라면 이런 말에 대해서 놀라거나, 그리스도께서 하신 말씀을 근거로 하는 그 사람들의 믿음은 합리성이 없거나 광신적이라는 식으로 생각할 수가 없다. 그리스도 예수의 얼굴과 그의 자세와 가르침에 선한 것이 말할 수 없을 정도로 드러나 있어서 전적으로 신뢰하게끔 되어 있었다고 믿을 수가 있는 것이다. 제대로 영향을 받은 사람들은 그가 하신 모든 말씀을 믿지 않을 수가 없었다. 그가 그리스도시며, 그가 잃어버린 자들을 찾아 구원하러 오신 분이시며, 그의 양떼를 위하여 자기 목숨을 버리고 많은 사람을 위하여 자신을 속량물로 주시기 위하여 오신 분이심을 믿지 않을 수가 없었던 것이다.

구주의 선하심과 그의 가르침의 탁월함과 거룩함과 능력이, 또한 그 가르침이 우리의 본성과 경험과 우리의 결핍된 상태와 일치한다는 사실 그 자체가 믿음을 위한 적절한 근거가 된다는 사실을 과연 의심할 수가 있겠는가? 이런 모든 것을 우리가 이미 가지고 있다. 성경을 읽는 사람이면 누구든지 이런 증거를 갖고 있다. 구주께서 성경 속에 도저히 가까이 갈 수 없는 탁월한 위엄을 입으시고 서 계신 것이다. 그는 모든 듣는 귀를 향하여 영생의 말씀을 전하신다. 그의 기원과 그의 사명과 그의 강림하심과 죽으심의 계획을 선포하시며, 그를 통하여 하나님께 나아가는 자들에게 죄 용서와 영생을 주신다. 그의 주장과 그의 행동은 서로 가장 완벽하게 조화를 이룬다. 또한 그의 가르침들과 또한 우리가 알고 있는 바와 우리가 필요로 하는 바가 서로 확실하게 일치하는 것이다. 그를 믿지 않는다는 것은 그를 속이는 자로 믿는다는 뜻이요, 이것을 믿는다면 그것은 우리 자신의 지각을 믿지 않는다는 뜻이다. 왜냐하면 우리는 선(善)이 무엇인지를 알고, 또한 선은 속일 수가 없으며 하나님이 거짓말을 하실 수가 없다는 것을 알고 있기 때문이다.

우리가 직접 구주를 뵙고 그의 말씀을 친히 듣든지, 아니면 그의 성품과 그의 가르침을 책의 기록을 통해서 읽든지간에 이런 유의 증거의 힘에는 거의 차이가 없다. 왜냐하면 그 증거는 그의 선하심과 또한 그의 가르침의 본질에 자리를 잡고 있기 때문이다. 성경을 읽는 우리나, 구주의 말씀을 직접 들은 과거의 사람들이나 동일한 증거를 갖고 있는 것이다. 그러므로, 과거 예수님 당시의 많은 사람들이 그리스도의 양(羊)이 아닌 까닭에 — 즉, 예수 그리스도에게 존재하고 있던 은혜와 진리의 강력한 영향력에 대해서 전혀 무감각한 상태에 있었기 때문에 — 그리스도를 믿지 않음으로써 이성과 의무를 도외시했던 것처럼, 오늘날 우리도 우리 앞에 놓여 있는 그 증거를 거부한다면 그들과 똑같이 이성과 의무를 도외시하고 마는 것이다.

혹시 성경이 위작(僞作)이 아니라는 것을 어떻게 아느냐고 묻는 사람이 있는가? 그런 사람은 과연 그런 상상에 어떤 의미가 담겨 있는지를 생각하도록 하라. 그런 상상은 성경의 저자들을 바보로 취급하거나 아니면 그들을 악한(惡漢)으로 취급하거나 둘 중의 하나인데, 그들을 바보로 취급하

는 행위는 아이작 뉴턴(Isaac Newton)이 백치(白痴)였다고 믿는 것만큼
이나 받아들일 수가 없으며, 그들을 악한으로 취급하는 행위는 선이 무엇
인지를 아는 사람이라면 도저히 인정할 수가 없는 것이다. 그러므로, 성경
은 어디를 가든지, 그 저자들이 바보도 사기꾼도 아니라는 도저히 반박할
수 없는 증거를 함께 지니고 가는 것이다.

  이런 의문도 생길 수 있다. 즉, 성경의 신적 기원에 대해서 그렇게 분명
한 증거가 성경 자체 속에 있다면, 어째서 믿지 않는 사람들이 그렇게 많
은가 하는 의문이 그것이다. 이에 대해서는, 증거가 확신으로 이어지기 위
해서는 두 가지가 반드시 필요하다는 점을 지적할 수 있을 것이다. 첫째로,
그 증거를 자세히 검토해야 한다는 것이다. 그렇게 하지 않으면 증거가 없
는 것이나 마찬가지가 될 것이다. 기독교 세계에 무수한 사람들이 있지만,
성경을 진지하게 검토하고 살피는 사람들은 비교적 숫자가 적다. 성경을
진지하게 살피지 않는 사람들이 효력 있는 믿음을 갖지 못한다는 것은 전
혀 놀랄 일이 아니다. 사람들이 전혀 배운 바 없는 어떤 문제에 대해서 무
식한 것과 똑같은 이치이다.

  증거를 받아들일 수 있는 두번째 요건은, 그 증거를 이해하고 진정으로
깨달아야 한다는 것이다. 이 증거가 이해력에게 제시될 경우에는, 그 본질
과 의미를 파악하기에 충분한 정신의 능력이 있어야 한다. 그리고 도덕적
판단력에게 제시될 경우는, 그 증거를 깨달을 만한 도덕적 감각성이 있어
야 한다. 그렇지 못하면 소경의 눈에 빛을 비추는 것과 다를 바가 없을 것이
다. 성경의 내적 증거는 대부분 이 후자의 종류에 속한다. 곧 완전한 거
룩함이 그 증거인 것이다. 사람이 부패해 있는 만큼, 그들은 이런 유의 증
거에 대해 소경일 수밖에 없다. 증거가 확실한 힘으로 존재하고 있는데도,
사람들은 그 증거를 감지하지를 못하는 것이다. 이 증거의 또 한 부분은
성경과 사람의 종교적 경험이 서로 일치한다는 사실에 있다. 그러므로 그
런 경험이 없는 사람은 그런 일치를 볼 수가 없는 것이다. 그 증거의 또
다른 한 부분은 죄를 억제하고 감정을 순결케 하며 마음 속에 평안과 기
쁨을 부어주는 데서 나타나는 하나님의 능력으로 말미암아 제시된다. 그러

므로 이런 능력을 한 번도 느껴보지 못한 사람은 이런 유의 증거를 파악할 수도 없는 것이다. 그러므로 인류 가운데 수많은 사람들이 성경에 대해 적절한 믿음이 없다는 사실이 성경을 뒷받침하는 충분한 증거의 존재를 뒤엎을 만한 어떤 근거가 되는 것이 아니다. 이러한 사실은 인간의 도덕적 상태에 대한 성경의 가르침과 정확히 일치하는 것이다.

위에서 제시한 믿음의 근거에 대한 견해에 대한 또 한 가지 반대는, 그것이 광신(狂信)으로 이어지기 때문에 참된 신앙(religion)과 거짓 신앙 사이의 구분이 깨어져 버린다는 논리이다. 그런 반대 논리를 주장하는 자들은 말하기를, 광신자는 누구든지 자기가 포용하는 계시를 놀랍고도 탁월한 것으로 생각한다는 것이다. 이러한 반대 논리에 대해서는 다음과 같은 질문만으로도 충분한 답변이 될 것이다. 즉, 운율이 서투른 시인들이 지금껏 자기들이 존경하는 시인들을 본받아왔다고 해서, 학자가 시(詩)의 탁월한 표준에 대해서 신뢰성을 덜 갖게 되느냐? 하는 것이다. 마호메트의 감각적이고 이기적이며 잔인한 성품을 터키 사람이 선(善)하게 본다고 해서, 그것이 그 사람이 예수 그리스도의 최고의 탁월함 앞에 고개를 숙여 경의를 표하는 광신자라는 것을 입증해 주지는 못하는 것이다. 이방의 세계가 하늘에서와 자연의 운행 과정 속에서 그들의 신들이 존재하는 증거를 보았다고 해서, 그것 때문에 이방 사람이 하나님의 만드신 세계 속에서 그의 무한하신 능력과 지혜와 선하심이 드러나는 것을 깨닫는 광신자가 되는 것은 아니다. 본래 진리이며 탁월한 것을 다른 사람들이 잘못으로 보고 악한 것으로 본다고 해서, 우리도 그 진리와 탁월함의 진정한 가치를 느껴서는 안 된다는 식의 주장은 너무나 비합리적인 것이다. 다른 사람이 그렇게 보지 않기 때문에 우리도 어떤 사물을 참되고 선한 것으로 보아서는 안된다는 식의 사고는 우리의 본성과 전연 맞지 않는 것이다. 온 세상이 다 거부한다 해도, 우리에게는 증거가 완전한 것이다.

혹시, 기준이 어디 있느냐? 내가 선이라고 부르는 그것이 정말 선이라고 정당하게 결정할 수 있는 그런 가치 판단의 기준이 어디 있느냐? 라고 질문한다면, 그 기준은 사람의 본성 가운데 이미 주어져 있다고 말할 수 있다. 우리는 덕행이 악행보다 나으며, 정직이 위선보다 낫고, 겸손이 교만보다 낫다는 것을 이미 알고 있다. 그리고 이와 똑같은 기준을 적용해서, 우리는 기독교가 힌두교보다 낫고, 복된 우리 구주께서 아랍의 사기꾼보다 낫다는 것을 안다. 그 어떠한 판단도 이보다 확실할 수가 없고, 그 어떠한 설득도 이보다 공감이 갈 수 없으며, 그 어떠한 신뢰도 이보다 더 견고하고 이보다 더 합리적일 수가 없는 것이다. 그러므로, 멍청하여 속임을 당하고 있는 사람들이 성경의 탁월함을 거짓되고 악한 것으로 치부해왔다고 해서, 그 때문에 성경의 탁월함이 그 신적 기원의 증거라는 사실을 받아들이지 못하는 것이 절대로 아닌 것이다.

제2절 성경의 신적 기원의 내적 증거는 성경에 대한 믿음의 합당한 기초임

성경이 요구하는 믿음은 하나님의 권위 — 이 권위는 성경에 포함되어 있는 진리의 탁월함과 능력에 의해서 확실하게 드러난다 — 에 기초하고 있다는 것을 성경 자체가 분명히 가르치고 있다. 성경은 어디서나 믿음을 바른 도덕적 감각의 결과와 증거로 제시하며 또한 불신앙을 도덕적 또는 영적 소경 상태의 결과로 제시한다. 우리 주님은 유대인을 향하여, "사람이 하나님의 뜻을 행하려 하면 이 교훈이 하나님께로서 왔는지 … 알리라"고 말씀하셨다(요 7:17). 그는 또한 "하나님께 속한 자는 하나님의 말씀을 듣나니 너희가 듣지 아니함은 하나님께 속하지 아니하였음이로다"(요 8:47)라고 하셨다. 또 다른 때에는 "너희가 내 양이 아니므로 믿지 아니하는도다. 내 양은 내 음성을 듣는도다"(요 10:26, 27)라고 하셨다.

사도 요한도 동일한 뜻으로 말씀하고 있다: "하나님의 영은 이것으로 알지니 곧 예수 그리스도께서 육체로 오신 것을 시인하는 영마다 하나님께 속한 것이 … 우리는 하나님께 속하였으니 하나님을 아는 자는 우리의 말을 듣고 하나님께 속하지 아니한 자는 우리의 말을 듣지 아니하나니 진리의 영과 미혹의 영을 이로써 아느니라"(요일 4:2, 6).

이와 유사하게 바울도 다음과 같이 말씀하였다: "육에 속한 사람은 하나님의 성령의 일을 받지 아니하나니 저희에게는 미련하게 보임이요 또 깨닫지도 못하나니 이런 일은 영적으로라야 분변함이니라"(고전 2:14); "만일 우리 복음이 가리웠으면 망하는 자들에게 가리운 것이라. 그 중에 이 세상 신이 믿지 아니하는 자들의 마음을 혼미케 하여 그리스도의 영광의 복음의 광채가 비취지 못하게 함이니 그리스도는 하나님의 형상이니라 … 어두운 데서 빛이 비취리라 하시던 그 하나님께서 예수 그리스도의 얼굴에 있는 하나님의 영광을 아는 빛을 우리 마음에 비취셨느니라"(고후 4:3-6).

이 구절들에서 가르치는 교훈은 하나님의 말씀 속에, 그리고 특히 예수 그리스도의 인격과 그의 성품 속에, 하나님의 영광이 분명하고도 놀랍게 드러나 있다는 것이다. 자연인(the natural man)으로서는 이러한 것에 대해 소경일 수밖에 없고, 따라서 믿을 수도 없다. 그러나 하나님의 영이 있는 자들은 이 영광을 분별하며, 따라서 믿는 것이다.

불신앙이 아주 심각한 도덕적 과실(過失, offence)로 제시되고 또한 믿음이 그렇게도 중요한 의무로 제시되는 것은 이러한 성경의 가르침과 일치하는 것이다. 무신론(無神論)은 성경 어느 곳에서나 범죄로 규정되는데, 그것은 하나님이 존재하신다는 증거들이 우리 위에, 우리 주위에, 우리 속에, 어디든지 존재하기 때문이다. 이런 증거들은 사색적 이해력에게도, 도덕적 판단력에게도 제시된다. 덕을 악이라 부르고 악을 덕이라 부르는 행위가 도덕적인 의무나 도덕적인 사고의 권위를 저버리는 것이듯이, 그런 신적 존재의 증거들을 무시하는 것도 마찬가지인 것이다.

따라서, 성경은 언제나 불신앙을 하나님께 대해 저지르는 죄악으로 말씀하며, 그것이야말로 세상에 대한 정죄(定罪)의 특별한 근거라고 말씀하는 것이다. "저를 믿는 자는 심판을 받지 아니하는 것이요 믿지 아니하는 자는 하나님의 독생자의 이름을 믿지 아니하므로 벌써 심판을 받은 것이니라"(요 3:18). "거짓말하는 자가 누구뇨? 예수께서 그리스도이심을 부인하는 자가 아니뇨? 아버지와 아들을 부인하는 그가 적그리스도니 아들을 부인하는 자에게는 또한 아버지가 없으되 아들을 시인하는 자에게는 아버지도 있느니라"(요일 2:22, 23).

성경에 계시된 아들을 부인하는 행위는 하나님을 부인하는 행위와 본질상 동일한 범죄인 것이다. 이 두 가지 범죄 모두, 최고의 증거가 계시되었는데 그 증거를 무시해 버린 것이다. 주님도 이런 의미로 말씀하기를, "나를 미워하는 자는 또 내 아버지를 미워하느니라"(요 15:23)라고 하셨다. 반면에, 믿음은 최고의 순종의 행위로, 하나님 보시기에 가장 큰 가치가 있는 도덕적인 행위로 제시되고 있다. "예수께서 그리스도이심을 믿는 자마다 하나님께로서 난 자니"(요일 5:1). "영접하는 자 곧 그 이름을 믿는 자들에게는 하나님의 자녀가 되는 권세를 주셨으니"(요 1:12). 또한 우리 구주께서는 질문을 하는 유대인들에게, "하나님의 보내신 자를 믿는 것이 하나님의 일이니라"(요 6:29)라고 말씀하셨다.

이러한 말씀들은, 믿음이란 외적인 증거에 기초한 것으로서 우리의 도덕적인 본성과는 상관이 없으며 또한 도덕적 성격에 대해서는 거의 관심이 없는 하나의 지적인 동의일 뿐이라는 생각과 도저히 조화가 되지를 않는다. 그러나, 우리가 아들을 믿어야 하는 이유가 그의 영광이 아버지의 독생자의 영광으로 우리에게 이미 제시되어 있기 때문이라면, 또한 성경을 받아들여야 하는 이유가 성경이 그런 신적인 완전성을 드러내 주기 때문이라면, 모든 것이 분명해 진다. 만일 이것이 믿음의 근거라면, 불신앙은 과연 범죄일 수밖에 없다. 그것은 지혜와 거룩함을 인정하기를 거부하는 것이요, 분명히 드러나 있는 하나님의 탁월하심을 시인하기를 거부하는 행위이기 때문이다.

믿음의 근거에 대한 이러한 견해는 그 은혜로 말미암아 나타나는 결과들에 의해서 확증된다. 믿음은 사랑으로 역사하며 마음을 정결케 하고 세상을 이기며 평강과 기쁨을 만들어 내는 것이다. 진리에 대한 확신이 우리의 관심사에 영향을 미치며 그 본질에 따라서 두려움과 슬픔, 기쁨을 불러 일으킨다는 것은 얼마든지 생각할 수 있는 문제다. 그러나 다른 사람들의 증언에 근거하여 도덕적인 혹은 종교적인 진리들에 대한 신념이 생겼을 때에는 그런 신념이 우리의 감정을 통제한다는 것은 생각할 수가 없다. 어떤 권위에 의지하거나 혹은 순전히 합리적인 근거에 의지해서도, 우리가 도덕적 통치 아래 있다는 것과 우리가 속하여 있는 법이 거룩하고 의로우며 선하다는 것을 믿을 수는 있다. 그러나 그런 믿음이 그 사람의 반대를 억제할 수는 없는 것이다. 논증이나 어떤 이적 같은 것으로 인해서 하나님의 존재에 대해서 믿게 될 수도 있을 것이다. 그러나 그런 믿음은 사랑을 만들어 내지 못한다. 그러므로 믿음이 그 믿는 진리에 대한 영적 깨달음에 기초하지 않는 한, 믿음은 그것과 결부된 합당한 결과를 이끌어 낼 수가 없는 것이다.

그러므로 믿음을 가리켜 하나님의 선물이라고 한다. 사실 모든 사람에게 증거가 제시되어 있다. 그렇지 않으면 반드시 믿어야 할 의무도 없을 것이다. 그런데 사람들은 도덕적으로 소경이기 때문에 그들에게 값없이 주어진 하나님에 관한 내용들을 이해할 수 있으려면 깨달음의 눈이 열려야 하는 것이다. 그러므로 사도는 믿음을 가진 형제들에게 이렇게 말씀한다: "너희는 거룩하신 자에게서 기름 부음을 받고 모든 것을 아느니라. 내가 너희에게 쓴 것은 너희가 진리를 알지 못함을 인함이 아니라 너희가 앎을 인함이요 또 모든 거짓은 진리에서 나지 않음을 인함이니라 … 너희는 주께 받은 바 기름 부음이 너희 안에 거하나니 아무도 너희를 가르칠 필요가 없고 오직 그의 기름 부음이 모든 것을 너희에게 가르치며 또 참되고 거짓이 없으니 너희를 가르치신 그대로 주 안에 거하라"(요일 2:20, 21, 27).

이미 인용한 다른 구절에서도 그렇지만, 여기서도 신자들이 거룩하신 하나님께로부터 영향력을, 기름 부음을 받는 자들이며, 그런 기름 부음이 그들로 하여금 진리에 대해서 믿게 해 주고 또한 그것이 진리임을 보고 알도록 해 준다는 사실을 가르쳐 주고 있다. 그러므로 바울은 말씀하기를, "내 말과 내 전도함이 지혜의 권하는 말로 하지 아니하고 다만 성령의 나타남과 능력으로 하여" 그의 말씀을 듣는 자들의 믿음이 "사람의 지혜에 있지 아니하고 다만 하나님의 능력에 있게 하려 하였노라"(고전 2:4-5)고

한다. 즉, 그들의 믿음이 아주 기술적으로 진행하는 합리적인 추론의 결과가 아니라, 진리를 영적으로 지각하고 체험하는 결과로 생겨난 것이 되도록 하기 위해서 그렇게 했다는 것이다.

이 모든 사실은 영감을 받은 교사들의 계속적인 실천에 의해서 확증된다. 그들은 그들이 가르치는 교리들을 뒷받침하기 위해서 온갖 종류의 증거에 호소하였다. 표적과 기사에, 다양한 이적과 성령의 은사들에 호소하기도 했다. 그러나 그들은 이런 외적인 표적들만을 근거로 삼거나 그것들을 주요 근거로 삼아서 그 교리들을 믿어야 할 의무를 가르친 것이 아니었다. 많은 경우들을 보면, 이런 영감을 받은 교사들이 몇몇 선지자들의 경우처럼 아무런 이적도 행하지 않고도 믿음을 요구하였다. 아무런 표적이 시행되지 않았으면서도 그 가운데 있는 사람들에게 믿음을 요구한 경우는 더욱 많다. 유대인들은 표적을 원하고, 헬라인은 지혜를 요구하나, 사도들은 십자가에 못박히신 그리스도를 구원에 이르는 하나님의 지혜요 하나님의 능력으로 전파하였던 것이다. 그들의 끊임없는 노력은 진리를 드러냄으로써 하나님 앞에서 각 사람의 양심에 그들 자신을 천거하는 것이었다. 그리고 그들이 전하는 복음이 가리워지면, 그것은 잃어버린 바 된 자들에게 가리워진 것이었다.

그러므로, 하나님의 말씀을 믿지 않으면 안되는 이유는 하나님의 권위나 명령이 그 말씀 속에 ― 자연 속에 나타나는 하나님의 완전하심과 비슷한 방식으로 ― 드러나 있기 때문이라는 것이 성경 자체에서 나타나는 가르침인 것이다. 바울의 가르침대로, 하나님의 영원하신 능력과 신성이 그 만드신 만물에 분명히 드러나 있기 때문에 이방인이라도 핑계할 수가 없다면, 그리고 그들의 불신앙이 증거가 불충분한 데 연유하는 것이 아니라 그들이 하나님을 알기를 좋아하지 않는 데 연유하는 것이라면, 자연보다도 성경 속에 하나님의 완전하심이 훨씬 더 선명하게 드러나 있다는 사실이 사람이 하나님을 믿지 않으면 안되는 확고한 의무의 근거가 된다는 점에 대해서 놀랄 필요가 없는 것이다.

그리스도인의 믿음이란 진리의 능력에 대한 영적인 깨달음과 체험에 근거한다는 것이 시대와 민족을 초월한 모든 참된 그리스도인들의 체험이다. 그런 참된 그리스도인들 중에는, 어째서 성경이 하나님의 말씀이라고 믿느냐 라는 질문을 받으면 답변하기를 아주 곤란해 하면서도 여전히 강하고 합리적인 믿음을 소유한 사람들이 무수하게 많다. 그들은 비록 말로 진술할 수는 없을지라도, 믿음의 근거를 분명히 의식하고 있는 것이다. 그들은 자기 나름대로 확고한 증거를 소유하고 있고, 자기들이 믿고 있다는 것을 분명히 알고 있다. 다른 사람들이 믿기 때문에 믿는 것도 아니요, 혹은 학식 있는 사람들이 기독교의 진실성을 세워 주는 어떤 특정한 사실들을 입증했기 때문에 믿는 것도 아니다. 그들이 그리스도를 믿는 이유는 하나님을 믿는 이유와 똑같다. 그리고 그들이 하나님을 믿는 것은 그들이 하나님의 영광을 보기 때문이며, 또한 그의 권위와 능력을 느끼기 때문인 것이다.

그러므로, 하나님의 진리가 그 본질 속에 하나님의 탁월하심의 계시를 내포하고 있다면, 불신앙의 죄는 정말로 크나큰 죄일 수밖에 없다. 분명히 계시해 주었는데도 불구하고 하나님에 대해 믿음을 갖지 않는다면, 그것은 피조물이 그 창조주를 대적하여 범할 수 있는 최고의 범죄인 것이다. 하나님의 증거가 우리의 본성에 가장 적절한 방식으로 전달되는 데도 불구하고 그것을 인정하기를 거부한다면, 그것은 우리의 창조주를 향한 우리의 충성을 부인하는 행위가 된다. 진리의 증거와 예수 그리스도의 탁월하심을 무시한다는 것은 곧, 진리와 탁월함을 향하여 우리가 보여 줄 수 있는 최대의 모욕이다. 이러한 죄는 사람들에게 보편적으로 나타나고 있다. 그러므로 보편적으로 이 죄를 인정하지 않는 것이다.

사람들은 자기들이 스스로 저지르고 있는 악행들이 얼마나 비열한지를 잘 보지 못하는 경우가 태반이다. 그러면서도 악행의 정도가 자기들보다 지나칠 경우에는 그 잘못들은 아주 금방 알아차리는 것이다. 그렇기 때문에 하나님의 아들을 믿는 믿음이 없다는 것에 대해서 아무런 가책도 느끼지 못하는 사람도, 그리스도를 악한 사기꾼으로 취급하는 사람을 보면 그 사람을 경멸하는 것이다. 해명을 들으려고 기다리지도 않고, 변명을 들으려 하지도 않을 것이다. 사람이 성경을 조금만 알아도 하나님의 아들에 대해서 그 정도의 판단을 할 수가 있다면, 그런 사실만으로도 사람의 부패성이 도저히 부인할 수 없는 사실이라는 분명한 증거가 되지 않겠는가?

그러나 그런 정도의 판단을 수용하는 마음의 상태와, 그리스도의 선포하시는 내용을 믿지 않고 그의 약속과 경계를 무시하며 그것들이 사실이 아니라고 느껴서 그것들을 지어낸 이야기로 취급하는 그런 사람의 마음의 상태는 사실상 거의 차이가 없는 것이다. 믿음이 없다는 것을 사람들이 그렇게 가볍게 취급하지만, 사실 그런 상태야말로 모든 죄 가운데서 가장 비합리적이며 가장 무거운 죄일 것이다. 믿음이 없다는 것은 곧, 최상의 증거에 대해 무감각하다는 것을 시사하며, 또한 하나님이 사람에게 베푸신 최고의 선물 — 죄 용서와 거룩함과 영생 — 을 거부한다는 것을 뜻하기 때문이다.

제3절 성경의 신적 기원의 외적 증거. 교회의 증언

하나님은 이방인들을 자연 만물에 나타난 자신에 대한 불확실한 계시에 맡겨두시고 그들의 불신앙에 대해 스스로 책임을 지도록 하셨는데, 우리에게는 그의 말씀 속에 나타난 자신에 대한 간명한 계시에 맡겨두셨다. 그러나 하나님은 그 말씀을 가장 신빙성 있는 외적인 증거들을 통해서 확증하시기를 기뻐하셨으니 우리는 절대로 핑계할 수가 없다.

교회의 증언은 그 자체로서는 기독교의 진실성을 변호하는 논증으로서 책임성 있는 것은 못된다. 이 증언의 타당성은 사람들의 무오성(無誤性)을 전제로 하는 것이 아니다. 다만 망상이나 속임수의 가능성을 배제한 상황 속에서 행해진 무수(無數)한 증인들의 증언일 뿐이다. 예를 들어서, 그리스도의 교회의 한 분파인 루터 교회를 생각해 보자. 루터 교회는 현재 유럽과 미국에 존재하고 있다. 그 교회는 어디서나 동일한 성경 번역본과 동일한 신앙 고백을 소유하고 있다. 그 교회의 증언은 곧, 그 교회가 하나의 조직된 회(會)로서 존재하게 된 것이 루터에게 연유한다는 것이다. 그 교회가 사용하는 성경 번역본이 루터에게서 나왔고, 또한 그의 주관으로 아우

그스부르크 신앙고백(Augsburg Confession)을 받아들인 것이다. 이 문서들이 금세기 동안 전세계에 흩어진 수백만의 사람들을 속여서 받아들이도록 만들었으리라는 것은 분명 불가능한 일이다. 그 수백만의 사람들 모두 그들이 그 문서를 조상으로부터 받았다고 증언하고 있다. 이 점에 대해서는 망상이나 속임수는 생각할 수조차 없다. 18세기 루터 교회는 지금 현재보다도 그 수가 훨씬 적었다. 그러나 그 교회는 지금과 마찬가지로 그 때에도 동일한 증언을 했다. 그들 앞의 조상들이 그들이 소유한 그 신앙의 표준을 소유했었다고 한 목소리로 선포한 것이다. 이런 증언은 17세기에도 똑같이 반복되고 있고, 16세기에도 마찬가지이며, 루터의 시대로 거슬러 올라가기까지 계속해서 반복된다. 이 증언은 그 자체만으로도 결정적이지만, 온갖 종류의 부수적인 증거들로도 확증된다. 루터 교회의 신앙적 표준의 스타일이나 교리나 역사적 사항 등 모든 것이 그 당시의 시대와 일치하는 것이다. 또한 그런 교리들을 믿는 사회의 영향력도 그 동안의 기간 전체를 통해서 추적할 수가 있다. 전쟁이나 국가 간의 조약들, 그 기간의 문학적 종교적 기관들이 정도는 각기 다르지만 그 사회로부터 그 성격을 받은 것이다. 그러므로 루터의 성격에 대해서나 그의 행동의 지혜에 대해서나 혹은 그의 교리들의 진실성에 대해서는 사람마다 의견이 분분할 수 있어도, 올바른 정신을 소유한 사람이라면 루터가 살았었고 그가 성경을 번역했으며 그가 새로운 교회를 조직했고 그의 추종자들에게 아우그스부르크 신앙고백을 전해 주었다는 사실에 대해서는 한 번도 의문을 제기한 일이 없는 것이다.

영국 교회에 대해서도 동일한 말을 할 수 있다. 확대되어 막강한 힘을 가진 이 교회는 39개 신조와 예전(禮典: liturgy)과 설교집(homilies)을 소유하고 있는데, 이 교회는 그것들을 종교 개혁자들에게서 전수받았다고 증언하고 있다. 이 증언은 의심할 수 없는 사실이다. 그 점에 대해서는 영국 교회의 역사상 기만 당하거나 기만한 예가 없다. 더욱이 그 교회의 증언은 온갖 부수적인 정황들을 통해서 확증되고 있다. 영국 교회의 예전과 신조와 설교집들은 모든 면에서 그 교회의 기원과 일치한다. 그리고 그 기간 동안의 영국의 역사 전체가 그 교회의 역사와 얽혀 있는 것이다. 그러므로 결국, 영국의 종교 개혁자들이 살았었다는 것이나 그들이 그들의 것이라고 보편적으로 인정되고 있는 그 교리와 예배의 표준들을 산출했다는 것에 대해서는 어느 누구도 의심하지를 않는 것이다.

　이러한 논지를 기독교 교회 전체에 적용해도 마찬가지로 결정적인 결과를 얻게 된다. 이 교회는 현재 지구상의 모든 지역에 존재하고 있으며 무수한 제자들이 거기에 속해 있다. 또한 어디서나 동일한 신앙의 기록을 소유하고 있으며, 어디서나 종교적 직제와 강령을 지닌 조직체로서 존재하고 있다. 그 교회는 어디서나 그 기록들과 제도들이 그리스도와 그의 사도들에게서 전수받은 것임을 증언하고 있다. 이 거대한 모임체가 금세기부터 존재하기 시작한 것이 아니라는 사실은 세계가 방금 전에 조성된 것이 아니라는 사실만큼이나 확실한 것이다. 교회가 시작된 것이 18세기나 16세기도 아니요 1세기 이후의 어느 시대도 아니라는 사실도 역시 분명하다. 그리스도 자신의 시대로 거슬러 올라가기까지, 우리는 각 시대 시대마다 수백만의 사람들이, 수천의 교회들과 목사들이, 한 가지로 연합하여 그 거룩한 기록과 제도들을 그 이전 시대의 선조들에게서 전수받았음을 증거하고 있음을 보게 된다.

　만일 교회의 기원이 증거가 확실한 역사의 한계를 넘어서는 시기에까지 거슬러 올라가서, 그 교회를 처음 설립한 것으로 인정받는 인물의 시대와 교회의 존재가 확인되는 시대 사이에 간격이 있다면, 이 논증은 성립될 수가 없고 그 모든 주장들이 땅에 떨어지고 말 것이다. 그러나 사실이 그렇지 않기 때문에, 마치 영국 교회가 그 신조와 예전의 기원에 대해서 행하는 증언이 도저히 부인할 수 없듯이, 마찬가지로 교회의 기원과 관련한 역사적 사실들에 대한 교회의 증언도 역시 부인할 수가 없는 것이다. 기독교 교회는 도저히 부인할 수 없는 엄청난 증거들에 의해서 그리스도 자신의 시대에까지 소급해 올라 간다. 그러므로 그리스도가 살았다는 사실과 또한 교회가 그의 추종자들에게서 거룩한 기록들을 전수받았다는 사실을 부인한다면, 그것은 그 이후의 역사와 현존하는 세계의 상태의 원인으로서 본질적인 사실들을 부인하는 것이 되는 것이다. 이것은 나무의 잎사귀는 믿지만 그 나무의 가지와 줄기는 믿지 못하겠다고 말하는 것이나 마찬가지인 것이다.

기독교의 근본 뿌리가 되는 사실들에 대한 교회의 이러한 증언은 온갖 부수적인 증거들로 확증된다. 신약 성경이 기록된 언어는 기독교가 기원된 그 시기와 그 장소에서 사용되던 언어이다. 그 언어는 헬라어를 사용하는 유대인들의 언어요 그 특성상 절대로 다른 시대나 다른 사람들에게 속하는 것이 아니다. 역사적 사실들에 대한 모든 언급들도 현재 알려져 있는 그 당시의 세계의 상태와 일치한다. 그리스도의 강림 이후의 세계 역사는 신약 성경에 기록된 사실들을 전제로 하고 있는 것이다. 유대 지방의 몇몇 가난한 사람들이 가르친 종교가 세계의 광대한 지역의 상태를 변화시켰다는 것은 의심의 여지가 없는 사실이다. 이교(異敎)가 사라지고 새로운 종교가 정착되었고, 법과 관습과 제도와 풍습이 널리 퍼져갔는데, 이 모든 것들은 교회가 증언하는 그 사실들에 기초하고 있는 것이다.

이 모든 사실들 이외에도, 성경의 내적인 성격은 과연 신적인 기원을 주장할 만한 가치가 있다. 성경이 일구어낸 그 혁명적인 변화들은 오로지 성경의 그러한 성격으로 밖에는 해결할 수가 없는 것이다. 하나님이 "빛이 있으라"고 말씀하시자, 빛이 있었다. 그리고 예수 그리스도께서 "내가 세상의 빛이라"고 말씀하시니, 빛이 비치었다. 그것이 빛이라는 사실은 도저히 의심할 수가 없다. 또한 그 빛이 언제 일어났는지에 대해서도 의심할 수가 없다. 그 이전에는 온통 어두움뿐이었기 때문이다.

이렇게 모든 내적 증거와 외적 증거들로 확증되는 교회의 이러한 증언은 그리스도께서 사시고 죽으셨으며 그가 기독교 교회를 세우셨다는 사실을, 또한 신약 성경이 그의 직계 추종자들에게서 전수받은 것이라는 사실을 입증해 준다. 그러나 이러한 사실은 또한 하나님께로부터 온 계시로서의 복음의 진실성을 뒷받침해 준다. 그렇지 않다면, 그리스도는 물론 그의 사도들까지 사기꾼들이 되어 버리고 말 것이다. 그러나 그리스도와 사도들이 사기꾼들이 아니라는 증거는 태양의 존재에 대한 증거만큼이나 강력한 것이다. 소경이라면 혹시 태양의 존재를 부인할 수 있을지 모르겠다. 그와 같이 도덕적으로 소경인 자들이 아니라면, 어느 누구도 성경 기자들의 도덕적 탁월함과 지적인 건전함에 대해서 신약 성경이 제시하는 증거를 거부할 수가 없는 것이다. 만일 그들이 신뢰성 있는 사람들이었다면, 그리고 진리를 말씀한 것으로 믿을 수밖에 없는 그런 사람들이었다면, 그들은 그들이 주장한 그러한 이적적인 능력들을 실제로 소유했고 또한 발휘한 것이다. 그리스도와 사도들은 그들이 받은 신적인 사명의 분명한 증거로서 이런 능력들에 호소한 것이다. 그러므로 그들의 증언을 거부하게 되면, 그것은 곧 그들의 순수성을 부인하는 것이 되는 것이다.

제4절 예언을 근거로 한 논증

앞 절에서 루터 교회가 소유하고 있는 독일어 성경 번역본과 아우그스부르크 신앙고백, 영국 교회가 소유하고 있는 신조와 예전과 설교집, 그리고 전(全) 기독교 세계가 소유하고 있는 신약 성경이 그들이 각기 제시하고 있는 근원들에서 비롯되었다는 논증을 제시했는데, 그와 동일한 방식의 논증을 유대인들이 보유한 구약 성경의 기록들에 적용시키면 그 기록들이 고대의 선지자들의 산물이라는 사실을 똑같이 분명하게 입증할 수가 있다. 현재 유대인들과 그리스도인들이 그 기록들을 갖고 있다. 일세기 전에도 그것들을 가지고 있었다. 그리스도의 시대에도 가지고 있었다. 그 당시 유대 지방과 기타 지역에 살던 이스라엘 사람들은 그 기록들을 보편적으로 인정하였다. 그 기록들은 그리스도께서 강림하시기 수 세기 전까지 역사적으로 거슬러 올라갈 수가 있다. 그리스도의 강림 사건이 있기 3백년 전, 그 기록들은 헬라어로 번역되어 광범위하게 유포되었다.

그 기록들 속에는 유대 지방의 사람들의 역사와 율법과 문학들이 들어 있는데, 그 사람들의 존재와 고유성은 세계의 다른 어느 사람들만큼이나 분명하게 확인되고 있는 것이다. 이 기록들은 그 사람들의 알려진 성격을 파악하는 데 필수적이다. 왜냐하면 이 거룩한 책들 덕분에 그들이 그런 성격을 갖게 되었기 때문이다. 비평가들이 그 기록들 가운데 몇 가지의 특정한 연대에 대해서 논란을 벌여온 것은 사실이지만, 그 기록들이 그리스도께서 탄생하시기 몇 세기 전부터 이미 존재하고 있었다는 데 대해서는 어느 누구도 감히 부인하지 못했다. 이런 사실을 인정한다면, 기독교의 진실성에 대하여 도저히 부인할 수 없는 또 한 가지의 논증의 기초가 생기는 셈이다.

그리스도를 공공연하게 대적하는 원수들의 손에 보존되어 온 이 고대의 기록들 속에서, 우리는 한 구원자(a Deliverer)의 강림이 분명하게 예언되어 있는 것을 보게 된다. 인간의 타락 직후, "여자의 후손이 뱀의 머리를 상하게 할 것"이 예언되었다. 이 예언(prediction)이야말로 그 이후의 모든 예언들(prophecies)의 씨앗이라 할 수 있는데, 그 모든 예언들은 이 첫 예언의 여러 가지 의미를 드러내는 것에 불과하다 하겠다. 그 약속한 후손이 누구며, 그가 어떻게 해서 악의 권세를 파멸시키게 되는가를 나중의 예언들이 점차로 계시해 주는 것이다.

가장 먼저, 그 구속자가 셈의 족속에 속하리라는 사실이 알려졌다(창 9:26). 그 다음에는 그가 약속을 받은 아브라함의 후손이라는 사실이 계시된다: "땅의 모든 족속이 너를 인하여 복을 얻으리라"(창 12:3). 그리고 그 다음에는 그가 유다 지파에 속하리라는 사실이 예언되고 있다. 그에 대해서 이렇게 예언하고 있는 것이다: "홀이 유다를 떠나지 아니하며 치리자의 지팡이가 그 발 사이에서 떠나지 아니하시기를 실로가 오시기까지 미치리니 그에게 모든 백성이 복종하리로다"(창 49:10). 그리고 그 다음에는 그 구원자가 다윗의 혈통에 속하리라는 사실이 예언되었다: "이새의 줄기에서 한 싹이 나며 그 뿌리에서 한 가지가 나서 결실할 것이요 여호와의 신 곧 지혜와 총명의 신이요 모략과 재능의 신이요 지식과 여호와를 경외하는 신이 그 위에 강림하시리니"(사 11:1, 2).

또한 그가 강림하시기 전에 한 특별한 사자(使者)가 먼저 임할 것이라는 사실도 예언되었다: "만군의 여호와가 이르노라. 보라 내가 내 사자를 보내리니 그가 내 앞에서 길을 예비할 것이요 또 너희의 구하는 바 주가 홀연히 그 전에 임하리니 곧 너희의 사모하는 바 언약의 사자가 임할 것이라"(말 3:1). 그의 탄생의 시기와 방법과 장소도 전부 예언되었다. 탄생 시기에 대해서 다니엘은 말씀하기를, "그러므로 너는 깨달아 알지니라. 예루살렘을 중건하라는 영이 날 때부터 기름 부음을 받은 자 곧 왕이 일어나기까지 일곱 이레와 육십 이 이레가 지날 것이요"(단 9:25)라고 하였다. 그의 탄생의 이적적인 방식에 대해서 이사야는 말씀하기를, "보라, 처녀가 잉태하여 아들을 낳을 것이요 그 이름을 임마누엘이라 하리라"(사 7:14)고 하였고, 그의 탄생 장소에 대해서 미가 선지자는 이렇게 예언하였다: "베들레헴 에브라다야, 너는 유다 족속 중에 작을지라도 이스라엘을 다스릴 자가 네게서 내게로 나올 것이라"(미 5:2).

이 구원자는 가난한 자이실 것이라고 했다. "시온의 딸아 … 보라 네 왕이 네게 임하나니 그는 … 겸손하여서 나귀를 타나니 나귀의 작은 것 곧 나귀 새끼니라"(슥 9:9). 그는 "멸시를 받아서 사람에게 싫어 버린 바 되었으며 간고를 많이 겪었으며 질고를 아는 자"(사 53:3)일 것이나, 또한 "임마누엘"이시며 "우리와 함께 계신 하나님"이시요(사 7:14), "여호와 우리의 의"(렘 23:6)이시며, 또한 "기묘자요 모사요 전능하신 하나님이요 영존하시는 아버지요 평강의 왕"이시며(사 9:6), 그의 근본은 상고에 태초에까지 올라가는 그런 분이실 것이라고 했다(미 5:2).

이렇게 예언되고 있는 그 구속자는 선지자, 또는 신적 교사(Divine teacher)의 성격을 띠고 나타날 것이라고 했다. 모세는 말씀하기를, "네 하나님 여호와께서 너희 중 네 형제 중에서 나와 같은 선지자 하나를 너를 위하여 일으키시리니 너희는 그를 들을지니라"(신 18:15)라고 했다. "내가 붙드는 나의 종, 내 마음에 기뻐하는 나의 택한 사람을 보라. 내가 나의 신을 그에게 주었은즉 그가 이방에 공의를 베풀리라"(사 42:1). "주 여호와의 신이 내게 임하셨으니 이는 여호와께서 내게 기름을 부으사 가난한 자에게 아름다운 소식을 전하게 하려 하심이라. 나를 보내사 마음이 상한 자를 고치며 포로된 자에게 자유를, 갇힌 자에게 놓임을 전파하며 …"(사 61:1). "그 날에 귀머거리가 책의 말을 들을 것이며 어둡고 캄캄한 데서 소경의 눈이 볼 것이며 겸손한 자가 여호와를 인하여 기쁨이 더하겠고 사람 중 빈핍한 자가 이스라엘의 거룩한 자를 인하여 즐거워 하리니"(사 29:18, 19).

그는 또한 제사장도 되실 것이라고 했다. "여호와는 맹세하고 변치 아니하시리라. 이르시기를 너는 멜기세덱의 반차를 좇아 영원한 제사장이라 하셨도다"(시 110:4). "그가 여호와의 전을 건축하고 영광도 얻고 그 위에 앉아서 다스릴 것이요 또 제사장이 자기 위에 있으리니"(슥 6:13).

이 구속자의 왕(王)적인 성격도 예언서의 여러 부분에서 분명히 드러난다. 하나님은 메시야를 지칭하여 말씀하시기를, "내가 나의 왕을 내 거룩한 산 시온에 세웠다"(시 2:6)라고 하셨다. "하나님이여 주의 보좌가 영영하며 주의 나라의 홀은 공평한 홀이니이다. 왕이 정의를 사랑하고 악을 미워하시니 그러므로 하나님 곧 왕의 하나님이 즐거움의 기름으로 왕에게 부어 왕의 동류보다 승하게 하셨나이다"(시 45:6, 7). "한 아기가 우리에게 났고 한 아들을 우리에게 주신 바 되었는데 그 어깨에는 정사를 메었고 … 그 정사와 평강의 더함이 무궁하며 또 다윗의 위에 앉아서 그 나라를 굳게 세우고 자금 이후 영원토록 공평과 정의로 그것을 보존하실 것이라"(사 9:6, 7).

이 메시야의 왕국의 특징도 분명하게 예언되었다. 그 왕국은 그 이전 세대의 외형적이고 의식적인 성격과 구별되는 영적인 특성을 지닐 것이었다. "나 여호와가 말하노라. 보라, 날이 이르리니 내가 이스라엘 집과 유다 집에 새 언약을 세우리라 … 이 언약은 내가 그들의 열조의 손을 잡고 … 세운 것과 같지 아니할 것은 …. 내가 … 나의 법을 그들의 속에 두며 그 마음에 기록하여 나는 그들의 하나님이 되고 그들은 내 백성이 될 것이라"(렘 31:31-33). 그러므로 그 약속하신 구속자의 강림 시에 성령께서 임하사 수종들 것임을 또한 계속해서 말씀하는 것이다. "그 날에 내가 내 신을 만민에게 부어 주리니, 너희 자녀들이 장래 일을 말할 것이며 …"(욜 2:28).

더 나아가서 이 왕국이 유대인들에게만 한정되지 않고 온 세상 사람들을 다 포괄할 것도 말씀했다. 일찍이 창세기에서도 이미 모든 민족들이 실로를 향하여 복종할 것이며 땅의 모든 민족들이 아브라함과 그 후손으로 말미암아 복을 받을 것임을 선포한 바 있다. 하나님은 메시야에게 열방을 유업으로 약속하셨고 땅 끝까지 모든 부분부분을 그의 소유로 약속하셨다(시 2:8). 이사야 선지자는 "말일에 여호와의 전의 산이 모든 산꼭대기에 굳게 설 것이요 모든 작은 산 위에 뛰어나리니 만방이 그리로 모여 들 것이라"(사 2:2)고 말씀했다. 하나님은 말씀하시기를, "네가 나의 종이 되어 야곱의 지파들을 일으키며 이스라엘 중에 보전된 자를 돌아오게 할 것은 오히려 경한 일이라. 내가 또 너로 이방의 빛을 삼아 나의 구원을 베풀어서 땅 끝까지 이르게 하리라"(사 49:6)고 하셨다. "그 날에 이새의 뿌리에서 한 싹이 나서 만민의 기호로 설 것이요 열방이 그에게로 돌아오리라"(사 11:10).

다니엘은 이렇게 말씀했다: "내가 또 밤 이상 중에 보았는데 인자 같은 이가 하늘 구름을 타고 와서 옛적부터 항상 계신 자에게 나아와 그 앞에 인도되매 그에게 권세와 영광과 나라를 주고 모든 백성과 나라들과 각 방언하는 자로 그를 섬기게 하였으니 그 권세는 영원한 권세라 옮기지 아니할 것이요 그 나라는 폐하지 아니할 것이니라"(단 7:13). 그러나 그 왕국의 발전은 점진적으로 이루어질 것이다. 산에서 뜨인 돌이 철과 놋과 진흙과 은과 금, 곧 다른 모든 나라들을 부수고 큰 산이 되어서 온 땅을 채울 것이었다(단 2:45).

선지자들은 이 구속자의 탁월하심과 영광과 승리를 그렇게 강력한 언어로 묘사하면서도, 동시에 구속자가 거부 당하고 고난 당하며 죽임을 당하는 사실에 대해서도 똑같이 분명하게 예언하고 있다. "우리의 전하는 것을 누가 믿었느뇨? 여호와의 팔이 뉘게 나타났느뇨? 그는 주 앞에서 자라나기를 연한 순 같고 마른 땅에서 나온 줄기 같아서 … 그는 멸시를 받아서 사람에게 싫어 버린 바 되었으며 … 사람들에게 얼굴을 가리우고 … 멸시를 당하였고 우리도 그를 귀히 여기지 아니하였도다"(사 53:1-3). "사람에게 멸시를 당하는 자, 백성에게 미움을 받는 자, 관원들에게 종이 된 자에게 이같이 이르시되, 너를 보고 열왕이 일어서며 방백들이 경배하리니 …"(사 49:7). 구속자께서 오셔서 구원하시려 한 그 백성이 그를 거부할 뿐 아니라 그를 배반하여 은 삼십에 팔 것까지도 예언되어 있다. "너희가 좋게 여기거든 내 고가를 내게 주고 그렇지 아니하거든 말라. 그들이 은 삼십을 달아서 내 고가를 삼은지라. 여호와께서 내게 이르시되 그들이 나를 헤아린 바 그 준가를 토기장이에게 던지라 하시기로 …"(슥 11:12, 13).

그는 극심하게 핍박을 받고 죽임을 당할 것이라고 했다. 선지자는 말씀하기를, "그가 곤욕과 심문을 당하고 끌려 갔으니 그 세대 중에 누가 생각하기를 그가 산 자의 땅에서 끊어짐은 마땅히 형벌 받을 내 백성의 허물을 인함이라 하였으리요? … 그 무덤이 악인과 함께 되었으며 그 묘실이 부자와 함께 되었도다"(사 53:8, 9)라고 하였다. 심지어 그 메시야의 죽음의 방식과 그 정황에 대해서도 아주 상세하게 예언되었다. "악한 무리가 나를 둘러 내 수족을 찔렀나이다 … 내 겉옷을 나누며 속옷을 제비 뽑나이다"(시 22:16, 18). 그러나 그는 사망의 권세 아래 계속 머물러 있지 않을 것이었다. "이는 내 영혼을 음부에 버리지 아니하시며 주의 거룩한 자로 썩지 않게 하실 것임이니이다"(시 16:10, 11).

유대 백성들이 메시야를 거부한 결과로 당하게 될 일까지도 아주 분명하게 예언되어 있다. "이스라엘 자손들이 많은 날 동안 왕도 없고 군도 없고 제사도 없고 주상도 없고 에봇도 없고 드라빔도 없이 지내다가 그 후에 저희가 돌아와서 그 하나님 여호와와 그 왕 다윗을 구하고 … 여호와께로 와 그 은총으로 나아가리라"(호 3:4, 5). 이스라엘 자손의 수가 바다의 모래 같을지라도 남은 자만 구원 받을 것이다(사 10:22, 23).

이스라엘 중 반역한 부류에 대해서는 이렇게 말씀했다: "여호와께서 너를 땅 이 끝에서 저 끝까지 만민 중에 흩으시리니 … 그 열국 중에서 네가 평안함을 얻지 못하며 네 발바닥을 쉴 곳도 얻지 못하고 … 여호와께서 너를 끌어 가시는 모든 민족 중에서 네가 놀램과 속담과 비방거리가 될 것이라"(신 28:64-66).

그렇게 흩어져서 환난을 당하겠지만, 완전히 멸절되지는 않을 것이다.

하나님이 다음과 같이 약속하셨기 때문이다: "그들이 대적의 땅에 거할 때에 내가 싫어 버리지 아니하며 미워하지 아니하며, 아주 멸하지 아니하여 나의 그들과 세운 언약을 폐하지 아니하리니, 나는 여호와 그들의 하나님이 됨이라"(레 26:44). 뿐만 아니라 오랜 동안 흩어져 있은 후에 그들이 십자가에 못박힌 그들의 왕을 인정하게 될 것이라는 것도 예언되었다. "내가 다윗의 집과 예루살렘 거민에게 은총과 간구하는 심령을 부어 주리니 그들이 그 찌른 바 그를 바라보고 그를 위하여 애통하기를 독자를 위하여 애통하듯 하며 그를 위하여 통곡하기를 장자를 위하여 통곡하듯 하리로다"(슥 12:10). 스가랴 선지자는 다시 예언하기를, 그 백성이 선한 목자(the Good Shepherd) 되신 구속자를 거부하고 배반한 후 원수들에게서 핍박을 당하며 수많은 사람들이 멸절을 당하게 될 것이나 남은 자들이 오랜 고난을 당한 후에 회복될 것이라고 한다(슥 13:7, 9).

그리스도와 그의 나라에 관하여 유대인의 성경에 나타나는 예언들을 이렇게 재현시켜 보았지만, 이것은 아주 불충분하다. 구약 성경의 경륜 전체를 펼쳐 놓지 않고서는 이 문제를 온전하게 드러낸다는 것 자체가 불가능할 것이다. 이전 세대의 경륜이 예언적인 성격을 띠었다는 사실은 몇 가지 고립된 예언들에서만 드러나는 것이 아니다. 그 주된 계획 자체가 예표적이요 예비적인 성격을 띠었던 것이다. 이스라엘 사람들을 독특한 백성으로 보존하는 일이나, 참된 신앙을 유지시킨 일이나, 교회에 대한 하나님의 통치에서 신적인 완전함을 드러내는 일 등, 구약 시대도 나름대로 당장 눈앞에 있는 목적이 있었던 것은 사실이다.

그러나 이러한 모든 것들은 그리스도의 강림을 위하여 그 백성과 세상을 대비시키며 또한 새로운 세대의 영광된 것들을 미리 보여주는 그림자의 역할을 감당하는 그 장대한 목적에 종속되는 것이었다. 주께서 그렇게 하신 것은 구약 시대에 살고 있던 사람들에게 믿음과 소망의 대상을 제공하며, 동시에 장차 시행될 그 새로운 경륜을 더 잘 깨닫게 하고 더 확고하게 믿게 하며 더 확실하게 포용하도록 하려는 이중적인 목적으로 그렇게 하신 것이다.

이러한 역사의 흐름과 예언에서 떼어낸 각 구절들은 마치 무너져 버린 옛 성전의 잔재들과도 같다. 올바른 판단을 얻기 위해서는, 세부적인 여러 가지 내용도 중요하지만 반드시 그 계획을 전체로서 바라보아야 하는 것이다. 그렇게 전체적으로 보면, 유대인들의 역사는 그리스도의 혈통의 역사요, 희생 제사의 제도 전체는 세상 죄를 지고 갈 하나님의 어린 양을 예표하는 것이요, 또한 성막과 성전은 — 그 복잡한 모든 제도를 포함해서 — 하늘에 속한 영적인 것들의 모형이며, 또한 백성들의 교사요 교정자였던 선지자들은 주로 세상적인 구원을 미리 말씀하기 위해서 보냄을 받은 것이 아니라 백성들로 하여금 눈을 위로 앞으로 향하여 그 위대하신 구원자와 그 마지막의 구원을 계속해서 바라보도록 하기 위함이었다는 사실을 볼 수가 있는 것이다. 구약의 구절들을 따로 떼어 내어서 읽으면, 이와 같은 엄청난 예비와 예언의 체계라는 개념을 적절하게 이해할 수가 없는 것이다. 그러한 예비와 예언의 체계는 수천 년을 내려 오며 수천 갈래로 나뉘어 내려 오면서도, 모든 것이 하나의 공통된 중심, 곧 그리스도의 십자가로 모아지는 것이다.

그러므로 이처럼 기독교의 진실성을 뒷받침해 주는 예언을 근거로 한 논증은 오직 성경의 체계 전체를 공정하게 연구하는 자들만이 파악할 수가 있다. 또한, 구약의 예언들과 신약에 기록된 사건들이 서로 일치하는 사실에 대해서는 하나님의 영감을 전제하지 않고서는 도저히 이해가 불가능하다는 점에 대해서도 이미 충분한 논지가 제시되어 왔다.

한 위대한 구원자가 일어날 것이요, 유다 지파의 다윗 가문에서 탄생할 것이며, 또한 베들레헴 마을에서 출생하실 것이라는 것과, 그가 가난하고 비천한 사람이면서도 하나님께서 받으시는 최고의 경의를 받기에 합당한 분이라는 것과, 그가 교사요 제사장이요 왕이시라는 것과, 그가 자기 백성에게서 배척을 당하고 핍박을 받으며 죽임을 당할 것과, 그가 죽은 자 가운데서 다시 살아 나리라는 것과, 하나님의 영이 그를 따르는 자들에게 부어져서 그들에게 거룩함과 지혜와 용기를 주실 것이라는 것과, 유대인에게만 한정되지 않던 참된 신앙이 이제 이방인에게까지 확대되며, 온갖 반대에도 불구하고 그 신앙이 지속되며 승리를 거두고, 마침내 온 땅에 가득 차게 될 것이라는 것과, 그리고 메시야를 버린 유대인들이 버림을 받아 흩어질 것이나 결국 보존될 것이라는 것 — 마치 대양(大洋)으로 흘러 들어가는 강물처럼 나뉘어졌으나 말라버리지 않는 영구한 이적이요, 역사상 유례를 찾아볼 수 없는 하나의 사실이 될 것이라는 것 — 이, 그리스도께서 강림하시기 여러 세기 전에 이미 예언되고 있는 것이다.

그러므로 그리스도와 그의 나라의 역사 전체가 그가 오시기 이미 여러 세기 전에 기록된 것이다. 겉으로 보기에는 모순이 가득한 것 같은 역사이고, 어느 한 시대의 어느 한 사람이 쓴 것이 아니라 각기 다른 시대에 각기 다른 많은 사람들이 각각 나름대로 새로운 사실이나 특징을 첨가시켜서 기록한 역사이면서도, 그 모든 내용이 합쳐져서 겉으로 보기에는 모순된 것 같으나 하나 일관성 있는 전체를 이루는 그런 역사인 것이다.

유대인의 성경이 고대에 기록되었음을 인정하게 되면 — 이는 어느 누구도 부인할 수 없는 사실이다 — 그 성경이 하나님의 영감으로 말미암아 기록되었으며 또한 그 성경이 그렇게도 분명하게 드러내 주는 예수 그리스도가 바로 하나님의 아들이시요 세상의 구주시라는 결론을 도저히 피할 수가 없는 것이다. 그리스도께서 이런 고대의 예언들을 알고서 하나님의 명령을 받지도 않은 상태에서 자기 스스로 의도적으로 그 예언들을 좇아서 행동했다는 식으로 상상한다는 것은 불가능한 일을 상상하는 것 이외에 아무것도 아니다. 그것은 마치 예수 그리스도께서 악인이었다고 상상하는 것과도 같다. 그러나 신약 성경을 읽는 사람이라면 누구도 그렇게 믿을 수가 없다. 그것은 마치 태양이 암흑이라고 믿는 사람이 없는 것이나 마찬가지이다.

그리스도와 관련해서 주어진 가장 중요한 예언들 가운데는 그리스도의 원수들의 행동들로 성취된 것들이 많다. 그리스도께서 가룟 유다의 배반을 부추기셨는가? 아니면 제사장들에게 은 삼십을 그에게 주라고 일러주신 일이 과연 있는가? 그리스도께서 과연 빌라도 총독에게 자기를 처벌해 달라고 은밀하게 요구하신 일이 있었는가? 아니면 사형을 받되 유대인의 관습대로 받지 않고 로마인의 관습대로 십자가 형을 받게 해달라고 간청한 일이 있었는가? 로마 군병들에게 자기 의복을 제비 뽑아 나누어 가지라고 부추기신 일이 있었는가? 그리고 뼈가 부러지지 않도록 해달라고 그들에게 이야기하신 일이 있었는가? 과연 무슨 교묘한 방법을 썼길래, 두 가지 위대한 예언의 사실들, 곧 유대 정부의 파멸과 결국 유대인이 세계로 흩어지는 일과 또한 새로운 신앙이 이방인들에게 급속하게 전파되는 일이, 실제로 이루어질 수 있었단 말인가?

이 사건들은 분명히 사전에 미리 예언되었으며, 또한 그 사건들이 실제로 일어난 것은 무슨 교묘한 책략이나 사기의 범위를 뛰어넘는 것이다. 이처럼 예언을 근거로 한 논증에 대해서는 이성적으로는 도저히 답변할 수가 없다. 예수 그리스도의 메시야이심에 대한 성경의 증언은 바로 하나님의 증언인 것이다. 우리 주님께서도 친히 말씀하시기를, "너희가 성경에서 영생을 얻는 줄 생각하고 성경을 상고하거니와 이 성경이 곧 내게 대하여 증거하는 것이로다"(요 5:39)라고 하시지 않으셨던가?

그러므로 하나님은 불신앙으로 나아가는 길을 막기를 기뻐하셨다. 반드시 일상적인 논증의 양식들을 모두 깨뜨리고, 도덕적으로 불가능한 것들과 도저히 조화를 이룰 수 없는 모순된 것들을 믿으며, 또한 무엇보다도 구주의 탁월하심에 대해서 마음을 강퍅케 해야만 지성적으로 불신앙을 가질 수가 있게 되는 것이다.

믿음의 근거에 대해서 이렇게 설명하는 것은 불신앙이 죄라는 사실을 보여주며 또한 "믿지 않는 사람은 정죄를 받으리라"(막 16:16)라는 그리스도의 엄중한 선언의 당위성을 입증하기 위한 것이다. 사람들은 자기들은 믿음에 대해서 책임이 없다고 알랑거린다. 믿는다는 것은 자의적인 것이 아니기 때문에 칭찬이나 비난을 받을 문제가 아니라는 것이다.

그러나 이런 거짓된 생각은 본질적으로 매우 다른 것들을 서로 혼동하는 데서 나오는 것이다. 믿음이란 그 대상에 따라서, 그리고 그것이 근거로 하는 증거의 본질에 따라서 달라진다. 둘 더하기 둘이 넷이라는 것이나, 나폴레옹이 세인트 헬레나에서 죽었다는 것 등은 누구든지 믿는다. 그리고 이런 믿음에는 도덕적으로 더 나은 것도, 더 나쁜 것도 없다. 그런 문제들에 대해서 믿지 못한다면, 그것은 도덕적인 이상(異常)이 아니라 정신 이상의 징조일 것이다.

그러나 어느 누구도 도덕적으로 극히 타락한 사람이 아닌 한 덕행이 악이고, 악행이 덕이라고 믿을 수는 없다. 어느 누구도 하나님을 믿지 않을 수가 없다. 특히 계시의 빛 아래서는 더더욱 그렇다. 하나님을 믿지 않는다면, 그것은 그런 불신앙을 통해서 그 당사자가 올바른 도덕적 신앙적 감각이 전혀 없다는 것을 드러내는 것밖에 아무것도 아닌 것이다. 그리고 하나님이 그 아들에 대해서 주신 기록을 믿지 못한다면, 그것은 곧 하나님의 영광과 구주의 도덕적 탁월하심에 소경이라는 것이요, 또한 그의 증거임을 입증해 주는 그런 방식으로 전달된 하나님의 합당한 증언을 거부하는 것 이외에 아무것도 아닌 것이다.

그러므로, 누구든지 하나님을 믿는 믿음이나 혹은 예수 그리스도를 믿는 믿음이 없으면서도 무죄하기를 바란다는 것은 정말 헛된 일이다. 외부의 세계가 하나님의 솜씨를 그렇게 훌륭하게 보여주므로 그 어느 누구도 그것을 하나님의 솜씨로 인정하지 않을 핑계가 없듯이, 하나님의 말씀의 탁월함과 그의 아들의 영광을 인정하기를 거부하는 자들은 분명 죄가 없을 수가 없는 것이다. 무수한 사람들을 납득시킨 그 증거가 그들의 눈 앞에 있으니, 그들도 마땅히 그 증거에 대해 납득해야 마땅한 것이다. 그러므로 자기들의 믿음 없음에 대해 변명하고 증거가 약하다고 불평하려 하지 말고, ― 증거가 약한 것이 아니고 그들이 무시하고 거부하기 때문에 그 증거에 대해 무감각해져 있는 것이다 ― 스스로 믿지 못하는 사실에 대해 죄악을 고백하고 하나님 앞에서 자신을 낮추고서 하나님께서 그들의 눈을 열어 주셔서 그의 말씀의 탁월함을 보도록 해 달라고 기도해야 할 것이다.

트집을 잡는 행위를 버리고 확신을 가져야 할 것이다. 지금 성경이 드러내는 그 부드럽고 온유한 영광을 보고 성경을 믿지 못하면, 장차 언젠가는 그들의 양심이 일깨워져서 성경이 드러내는 그 끔찍한 두려움의 사실들을 통해서 과연 성경이 하나님의 말씀이라는 것을 알게 될 날이 올 것이다.

제 2 장

죄

제1절 모든 인간은 죄인이며, 인간의 본성은 타락 이후 부패하여 있음

성경이 과연 의심의 여지 없는 하나님의 말씀이라면, 과연 우리는 그 하나님의 교훈들을 얼마나 경외함으로 받아들여야 하며, 어떠한 열심과 겸손으로 그 말씀을 공부해야 하며, 그 선포하는 모든 말씀을 어떠한 신뢰로 의지해야 하며, 그 모든 지시 내용을 얼마나 기꺼이 순종해야 하겠는가? 이제 인간의 성격에 대해, 구원의 길에 대해, 그리고 의무의 규범에 대해서 성경이 가르치는 바를 배우도록 하자.

인간의 성격에 대해서 성경은 모든 인간이 죄인이라는 것을 너무도 분명하게 가르치고 있다. 사도 바울은 로마서에서 이 진리를 주장할 뿐 아니라, 자연의 빛 아래 사는 자들과 계시의 빛을 누리는 자들 모두와 관련해서 그 진리를 상세하게 입증하고 있다. 자연의 빛 아래 있는 자들은 그 불신앙과 부도덕에 대해 공의로 정죄를 받는다고 말씀한다. 왜냐하면 하나님의 완전하심 곧 그의 영원하신 능력과 신성이 창조 때부터 그 지어진 만물로 말미암아 분명히 드러나 있는데도 그들이 자기들의 창조주를 인정하지 않았기 때문이다. 그들은 하나님을 하나님으로 예배하지도 않았고 그의 긍휼하심에 대해서 감사하지도 않았을 뿐더러 피조물을 창조주보다 더 섬겼다. 그리하여 그들은 모든 탁월함의 근원이신 분에게서 떠나감으로써 그들 스스로도 탁월함에서 벗어나 버린 것이다. 그들의 어리석은 마음이 어두워졌고 그들의 부패함이 그 가증한 우상 숭배뿐 아니라 마음과 생활에 나타나는 온갖 형태의 도덕적 악에서 분명하게 드러나는 것이다. 각 사람의 마음 속에 기록되어 있는 율법을 어기고 이런 죄들을 범한다. 그러므로 그들은 그런 죄를 범하는 자들은 죽어 마땅하다는 것을 알고 있으며, 따라서 그들 자신의 의식 속에서도 도저히 핑계거리가 없는 것이다.

하나님의 성품과 그의 요구하심에 대한 초자연적인 계시를 누리는 자들의 경우는 더욱 분명하다. 이 하나님께 내적이며 외적인 경배를 드리는 것이 마땅한데 그렇게 하지 않고 오히려 그러한 섬김을 무시하고 그 창조주 대신 피조물을 선호하는 것이다. 성경에 포함되어 있는 완전한 의무의 규칙에 의해서 행동을 하는 것이 아니라, 율법을 깨뜨림으로써 끊임없이 하나님을 만홀히 여기는 것이다.

그리하여 사도는 모든 부류의 인간들이 그들이 각기 누려온 그 빛으로 판단할 때에 하나님 앞에서 죄책이 있음을 보여주고 있다. 그는 말씀하기를 이러한 죄책의 보편성은 성경의 증거에 의해서 분명하게 확인된다고 한다. 성경은 이렇게 선언하는 것이다: "의인은 없나니 하나도 없으며 깨닫는 자도 없고 하나님을 찾는 자도 없고 다 치우쳐 한가지로 무익하게 되고 선을 행하는 자는 없나니 하나도 없도다"(롬 3:10-12).

성령은 이러한 말씀으로 어느 한 시대나 어느 한 나라에 속한 사람들을 지칭하는 것이 아니라 온 인류 전체를 지칭하는 것이다. 그 말씀은 인간의 도덕적 성격을 묘사하는 것이다. 사도께서 그 말씀을 인용하여 적용하는 것은 바로 이런 의미에서다. 따라서 성경의 모든 부분에서 이와 유사한 선언들을 볼 수가 있다. 구약은 물론 신약에서도 나타나며, 한 특정한 시대에 속한 책에서는 물론 다른 시대에 속한 책에서도 볼 수 있다. 그리고 이와 반대되는 진술은 한 군데에서도 볼 수 없다. 인류가 하나님이 요구하시는 그런 상태를 유지하고 있다고 말씀하는 구절도 없고, 인류 가운데 어느 일부분이 무죄(無罪)하다고 말씀하는 구절도 없다. 오히려 "만일 우리가 죄 없다 하면 스스로 속이고 또 진리가 우리 속에 있지 아니할 것이요"(요일

1:8), “우리가 다 실수가 많으니”(약 3:2), “범죄치 아니하는 사람이 없사오니”(왕상 8:46), “모든 사람이 죄를 범하였으매 하나님의 영광에 이르지 못하더니”(롬 3:23) 등의 말씀처럼 그와 정반대의 사실을 분명하게 말씀하고 있는 것이다.

그러므로 성경은 인간의 보편적 죄성(universal sinfulness of men)을 전제로 논의를 전개하는 것이다. 성경의 언어에서는, 사람의 방식을 좇아 말하고 행동하고 산다는 것은 바로 악하게 말하고 행동한다는 것을 뜻한다. 세상은 악하다. 인류를 묘사하면서 “이 악한 세대”(갈 1:4)라고 한다. 바로 그러한 악한 성격과 그 형벌 받아 마땅한 상태에서 그 백성을 구속하시기 위해서 그리스도께서 죽으신 것이다. 우리 주님은 그의 제자가 되기를 거부하는 자들에게 말씀하기를, “세상이 너희를 미워하지 못하되 나를 미워하나니 이는 내가 세상의 행사를 악하다 증거함이라”(요 7:7)라고 하신다. 그들은 세상에 속한 자들이다. 그러므로 말씀하기를 “저희는 세상에 속한 고로 세상에 속한 말을 하매 세상이 저희 말을 듣느니라”(요일 4:5)고 하며, 또한 “우리는 하나님께 속하고 온 세상은 악한 자 안에 처한 것이라”(요일 5:19)라고 하는 것이다.

그러나 이것은 성경 가운데 어느 한두 구절에만 나타나는 하나님의 교훈이 아니다. 이것이야말로 성경의 거의 모든 구절에서 당연한 것으로 전제하고 있는 근본적인 진리들 가운데 하나다. 구속의 구조 전체가 사람이 타락한 존재라는 것을 전제하고 있는 것이다. 그리스도께서는 잃어버린 자를 찾아 구원하러 오셨다. 그를 가리켜 죄인의 구주라고 선언하고 있다. 우리가 죄악되다는 것을 가정하지 않고서는 그리스도의 강림과 그의 사역 전체가 그 의미나 가치를 완전히 잃어버리고 만다. 왜냐하면 그리스도께서 오신 것은 그의 백성을 그들의 죄악에서 구원하시며, 불의한 자들을 위하여 의로운 자로서 죽으시고, 나무 위에 친히 달리셔서 우리의 죄를 지시기 위함이었기 때문이다. 죄를 짓지 않은 사람들에게는 구주도 필요 없다. 죽어 마땅한 사람이 아니면 구속자가 필요 없다. 구속에 대한 가르침으로 성경 전체가 가득 차 있듯이, 인간의 보편적 죄성에 대한 가르침도 마찬가지

다.

뿐만 아니라 성경이 천국에 들어가는 데 필요한 조건으로 제시하는 모든 것 가운데도 이러한 가르침이 전제되어 있다. 성경 어디에서도, 모든 사람이 회개해야 할 것을 말씀하고 있다. 그런데 회개는 죄를 전제로 하는 것이다. 또한 하나님 나라를 보기 위해서는 모든 사람이 거듭나야 한다. 새로운 피조물이 되어야 하며, 하나님의 형상을 따라 새로와져야 하는 것이다. 죄와 허물 가운데서 죽어 있으므로, 반드시 다시 살아나야 하며, 영적 생명을 소유해야 한다. 간단히 말해서, 누구든지 천국에 들어가기 위해서는 죄 용서와 성화(聖化, sanctification)가 필요하다는 것이 성경의 한결같은 가르침이다. 그러므로 이 사실은 모든 사람이 죄인이라는 것을 가르쳐 주고 있는 것이다.

더 나아가서 성경은 사람의 죄성이 아주 깊이 자리잡은 것이라고 가르친다. 죄성이 마음의 부패에 있어서 그것이 삶의 행위 가운데서 온갖 형태로 드러나는 것이다. 사람의 마음의 모든 상상들이 늘상 악할 뿐이다(창 6:5). 하나님은 인간의 마음에 대해 말씀하기를, "그것이 만물보다 거짓되고 심히 부패해 있다"고 하신다(렘 17:9). 모든 사람은 본질상 다 "진노의 자식"이다(엡 2:3). 그러므로 시편 기자는 말씀하기를, "보라, 내가 죄악 중에 출생하였음이여 모친이 죄 중에 나를 잉태하였나이다"(시 51:5)라고 한다.

이러한 인간의 본질의 부패야말로 사람에게 있는 모든 선한 것을 가리켜 계속해서 성령의 역사라고 보며 또한 사람에게 있는 악한 모든 것은 인간 자신의 본질에 속하는 것으로 보는 근거가 되는 것이다. 그러므로 성경의 언어대로 보면, 자연인은 부패한 인간이며 오직 영적인 사람만이 선한 것이다. 그러므로 성경은 "육체"와 "영"이 끊임없이 서로 대적하는 것으로 말씀한다. 여기서 "육체"란 하나님의 영향력에서 떠난 상태에 있는 우리의 본질을 의미하며, "영"이란 성령을 가리키기도 하고 또는 그의 직접적인 역사의 결과들을 의미하는 것이다. 그러므로 육체 안에 있다든지, 육체를 따라 행한다든지, 육체의 일들에 마음을 둔다는 것은 모두 인간의 자연적인 상태를 일컫는 성경의 표현들이다. "내 육신에 선한 것이 거하지 아니하는 줄을 아노니"(롬 7:18)라고 한 바울의 말씀이나 "육에서 난 것은 육이요"(요 3:6)라고 하신 우리 주님의 말씀에 나타나는 "육신" 또는 "육"은 모두 그런 의미인 것이다.

더 나아가서, 우리를 겸손하게 만드는 이러한 가르침은 구원에 필수적인 도덕적 변화의 본질에 대해서 성경이 제시하는 모든 묘사들 속에 포함되어 있다. 그 변화는 그저 외형만의 변화가 아니다. 그것은 외형적인 의무들을 열심히 수행하는 것을 뜻하는 것이 아니다. 그것은 중생이요, 성령으로 나는 것이요, 새로운 피조물이요, 죽음에서 생명으로 옮긴 것이요, 변화되는 그 당사자 자신이 일으키는 변화가 아니라 하나님에게 근원이 있는 그런 변화다. 그러므로 성경의 가르침 가운데 그 어떠한 것도 이 가르침 ― 인간은 부패하고 타락하여 하나님의 형상을 잃어버린 존재로서 그리스도 예수 안에서 새롭게 창조되어야 비로소 천국을 볼 수 있는 그런 존재라는 가르침 ― 보다 충만하게 드러나는 것이 없는 것이다.

죄의 보편성과 인간의 본질의 부패성에 관한 이러한 성경의 가르침은 우리의 경험과 관찰을 통해서도 너무나 분명하게 확증된다. 죄성의 범위나 정도는, 혹은 그 허물의 악한 정도는, 사람마다 다를 수 있다. 그러나 자기들이 죄인이라는 사실에 대해서는 도저히 무감각할 수가 없다. 또한 사람이 자기를 조금이라도 알면 그런 죄악된 성격이 자기 속에서 유지되고 있다는 것을 모를 수가 없는 것이다. 인류가 존재한 역사를 할 수 있는 만큼 거꾸로 거슬러 올라가 보아도, 양심의 증언이 그들을 찌른다는 것을 깨닫게 된다.

이러한 죄에 대한 의식이 모든 사람에게 보편적으로 존재하며, 또한 우리 자신에 대해 조금이라도 알게 되면 그 순간 그런 죄 의식이 생겨 나게 되는데, 바로 이러한 사실이야말로 우리가 타락한 존재라는 것을, 인류의 첫 조상이 창조 때부터 부여받은 하나님의 도덕적인 형상을 타락 이후 잃어버리고 말았다는 것을 입증해 주는 것이다. 우리의 도덕적인 본질이 그렇다는 것은, 또한 우리의 행복을 하나님과 거룩함 속에서 찾으려 하지 않고 오히려 창조주보다 피조물을 더 선호한다는 것은, 우리 사람들 각자가 증언하는 사실인 것이다. 인간의 상태가 본래 처음부터 그러했다고 주장하는 것은, 인간의 이성이 그 활동 영역 내에 있는 문제에 대해서 보편적으로 즉각적으로 확실하게 그릇된 판단을 하게끔 만들었는데도 불구하고 그 이성을 건전하다고 주장하는 것만큼이나 비합리적인 것이다.

인간이 부패한 존재라는 증거는 인간이 합리적이며 사회적이며 도덕적인 존재라는 증거만큼이나 강력하다. 출생할 때에는 물론 이성(理性)이 작용하는 흔적이 나타나지 않는다. 그러나 주변의 사물들을 식별하고 정신의 작용을 표현할 수 있게 되면 즉시 인간의 지적 본질이 어김없이 드러나게 되어 있다. 사람이 출생한 첫 순간에 이성이 작용하는 흔적이 나타나지 않는다고 해서, 인간이 이성을 지니고 있다는 사실을 교육의 결과라고 보거나 상황의 결과라고 보는 사람은 하나도 없다. 어떠한 상황과 처지에서도 이성의 작용이 한결같이 드러나는 것만으로도 이성이 인간의 본질적인 속성이라는 충분한 증거가 되는 것이다.

사회적 감정에 대해서도 동일한 말을 할 수 있다. 사람은 어느 누구도 이 세상에 출생하는 그 순간부터 그런 사회적 감정을 드러내지는 않는다. 그러나 사람이 나이나 환경을 불문하고 누구든지 사회 속에서 살고자 하는 성향을 드러내 보인다는 사실이야말로, 모든 부모가 자기 자녀들을 사랑하며, 모든 사람이 동료들의 슬픔과 기쁨에 어느 정도 공감을 한다는 사실이야말로, 이러한 사회적 감정들이 후천적으로 습득한 것이 아니라 선천적이며 우리의 본질에 속하며 우리의 본질의 특징이 된다는 사실을 입증해 주는 것이다.

이와 비슷하게, 사도는 모든 사람들이 도덕적인 행위를 하며 양심의 승인과 금지를 경험한다는 사실을 근거로 하여 논지를 전개한다. 곧, 사람은 누구나 어떤 모범이나 교육이나 기타 외적인 영향력 때문이 아니라 본래부터 그러한 도덕적인 구조를 갖고 있기 때문에, 그 마음에 한 가지 법을, 옳고 그름에 대한 감각을, 갖고 있다는 것이다. 그러나, 도덕적인 행위가 모든 사람에게서 한결같이 나타난다는 사실이 인간이 도덕적인 본질을 지니고 있다는 증거가 된다면, 그릇된 도덕적 행위가 모든 사람에게서 한결 같이 나타난다는 것은 인간이 부패한 도덕적 본질을 지니고 있다는 증거가 되는 것이다. 만일 이성과 사회적 감정이 모든 사람에게 보편적으로 드러난다는 사실이 곧 사람이 본질적으로 이성적 존재이며 사회적 존재라는 사실을 입증해 준다면, 죄악된 감정이 모든 사람에게 보편적으로 드러난다는 사실은 인간이 본징적으로 죄악된 존재라는 것을 입증해 주는 것이 된다.

어느 누군가를 악한 사람이라고 말할 경우, 그 말은 곧 그 사람의 행위의 가장 지배적인 성격이 그 사람이 악한 원칙과 성향을 지닌 사람이라는 것을 입증해 준다는 의미이다. 그리고 사람의 본질이 부패해 있다는 말은, 곧 그 본질의 부패성이 그릇된 도덕적 행위로 나타난다는 의미가 된다. 악한 사람의 행위들이 그 사람의 마음에 악한 성향들이 지배하고 있다는 것을 입증해 주듯이, 그릇된 도덕적 행위가 모든 사람에게서 한결같이 나타난다는 사실은 바로 인간의 부패한 본성을 입증해 주는 강력한 증거가 되는 것이다. 이것이야말로 인간에 대한 한결 같은 판단이며, 하나님의 말씀도 이를 확증하고 있다. "좋은 나무가 나쁜 열매를 맺을 수 없고 못된 나무가 아름다운 열매를 맺을 수 없느니라 … 이러므로 그의 열매로 그들을 알리라"(마 7:18, 20).

주님의 이러한 말씀은 사람의 행동의 지배적인 성격을 마음의 상태를 드러내 주는 지침으로 받아들여야 한다는 것을 가르치려는 분명한 목적으로 하신 말씀이다. 그렇다면, 모든 사람에게서 한결같이 죄가 나타난다는 사실은 모든 사람의 본질이 부패해 있다는 분명한 증거가 되는 것이다. 사실, 인간의 본질과 관련하여 의식(意識)과 관찰을 통해서 충분히 드러나는 온갖 사실들 가운데, 그것이 부패해 있다는 것보다 더 분명하게 입증되는 것이 없는 것이다.

제2절 인간의 죄들이 무수하며 계속 가중됨

성경은 모든 사람들이 죄인이며 또한 악이 그 마음 속 깊은 곳에 자리 잡고 있다는 것을 가르치는 것은 물론, 더 나아가서 사람들의 죄성(罪性)이 매우 크다는 것도 가르쳐 준다. 법을 제정한 자가 저지른 악을 어떻게 평가하느냐 하는 것은, 법을 위반한 일에 대해서 그가 어떤 형벌을 내리느냐 하는 것을 통해서 가장 분명하게 드러난다. 만일 그가 지혜롭고 선한 자라면, 그가 내린 형벌이야말로 저지른 범죄의 정도를 잘 반영하는 것이 될 것이다. 그러므로 무한히 지혜로우시고 선하신 하나님의 경우, 그가 죄에 대하여 내리시는 형벌은 그 죄질에 대한 정확한 기준이 되는 것이다. 그런데 죄가 하나님이 그것에 대해서 선언하신 적절한 형벌을 받아 마땅하다는 사실을 보지 못한다면, 그것은 그저 우리의 판단이 하나님의 판단과 다르다는 것을 보여줄 뿐이다. 그러므로 그런 차이가 있다고 해서 놀랄 필요는 없다. 인간으로서는 하나님이 죄에 대해 하시는 경고들의 의로움을 드러내 주는 모든 이유들을 다 알 수는 없는 것이다. 우리가 대적하여 죄를 저지르는 바로 그분의 위대하심과 선하심과 지혜도, 또한 우리가 범하는 하나님의 법의 그 완전한 탁월함도 우리로서는 도무지 다 깨달아 알 수가 없다. 그러므로 죄에 대해 우리가 판단하는 것이 하나님이 선언하시는 것보다 덜 악하다고 해서, 그것이 그 죄가 하나님의 진노와 저주를 받을 만큼 악하지 않다는 증거가 될 수는 없는 것이다.

죄의 악함을 우리가 낮게 평가하게 되는 실질적인 원인이 한 가지 더 있다. 부패한 사람일수록, 자기가 저지르는 범죄의 사악함을 평가할 능력이 적다. 뿐만 아니라, 삶의 어느 시점에서 어떤 특정한 범죄를 아주 혐오하던 사람도, 결국에 가서는 그 범죄를 무관심하고 지나치게 되고 만다. 그러므로 우리가 죄인들이라는 사실만으로도 죄를 바라보는 우리의 시각이 하나님의 말씀의 시각과 전혀 다르다는 사실을 충분히 해명하고도 남음이 있는 것이다. 그렇다면 하나님의 심판 앞에 그대로 엎드려 하나님이 정당하다고 선언하신 그 형벌을 정당한 것으로 시인하는 것이야말로 지극히 합리적인 일인 것이다. 형벌이 참으로 끔찍하다는 것, 그리고 하나님을 향한 깊은 경외와 또한 죄의 악함에 대해 적절한 깨닫는 것 이외에는 하나님이 내리신 형벌을 진정으로 받아들이는 자세를 갖게 만들 수가 없다. 그러나 이런 하나님이 내리신 형벌이야말로 죄의 그 끔찍한 악함의 적절한 척도(尺度)라는 사실보다 더 확실한 것은 없는 것이다.

이러한 형벌을 지칭하는 데 보통 사용되는 용어는 죽음이다. 여기서 죽음이란 육체(body)의 죽음만이 아닌 영혼의 죽음이며, 일시적인 것이 아닌 영원한 죽음이다. 그러므로 그 용어는 죄에 대한 형벌의 결과로 생기는 이 세상의 모든 악과 다가올 세상의 모든 악을 다 포괄하는 의미를 갖는다 하겠다. 하나님은 인류의 시조(始祖)에게, "네가 먹는 날에는 정녕 죽으리라"(창 2:17)고 경고하셨고, 또한 선지자를 통해서도 "범죄하는 그 영혼이 죽으리라"(겔 18:4)고 하셨으며, 또한 사도도 "죄의 삯은 사망이라"(롬 6:23)고 말씀했는데, 여기의 죽음은 전부 그런 의미로 이해하여야 한다.

또한 이와 똑같은 일반적인 사상이 저주(詛呪)라는 말로도 표현된다. "무릇 율법의 행위에 속한 자들은 저주 아래 있나니 기록된 바 누구든지 율법 책에 기록된 대로 온갖 일을 항상 행하지 아니하는 자는 저주 아래 있는 자라 하였음이라"(갈 3:10). 또한 똑같은 사상을 진노라는 단어로 표현하기도 한다: "전에는 우리도 … 다른 이들과 같이 본질상 진노의 자녀이었더니"(엡 2:3); "하나님의 진노가 불의로 진리를 막는 사람들의 모든 경건치 아니함과 불의에 대하여 하늘로 좇아 나타나나니"(롬 1:18).

이 구절들 및 이와 유사한 구절들은 죄인이 하나님의 노여움의 대상이요 또한 이 노여움은 반드시 드러날 것이라는 것을 가르쳐 준다. 하나님이 무한히 선하시고 모든 복의 근원이시듯이, 그의 노여움은 모든 나쁜 일들 가운데 가장 큰 것일 수밖에 없다. 그러나 성경은 이 진리를 더욱 깊이 우리 마음 속에 심어 주기 위해서, 인간의 언어로 표현할 수 있는 가장 강한 표현을 사용하여 하나님의 노여움의 그 끔찍한 의미를 제시해 주고 있다. 복음에 순종하지 않는 사람들을 가리켜 성경은, "이런 자들이 주의 얼굴과 그의 힘의 영광을 떠나 영원한 멸망의 형벌을 받으리로다"(살후 1:9)라고 말씀한다. 우리 주님도 말씀하시기를 악인은 지옥 꺼지지 않는 불에 던져질 것인데 거기는 구더기도 죽지 않고 불도 꺼지지 않는다고 하였다(막

9:43, 48).

주님은 또한 마지막 그 큰 날에 재판관이 왼편에 있는 자들에게 선언하기를, "저주를 받은 자들아 나를 떠나 마귀와 그 사자들을 위하여 예비된 영영한 불에 들어가라"(마 25:41)고 할 것이라고 말씀하신다. "인자가 그 천사들을 보내리니 저희가 그 나라에서 모든 넘어지게 하는 것과 또 불법을 행하는 자들을 거두어 내어 풀무 불에 던져 넣으리니 거기서 울며 이를 갊이 있으리라"(마 13:41, 42). 그 마지막 날에 "무덤 속에 있는 자가 다 그의 음성을 들을 때가 오나니 선한 일을 행한 자는 생명의 부활로, 악한 일을 행한 자는 심판의 부활로 나오리라"(요 5:29). 또는, 다니엘서의 표현을 빌면, "영생을 얻는 자도 있겠고 수욕을 받아서 무궁히 부끄러움을 입을 자도 있을 것이라"(단 12:2)고 한다.

이 구절들 및 이와 유사한 구절들에 나타나는 용어들에 대해서 어떤 설명을 붙이든 간에, 그 용어들이 끝이 없고 소망이 없는 비참함이라는 관념을 전해 준다는 데에는 의심의 여지가 없다. 이러한 비참한 상태가 언제 생겨나며, 그 본질이 무엇이냐 하는 문제는 별로 중요치 않다. 여기서 말씀하는 그 비참한 상태에서 겪게 될 고통이 도저히 생각할 수 없을 만큼 크며 또한 그 기간도 끝이 없다는 것을 성경이 가르친다는 사실만으로도 족하다.

회개하지 않는 자들의 미래의 상태에 대해 주어진 가장 무시무시한 사실은 그들이 버리운 자들, 곧 억제되지 않은 악의 권세에 내어버림을 당한 자들이라는 사실이다. 양심과 시험의 상태, 성격에 대한 존중, 좋은 모범 등의 억제력과, 그리고 무엇보다 성령님의 억제력이 사라져서, 결국 멸망하게 될 그 사람들의 성격과 상태가 순전한 악의와 불순과 폭력으로 일관할 것이다. 악인은 항상 고통으로 혀를 깨물고 이를 갈면서 하나님을 모독하는 자들로 묘사되고 있다(계 16:10). "나 주 여호와가 말하노라 내가 어찌 악인의 죽는 것을 조금인들 기뻐하랴"(겔 33:11)라고 말씀하신 그 하나님께서 죄인들을 향하여 이러한 멸망을 선언하시는 것이다. 이 구절들 가운데서 가장 무시무시한 말씀이 바로 우리를 위하여 죽으사 우리로 멸망치 않고 영생을 얻게 하시려고 이 땅에 오신 하나님의 어린 양의 입에서 나오고 있는 것이다.

여기서 반드시 기억해야 할 것은 이런 끔찍한 형벌이 죄인 중의 괴수에게 선언되는 것이 아니라는 사실이다. "누구든지 율법 책에 기록된 대로 온갖 일을 항상 행하지 아니하는 자는 저주 아래 있는 자라"(갈 3:10). "누구든지 온 율법을 지키다가 그 하나에 거치면 모두 범한 자가 되나니"(약 2:10). 우리가 알기로는 천사들도 그들의 첫 과실(過失) 때문에 형벌을 받았다. 아담과 그 후손은 한 가지 범죄로 인하여 타락하였다. 인간의 통치도 동일한 원리를 근거로 이루어진다. 사람이 살인을 범하면 그 한 가지 과실 때문에 죽음을 당하게 된다. 반역죄를 범하면, 그 이외에 다른 범죄가 없다 할지라도 반역죄 한 가지에 합당한 형벌을 받게 되는 것이다. 죄는 하나님을 배반하는 것이다. 죄는 하나님과의 교제를 깨뜨려 놓는다. 그리고 영혼을 망치는 것이다.

하나님이 죄에 대하여 가지시는 노여움과 또한 죄를 벌하시고자 하시는 결정은 하나님이 죄와 고통 사이에 세우신 일정한 연관 관계를 통해서도 드러난다. 죄가 비참함을 만들어 낸다는 것은 부정할 수 없는 성향이다. 물론 이 세상에서는 선인이 언제나 악인보다 행복을 누리는 것은 아니다. 그러나 이러한 사실은 현재의 상태가 시험(trial)의 상태지, 보응(retribution)의 상태가 아니라는 것을 보여줄 뿐, 죄를 벌하시는 하나님의 목적에 대한 증거를 반박하는 증거를 마련해 주는 것이 아닌 것이다.

죄가 비참함을 만들어 내는 이러한 성향은 우리가 잘 알고 있는 다른 어떠한 법칙과 마찬가지로 하나의 자연의 법칙에 불과하다. 사람들은 하나님의 긍휼하심에 호소하여 이 법칙을 유보해 달라고 하면 하나님이 그렇게 해 주셔서 자기들이 저지른 범죄로 인하여 나타나는 온갖 악한 결과들을 피할 수 있을 것이라고 떠벌린다. 그러나 이는 마치 만유인력의 법칙을 자기들의 편의대로 유보할 수 있을 것으로 생각하는 것과도 같다. 가라지를 심으면 반드시 가라지를 거두게 되어 있는 것처럼 "육체를 위하여 심는 자는 육체로부터 썩어진 것을 거두리라"(갈 6:8). 원인과 결과과 자연

속에서 연결되는데, 이 둘을 서로 연결시켜 주는 것은 오로지 하나님의 뜻이다. 그런데 그 동일한 하나님의 뜻이, 그에 못지 않게 분명하게 죄와 고통을 서로 연결시키고 있는 것이다. 그리고 이러한 연결은 구속의 신비(the mystery of redemption)가 아니고서는 절대로 끊을 수가 없는 것이다.

자연 법칙의 작용을 유보하는 일(태양의 운행을 중단시키는 것처럼)은 그저 그런 능력이 발휘되기만 하면 된다. 그러나 죄인들을 율법의 저주에서 구원하기 위해서는 반드시 그리스도께서 우리를 위하여 저주가 되시고 친히 나무 위에 달리셔서 그 몸에 우리의 죄를 지셔야만 한다. 그가 우리를 대신하여 속죄 제물이 되시고 의로운 자로서 불의한 자들을 위하여 죽으셔야만 하는 것이다(갈 3:13; 벧전 2:14; 고후 5:21; 벧전 3:18). 하나님께서는 한 가지 목적을 이루시기 위해서 그 목적을 이루는 데 필요한 것보다 훨씬 더 고귀한 수단을 사용하셨다고도 생각할 수 있는데, 이는 정말 하나님의 지혜라 할 수 있다.

우리를 구속하는 일이 금이나 은 같이 썩어질 것들을 통해서 이루어질 수 있었거나 아니면 소나 양의 피로 죄 씻음을 받을 수 있었다면, 그리스도께서 죽으셨다는 것을 과연 누가 믿을 수 있겠는가? 우리의 구원이 그리스도의 죽으심 이외의 다른 방도로도 이루어질 수 있었다고 주장하는 것은 곧 그리스도의 죽음을 헛되게 만드는 일임을 사도는 분명히 가르치고 있는 것이다(갈 2:21). 그러므로, 죄를 용서함 받기 위하여 그리스도의 죽음이 반드시 필요했다면, 하나님께서 우리의 죄의 악함을 우리를 구속하기 위하여 죽으신 그분의 위엄에 따라서 평가하셨음이 분명해진다.

여기서 우리는 성경의 가장 신비하고 가장 엄숙한 가르침을 접하게 된다. "태초에 말씀이 계시니라. 이 말씀이 하나님과 함께 계셨으니 이 말씀은 곧 하나님이시니라 … 만물이 그로 말미암아 지은 바 되었으니 지은 것이 하나도 그가 없이는 된 것이 없느니라 … 말씀이 육신이 되어 우리 가운데 거하시매 우리가 그 영광을 보니 아버지의 독생자의 영광이요 은혜와 진리가 충만하더라"(요 1:1, 3, 14). 그러므로 하나님이 육신 가운데 나타나신 것이다. "그는 근본 하나님의 본체시나 하나님과 동등됨을 취할 것으로 여기지 아니하시고 오히려 자기를 비어 종의 형체를 가져 사람들과 같이 되었고 사람의 모양으로 나타나셨으매 자기를 낮추시고 죽기까지 복종하셨으니 곧 십자가에 죽으심이라"(빌 2:6-8).

그리고 그는 하나님의 영광의 광채시요 그 본체의 형상이시며 그의 능력의 말씀으로 만물을 붙드시며 천사가 그에게 경배하는 그런 분으로서 성경은 그에 대해 이렇게 말씀하고 있다: "하나님이여 주의 보좌가 영영하며 … 주여 태초에 주께서 땅에 기초를 두셨으며 하늘도 주의 손으로 지으신 바라. 그것들은 멸망할 것이나 오직 주는 영존할 것이요 그것들은 다 옷과 같이 낡아지리니 의복처럼 갈아 입을 것이요 그것들이 옷과 같이 변할 것이나 주는 여전하여 연대가 다함이 없으리라"(히 1:8, 10-12). 그는 또한 "만물 위에 계셔 세세에 찬양을 받으실 하나님"(롬 9:5)이시며, "자녀들은 혈육에 함께 속하였으매 그도 또한 한 모양으로 혈육에 함께 속하심은 사망으로 말미암아 사망의 세력을 잡은 자 곧 마귀를 없이 하시며 또 죽기를 무서워 하므로 일생에 매여 종노릇 하는 모든 자들을 놓아 주려 하심이라"(히 2:14-15)고 한다.

성경의 가르침은 바로 무한하시고 영원하신 하나님의 아들이 우리의 본성을 입으셨고 그리하여 우리를 대신하여 저주가 되심으로 우리를 율법의 저주에서 구속하셨다는 것이다(갈 3:13). 인간의 고통이 아무리 크며, 홍수의 심판이 아무리 파괴적이라 할지라도, 마지막 지옥의 불길이라 할지라도, 하나님의 독생자의 십자가만큼 죄의 악함과 하나님의 공의를 드러내 주지 못하는 것이다. 그리스도의 십자가는 지성이 있는 모든 사람들이 들을 수 있는 언어로, 죄는 하나님의 진노와 저주를 받아 마땅하다는 것과 또한 하나님이 지정하신 용서의 방법에 굴복하기를 거부하는 자는 하나님의 정죄를 절대로 피할 수 없다는 사실을 선언하는 것이다.

그러므로 하나님이 그의 법을 어기는 데에 부과하신 형벌, 그 형벌이 반드시 시행되리라는 사실, 타락한 천사들의 운명, 아담의 죄로 인하여 생긴 결과들, 그리고 무엇보다 그리스도의 죽으심은 하나님께서 죄의 악함을 어떻게 보시느냐 하는 것을 잘 드러내 준다. 이처럼 하나님이 어떻게 보시느냐 하는 것이야말로 우리가 최고로 관심을 기울여야 하는 것이다.

이 문제에 대해서 우리의 마음이 아무리 강퍅하다 할지라도, 우리의 죄책이 굉장히 크다는 것을 보지 못할 만큼 그렇게 우리의 이성이 몽매하지는 않다. 죄의 흉악함을 가중시키는 모든 상황들이 우리가 현재 당하는 사정과 일치한다는 것을 도저히 부인할 수가 없다. 우리가 거역하는 그 법은 완전할 만큼 선한 것이다. 그것은 하나님의 법이요, 의롭고 이성적인 법이다. 그 법은 최고의 탁월함의 표현이요, 우리의 본성과 어울리며 우리의 완전과 행복에 필수적인 것이다. 그러므로 그런 법을 반대한다는 것은 그야말로 불합리하며 사악한 일일 수밖에 없는 것이다.

이 법은 그 탁월함을 보아서도 지켜야 하지만, 무엇보다 하나님의 권위로 그것을 지키라고 명령하고 있는 것이다. 이 권위를 무시한다면, 그것은 피조물이 지을 수 있는 범죄 가운데 가장 큰 범죄가 되는 것이다. 그것은 무한히 높으시고 무한히 선하시며 또한 모든 피조물 가운데서 우리를 최우선으로 두시고 우리에게 명령을 하신 권리를 갖고 계신 그 분을 반역하는 행위이다. 그것은 하나님의 나라에서 사단의 나라로 배도(背道)하는 행위이다. 이 두 나라 사이에 중간 지대는 없다. 누구든지 하나님의 종이거나 마귀의 종이거나 둘 중의 하나일 뿐이다. 거룩함은 우리를 지으신 하나님께 우리가 충성하고 있다는 증거요, 죄는 우리가 사단을 섬기고 있다는 증거다. 이 두 나라에 대해서, 한 나라의 고유한 탁월함과 나머지 다른 나라의 절대적인 악함에 대해서, 한 나라에는 복이 있고 다른 나라에는 비참함이 있다는 사실에 대해서, 무언가 생각을 가질 수 있다면, 간단히 말해서, 천국과 지옥을 서로 분명하게 대조하여 바라볼 수 있다면, 이렇게 하나님을 배반하는 것이 과연 얼마나 죄악된 것인가를 잘 보게 될 것이다.

우리 자신뿐 아니라 다른 사람들까지 타락시키고, 에덴 동산을 소돔과 같이 만들며, 또한 어디서나 영원히 꺼지지 않는 불을 지피는 것이 바로 우리의 행실에서 나타나는 자연적인 경향이다. 이 점은 도저히 부인할 수가 없다. 왜냐하면 도덕적인 악은 모든 악 가운데서 가장 크며, 또한 다른 모든 악의 원인이 되기 때문이다. 그러므로 죄를 짓는 자는 하나님을 대적하는 반역자일 뿐 아니라, 그 동료 피조물들의 최고의 선에 대해서도 악행자요 원수가 되는 것이다.

우리의 죄과가 큰 것은 또한 우리가 저지르는 죄들이 무수하게 많기 때문이다. 우리가 저지르는 불친절이나 부정직 등 바깥으로 드러나는 행동뿐 아니라, 우리의 습관적이며 특징적인 마음과 정신의 상태도 하나님 보시기에 악한 것이다. 우리의 교만, 허영, 하나님의 뜻에 대한 무관심, 다른 사람의 복지에 대한 무관심, 우리의 이기심, 창조주보다 피조물을 더 사랑하는 것 등 이런 모든 것이 다 하나님의 법을 어기는 것이다. 우리 생애의 단 한 순간이라도 우리는 그 법이 요구하는 바대로 생활하거나 행동한 적이 없다. 우리는 한 번도 하나님의 완전하심을 기뻐하거나, 하나님을 의지하며 그를 향하여 의무감을 갖거나, 하나님의 뜻을 행하고 그의 영광을 높이려는 확고한 목적을 가져 본 일이 없다. 우리의 첫째 가는 최고의 의무인 사랑이 바로 그런 것에 있는데도 말이다. 사람이 전적으로 부패되어 있다고 하는 말은 바로 이런 의미이다. 곧, 그들에게 하나님을 향한 높은 사랑이 전혀 없다는 것이다. 그 사랑이 없으면 다른 모든 것이 아무리 많아도 전혀 소용이 없는 것이다. 애정이 많은 아버지일 수도 있고, 친절한 주인일 수도 있고, 의무를 다하는 아들 딸일 수도 있다. 그러나 순종하는 하나님의 자녀는 아니다. 가장 첫째 가는 큰 의무인 그런 하나님을 향한 감정이 전혀 없는 것이다.

그런 것이 없으면 언제나 범죄자일 수밖에 없는 것이다. 아무리 동료에게 진실하고 밑의 사람들에게 친절하다 할지라도 자기의 의로운 주관자를 반역하며 그의 인격과 통치에 대해 적개심으로 가득 차 있다면, 그 사람은 그의 통치자에 대해서는 항상 죄인인 것이다. 그러므로 우리는 언제나 죄인들이다. 우리는 어느 때나 어떠한 상황에서나 하나님을 대적하고 있다. 그의 법이 요구하는 바에 한 번도 완전하게 이르지 못하기 때문이다. 한 번도 그를 최고로 사랑한 적이 없다면, 한 번도 그의 뜻을 행하기를 우리의 주 목적으로 삼아 본 적이 없다면, 하나님의 영광을 우리의 행동의 목표로 삼지는 않고, 그 이외의 다른 대상을 목표로 삼고 살아왔다면, 그렇다면 우리의 삶은 끊임없는 범죄의 연속일 수밖에 없는 것이다. 의식적으로 의무를 저버린 것을 근거로 우리의 지은 죄들의 숫자를 계산해서는 안 된다. 그 죄의 숫자는 우리가 존재해 온 순간들의 숫자만큼이나 많은 것이다.

만일 사람의 영구한 도덕적 기질이 악하다면, 사람의 범죄 행위의 숫자가 도저히 셀 수 없을 만큼 많아질 수밖에 없을 것이다. 매 시간마다 어떤 악한 일이 있고, 무언가 그릇된 생각이 있고, 어떤 악한 감정이 있고, 무언가 부적절한 말이 있고, 어떤 악행이 있어서, 사람의 범죄의 숫자가 계속 늘어나기 때문이다. 악한 마음에서 나는 악한 행위는 마치 시계 추가 끊임없이 왔다갔다 하는 것과도 같다. 그러므로, 우리의 삶을 조금이라도 되돌아 보면, 우리가 저지른 무수한 범죄 행위에 대한 자책으로 완전히 압도를 당할 것이다. 바로 이것이 하나님 보시기에 우리의 엄청난 죄악성을 구성하는 것이다. 우리의 양심이 잠을 자거나 다른 문제에 주의를 기울이는 동안에도, 우리의 범죄의 숫자는 계속 늘어난다. 마치 심장의 박동이 전혀 느끼지 못하는 상태에서도 계속되는 것처럼 말이다.

그런데 우리가 잠시 멈추고 우리 자신을 점검해 보면, 비로소 우리가 가졌던 느낌들 중에 잘못된 것이 얼마나 많았으며, 우리가 습관적으로 얼마나 하나님과 거리가 먼 삶을 살아왔으며, 또한 우리가 얼마나 하나님의 뜻에 부합하지 못했던가 하는 것을 깨닫게 된다. 바로 이러한 자각 때문에 시편 기자는 이렇게 부르짖었다: "나의 죄악이 내게 미치므로 우러러 볼 수도 없으며, 죄가 나의 머리털보다 많으므로 내 마음이 사라졌음이니이다"(시 40:12).

또한 하나님의 진리와 섭리, 그리고 그의 성령께서 끊임없이 우리에 대해 억제력을 행사해오셨는데 우리가 그것에 대해 습관적으로 무시해온 것을 생각해도, 하나님 앞에 우리의 죄과가 얼마나 큰가를 판단할 수가 있을 것이다. 죄가 잘못이며 양심이 그것을 정죄한다는 간단한 사실만으로도 지속적인 강력한 억제 효과가 있는 것이다. 그것을 알지 못했노라고 변명을 할 수도 없다. 하나님의 법 속에 우리가 행하여야 할 의무의 완전한 표준이 주어져 있기 때문이다. 하나님의 명령이 의롭다는 확신을 저항할 수가 없는데도 불구하고, 우리는 이런 확신을 무시하고 계속해서 불순종의 삶을 사는 것이다.

더 나아가서 우리는 죄로 말미암아 어떤 결과가 생길 것까지도 충분히 알고 있다. 하나님의 심판도 알고 있다. 그런 일을 행하는 자는 사형에 해당한다는 것을 알면서도 범죄를 계속하고 있는 것이다(롬 1:32). 파멸이 오고 있는 상태에서도 계속해서 그 치명적인 탐닉에 빠져 있는 술주정뱅이를 애처롭게 바라보면서도, 정작 죽음을 경고했는데도 불구하고 계속해서 하나님을 불순종하는 우리 자신의 엉뚱한 열심에 대해서는 전혀 깨닫지를 못한다. 어리석게도 우리의 행동의 이런저런 결과들을 무시해 버리고, 시간이 흐른 다음에야 비로소 우리 마음 속에서 그런 광기(狂氣)를 보게 된다. 때때로 양심이 교훈을 해주고 하나님의 말씀이 끊임없이 경고하는 데도 불구하고 이처럼 무감각한 것이 우리의 죄과를 더욱 가중시키는 것이다.

또한 우리는 하나님의 사랑의 억제력에 대해서도 주의를 기울이지 않는다. 우리가 대적하여 죄를 짓는 그분은 바로 우리를 존재케 해 주시고 모든 것을 누리도록 해 주신 분이시며, 팔로 우리를 안으시고 인자와 긍휼로 관을 씌우신 분이시요 자비하시고 은혜로우시며 노하기를 더디하시며 긍휼이 풍성하신 분이시며, 우리의 갖가지 죄를 따라서 우리를 대하지 않으시며 우리의 허물을 보응하지 않으시고, 우리의 도발적인 행위들을 그대로 참으시며 그의 선하심으로 말미암아 우리로 회개케 하도록 인도하시는 분이시다. 그런데도 우리는 이런 모든 사실을 무시해 버리는 것이다.

우리는 하나님의 오래 참으심을 멸시하였고, 오히려 그것을 이용하여 죄를 더 지어왔다. 하나님이 마치 그의 약속을 더디 지키시며 경고하신 대로 이행하지 않으실 것처럼 생각하여, 하나님의 의로운 심판이 이루어질 그 진노의 날에 있을 하나님의 진노를 스스로 쌓고 있는 것이다. 이 모든 것들 이외에도, 우리는 그리스도의 사랑을 무시하고 있다. 그는 우리를 우리의 죄에서 구원하시러 오셨는데 우리는 그의 중보 사역을 받아들이지도 않고, 그의 사랑에 보답하지 않는다. 저기 저곳에 그의 십자가가 서 있는데, 그 십자가는 말 없이 이루어지는 웅변이요, 초청인 동시에 경고인 것이다. 그것은 하나님의 사랑과 공의를 동시에 말씀해 주는 것이다. 그것은 하나님이 자기의 독생자까지도 아끼지 않으신 분이시로되 동시에 기꺼이 은혜를 베푸시는 분이시라는 것을 확신케 해 준다.

그런데 우리는 이 모든 것을 무시해 버리는 것이다. 언약의 피를 거룩하지 않은 것으로 취급해 버리며, 그 피가 마치 우리 죄를 씻기 위하여 우리를 대신해서 흘린 하나님의 아들의 피가 아닌 것처럼 행동한다. 아니, 하나님의 은혜를 방종으로 바꾸어 버리며, 그리스도께서 죽으셨다는 사실에서 계속해서 죄 가운데 있을 용기를 이끌어 내는 것이다. 이처럼 구주를 믿지 않고 거부하는 일은 정말로 큰 범죄가 아닐 수 없다. 바로 이런 범죄야말로 세상을 정죄하는 특별한 근거가 되는 것이다. "저를 … 믿지 아니하는 자는 하나님의 독생자의 이름을 믿지 아니하므로 벌써 심판을 받은 것이니라"(요 3:18). "그(진리의 영)가 와서 죄에 대하여, 의에 대하여, 심판에 대하여 세상을 책망하시리라. 죄에 대하여라 함은 저희가 나를 믿지 아니함이요"(요 16:8-9). "모세의 법을 폐한 자도 두 세 증인을 인하여 불쌍히 여김을 받지 못하고 죽었거든 하물며 하나님의 아들을 밟고 자기를 거룩하게 한 언약의 피를 부정한 것으로 여기고 은혜의 성령을 욕되게 하는 자의 당연히 받을 형벌이 얼마나 중하겠느냐?"(히 10:28-29).

예수 그리스도를 구주로 받아들이기를 거부하는 이 크나큰 죄는 계속 반복되며 오랜 동안 계속되는 경우가 많다는 사실을 기억해야 한다. 이 죄는 노골적으로 사악한 행위를 하는 자들에게만 적용되는 것이 아니고, 세상이 도덕이 있는 자라고 추앙하는 사람들에게도 그대로 적용되는 것이다. 그들 역시 하나님의 아들의 주장들을 저항하기 때문이요, 그의 사랑을 거부하고 그의 베푸시는 갖가지 은택을 거절하기 때문이다. 다른 모든 사환들이 다 뜻을 이루지 못하자, 포도원 주인은 아무리 불순종한 종들일지라도 "저희가 내 아들은 공경하리라"고 생각하여 그 아들을 보내셨다(마 21:37). 이렇게 그리스도를 거부하는 죄과는, 그가 보좌 위에 앉으시고 천지가 그의 낯을 피하여 도망하려 하나 도무지 도망할 곳을 찾지 못할 그 날이 이르면 충만하게 드러나게 되고 깨닫게 될 것이다.

우리는 이처럼 바깥에서 오는 억제력들 이외에, 그보다 더 효력 있는 하나님의 성령의 영향력도 저항한다. 그 성령은 모든 사람과 더불어 애를 쓰신다. 진리를 제시하시고 양심을 불러일으키시며, 타이르시고 경고하시며, 사람들을 죄에서 이끌어 내어 하나님을 향하게 하신다. 모든 선한 생각들과 올바른 목적들이 모두 그에게서 나오는 것이다. 그런데 이러한 성령의 역사를 우리는 소멸시켜 버린다. 그의 은혜로우신 영향력을 저항한다. 그것도 한두 번이 아니라 수천 번씩 그렇게 하는 것이다. 물론 사람들과 항상 씨름하기만 하시지는 않으실테지만, 그래도 성령께서는 사람에게서 모욕적인 거부를 당하신 후에도 오랜 동안 계속해서 다시 오셔서 씨름하시며 계속해서 경고를 하시고 긍휼의 초청을 하시는 것이다.

물론 그것의 출처가 어디인지를 모를 수는 있지만, 모든 사람이 다 이러한 신적인 영향력을 감지하는 것이다. 어디서부터 오는 것인지는 알지 못하지만, 사람은 진지한 생각이나 불길한 예감이나 진리에 대한 확신이나 세상의 공허함에 대한 느낌, 혹은 안정과 평화에 대한 갈망 같은 것을 의식한다. 하나님은 세상에 만족하여 살며, 하나님과 절연된 상태 속에서 가장 행복해 하는 사람들에게까지도 이러한 권고들을 보내시는 것이다. 그는 어느 누구도 증인이 없이 그리고 경고가 없이 그냥 버려두시지 않는다. 이러한 성령의 역사는 빈번하게 있을 뿐 아니라, 아주 절박할 경우도 많다.

거의 예외 없이 누구든지 과거를 돌아보면, 무언가 보이지 않는 손길이 자기에게 드리워졌다거나, 사람의 음성이 아닌 음성이 귀에 들렸다거나, 전에는 전혀 느끼지 못하던 어떤 느낌이 가슴 속을 일깨운다든지, 다가올 세상의 능력을 느낀다든지 하는 경험을 한 경우가 많았다는 것을 알게 된다. 전능하신 하나님의 그림자가 그의 위를 지나가면서 하나님이 계시다는 것과 그가 보응하시는 분이라는 확신을 일으켜 준 것이다.

지금까지 말씀한 내용을 다시 살펴 보면, 성경은 모든 사람이 죄인이라는 것을 가르치며 동시에 그 사람의 부패가 아주 절박하며 마음에 깊이 자리잡고 있으며 또한 그것이 엄청나게 크다는 사실도 가르쳐 준다는 것이 분명히 드러난다. 하나님이 범죄에 대해서 극심한 형벌을 부과하신 점, 그 형벌을 시행하실 것이 확실하다는 점, 용서함을 얻을 수 있는 유일한 길인 희생이 정말로 비싸다는 점, 이런 모든 점들이 죄가 하나님 보시기에 정말로 악하다는 증거들인 것이다. 또한 우리가 개인적으로 저지른 죄과가 엄청나게 크다는 사실도 분명히 드러난다. 우리가 거스른 그 법의 탁월함도, 우리가 거역해온 그분의 권위와 선하심도, 우리가 행한 무수한 죄의 행위들도, 그리고 우리가 무시해버린 강력한 억제력들도 그 사실을 분명히 보여 주는 것이다.

제 3 장

죄책에 대해 무관심한 원인들

제1절 죄, 생각이 없음, 성령을 거스려 싸움

하나님의 말씀이 모든 인간을 향하여 그렇게 직접적으로 죄책(the charge of sin)을 제시하며, 또한 그러한 죄책이 인간의 관찰과 경험을 통해서도 확실하게 입증되고 있으므로, 그렇게 비중 있는 책망을 받으면서도 사람들이 전반적으로 그것에 대해 무관심하다는 사실에 대해서 설명이 필요할 것이다. 고통을 느끼지 못한다고 해서 그것이 건강하다는 증거가 아닌 것처럼, 무관심하다고 해서 무죄하다는 증거는 아니다. 정상적인 경우라면 사람이 아프게 되면 반드시 그것을 알게 되어 있다. 그러나 감각을 기준으로 질병의 성격이나 위험도를 판정한다는 것은 매우 위험한 일이 아닐 수 없다. 절박한 위험 중에 있으면서도 고통이 전혀 없는 경우가 얼마든지 있을 수 있기 때문이다.

이와 마찬가지로, 사람이 자기의 죄악성에 대해서 무관심하다고 해서 그것을 근거로 그의 죄과가 하나님 보시기에 크지 않다는 식으로 생각할 수는 없는 것이다. 모든 올바른 감정이 기쁨 가운데 느껴지는 경우가 아니면, 죄과에 대해 지금 당장 아무런 의식이 없다 하더라도 그것이 무죄하다는 증거라 할 수가 없다. 죄과에 대한 의식이 전혀 없을 경우 거기에 의무에 대한 무관심과 죄에 대한 탐닉이 수반된다면, 그것은 오히려 우리의 부패성이 깊고도 깊다는 증거가 되는 것이다. 모든 사람은 자기들보다 더 악한 사람을 판단할 때에는 이것이 당연하다고 생각한다. 어떤 사람에 대해서, '그 사람은 강퍅한 몹쓸 인간이라'고 말한다면, 그것은 정상을 참작해 주는 말도, 변명의 말도 아니다. 그것은 오히려 비난과 정죄를 가중시키는 말이다. 이렇게 다른 사람에 대해서는 자기 자신의 상태에 대해 무관심한 것이 죄를 더 가중시킨다는 사실을 아주 민감하게 느끼는 사람들이, 정말 이상스럽게도, 자기 자신들의 경우에 그런 무관심한 것이 있을 때에는 오히려 그것을 자신이 비교적 무죄하다고 느끼는 증거로 삼는 것이다.

그러므로, 하나님 앞에서 자기들의 성격이 도덕적으로 얼마나 비열한가에 대해 사람들이 무감각한 것은, 절대로 그들이 선하다는 증거가 아니다. 오히려 그것은 그들의 부패의 결과요 또한 그들의 부패가 어느 정도인가를 보여주는 증거인 것이다. 육체의 질병의 경우 생명이 위협을 받을 정도로 상태가 심각할 때에는 오히려 감각이 무뎌지는데, 이와 같이 죄의 질병의 경우에도, 무감각하다는 것이 그 질병의 한 가지 증상이요, 악이 증가함에 따라서 그 무감각의 증상도 증가하는 법이다. 죄가 정신을 어둡게 하고 마음을 강퍅하게 만듦으로써 이러한 효과를 만들어 내는 것이다. 죄는 하나님과 그의 법의 탁월함에 대한 감각을 흐리게 만들며, 또한 느낌을 무디게 해서 분명히 보이는 것들을 제대로 깨닫지 못하게 만드는 것이다.

정신 상태만 바뀌어도 우리 자신의 죄에 대한 느낌과 감각이 즉각적으로 완전히 바뀌어 버린다는 것을 우리의 경험으로 얼마든지 알 수 있다. 어느 때에는 정말 무감각하게 전혀 관심이 없던 그런 사람이, 그 다음 순간에는 깜짝 놀라며 회개하는 마음으로 가득 차기도 한다. 그럴 때에, 다른 사람들은 그 사람의 느낌이 불합리하며 과장된 것이라고 생각하기도 한다. 그러나 그 자신은 자기의 느낌이 지극히 합리적이며 심지어 그 정도로도 부족하다고까지도 생각하는 것이다. 이런 현상은 어떤 망상에 사로잡힌 결과도 아니요, 하나님에 대해서 혹은 자기 자신의 성격에 대해서 잘못 깨달았기 때문에 나타나는 결과도 아니다. 그것은 정신이 각성되고 양심이 일깨워질 때에 나타나는 자연적인 효과인 것이다.

사람이 하나님 앞에서의 자기 죄과에 대해 그렇게 무관심하다가도 그것이 깨어지기가 쉽고 또한 그런 경우가 자주 있다는 사실 그 자체가 그들의 무감각한 것이 진실에 기초한 것이 아니라는 증거가 되는 것이다. 그런 죄과에 대한 무감각은 정신이 어두워지고 마음이 강퍅해진 결과로 나타나는 현상이며, 또한 죄가 증가할 수록 그런 대한 무감각이 더 증가할 수도 있지만, 진리의 빛과 능력이 영혼 속에 들어오는 순간 그것은 완전히 사라지고 마는 것이다.

인간의 죄악성에 대해 하나님이 선포하시는 내용에 대해 사람들이 무관심하는 이런 일반적인 원인 이외에도, 다른 몇 가지 원인들을 좀더 구체적으로 밝힐 필요가 있다. 선지자는 그 백성들이 회개하지 않고 무관심한 모습을 생각하면서, "이스라엘은 알지 못하고 나의 백성은 깨닫지 못하는도다"(사 1:3)라고 외쳤다. 그리고 하나님이 그들을 일깨우셔서 자기들의 죄과를 느끼게 하셨을 때에는 "그러므로 이제 나 만군의 여호와가 말하노니 너희는 자기의 소위를 살펴 볼지니라"(학 1:5)라고 말씀한다.

사람이 자기 자신을 판단하는 일에 이처럼 하나님과 반대 입장에 서게 만들고 무관심 가운데서 더욱 마음을 강퍅하게 하게 만드는 것은 어떤 어려움 때문에 그들이 진리에 이르지 못하기 때문이라기보다는 오히려 그들에게 생각(consideration)이 없기 때문이다. 그런데 이런 생각이 없는 상태는 사실 앞에서 이미 제시한 일반적인 원인의 한 가지 결과에 지나지 않는다. 그러나 이런 생각이 없는 것이 다시 무지와 냉담의 원인이 된다. 어떤 주제든 직관을 통해서는 거의 아무것도 배우지 못한다. 그리고 자기 자신의 마음을 아는 것은 고통스런 자기 성찰이 없이는 이루어지지 않는 것이다.

그런데 이 자기 자신에 대한 지식이야말로 대개 사람들이 가장 주의를 기울이지 않는 문제이다. 그들은 이 세상의 근심과 쾌락에 젖어 있다. 진지하게 자신을 성찰하는 시간을 거의 갖지도 못하면서, 인생의 물결을 따라 그저 부드럽게 떠내려 가거나 아니면 고달픈 행로를 따라 급하게 내려가는 것이다. 그런 처지에서는 사람이 자기 자신에 대해서 무지해 질 수밖에 없고, 하나님 앞에서의 자기들의 모습에 대해서 무관심해 질 수밖에 없다.

이것은 자연스러운 결과일 뿐 아니라 도저히 피할 수 없는 결과이다.

그런데, 참으로 애처러운 사실은 그들이 자기들 나름대로 생각도 없이 자기 자신에 대해 판단하고 그런 판단을 근거로 행동하며 그것을 철석 같이 믿고서 하나님의 판단을 반대한다는 사실이다. 스스로 판단하려면, 생각이라도 하고서 판단해야 하지 않겠는가? 자기 자신에 대해서 스스로 내린 결론에 따라서 행동하려면, 성급하게 생각도 없이 아무렇게나 자기 자신을 평가하여 거기에 모든 것을 다 걸지 말고 — 한 순간이라도 잘 살피면 자기들의 판단으로도 헛되다고 여겨질 그런 경솔한 일을 하지 말고 — 최소한 잘 살피고 신중하게 결정해야 하지 않겠는가?

그러나 사람은 생각이 없는 것뿐 아니라, 더 나아가서 죄책과 위험에 대한 확신이 일어나는 것을 오히려 억누르기 위해서 온갖 노력을 다 하는 경우가 많다. 그들을 향한 하나님의 증거가 그렇게도 분명하고, 그의 법의 권위가 그렇게도 확실하며, 그들이 그 법에 따라 살지 못하고 있다는 것이 너무도 밝히 드러나며, 또한 성령의 영향력이 그렇게도 보편적이고 계속 역사하기 때문에, 심지어 지극히 냉담한 사람조차도 그런 죄에 대한 확신이 들어가지 못하기가 어려운 것이다. 그런데, 그런 죄에 대한 확신은 고통스럽기 때문에, 그것을 존중하고 기리는 대신 오히려 그것을 무시하고 억제해버리는 것이다. 그리하여 마음이 그 문제를 깊이 생각하거나 죄과의 증거를 점검하기를 거부하고, 다른 문제로 관심을 돌린다든지, 혹은 어떤 경솔한 행동이나 범죄의 행동을 하여 하나님의 성령을 근심케 하며, 그 스스로를 강퍅하게 하고 냉담하게 만들어 버리는 것이다.

대부분의 사람들의 생활 속에서 이런 현상이 계속해서 반복되어 나타나는 것을 알 수 있다. 그들에게는 가장 친한 친구가 눈치채는 것보다 훨씬 더 많은 걱정거리들이 있고, 겉으로는 웃는 얼굴을 하지만 속으로는 찌르듯이 마음이 아파하는 경우도 많다. 그런데 사람들은 그런 느낌들을 계속 갖게 되면 어떤 결과가 일어날지를 재빨리 예측한다. 그런 감정을 부추겨서는 지금까지 살아온 대로 편안하게 살 수가 없다는 것을 즉시 알아 차리는 것이다. 쾌락을 즐기는 삶을 살아온 사람도 있다. 그러나 그런 삶은 죄악된 것으로서 반드시 제거되어야 하는 것이다. 또한 교제를 끊어야 할 그런 동료들도 있다. 친구들의 반대를 받기도 하고, 함께 연루된 사람들의 조롱을 받기도 하며, 지위를 상실하는 일을 당하기도 한다.

또한 신앙 생활에 대한 온갖 두려움이 갖가지 상상을 하게 만들기도 한다. 그리하여 각성이 덜 된 사람들은 앞으로의 인생에 대해서 두려움을 느끼게 되기도 한다. 이제 첫발을 내디뎠으니 장차 기나긴 고통의 여정이 앞에 놓여 있는 것 같은 두려움을 느끼는 것이다. 그리하여 그들은 자기들의 확신을 대항하여 싸우고, 대개의 경우 그 확신을 무너뜨려 버린다. 이런 싸움이 때로는 짧다. 그러나 어떤 경우는 싸움이 아주 길어져서 큰 고통을 느끼게 되기도 한다. 그러나 결국에는 승리가 오고, 영혼은 평상시의 냉담을 되찾게 되는 것이다. 이런 사람은 자기들이 지금 무슨 일을 하는지를 거의 알지 못한다. 지금 자기들에게 베풀어진 긍휼의 손길을 피하려고 애쓰고 있다는 것을 거의 생각하지 못한다. 하나님의 성령께서 그 멸망의 길에서 그들을 이끌어 내시고 생명의 길로 인도하시려 하시는데, 지금 그 성령을 대적하여 싸움을 벌이고 있다는 것을 전혀 깨닫지 못하는 것이다.

제2절 성경의 가르침에 대한 궤변론자들의 반대들

사람들이 무관심하는 또 한 가지 원인은 진리를 거슬리는 사람들의 반대에서 찾을 수 있을 것이다. 그런데 사실 그런 반대들은 양심의 불편함을 진정시키기 위해서라기보다는 흔히 신앙을 갖고 전하는 사람들을 혼란스럽게 할 목적으로 제기되며 그리하여 많은 효과를 얻기도 한다. 또한 사람들은 다른 사람들을 당황스럽게 하기 위해서도 그렇게 하지만, 자기 자신들에게도 똑같은 노력을 기울인다. 그리고 이러한 반대들이 진리를 찾는 탐구자의 길에 장애가 되고 기만 당하기를 바라는 사람들의 양심을 마비시키는 경우도 많다. 사람들은 다음과 같은 식으로 반대를 제기한다: "우리의 현재의 모습은 바로 하나님이 만드신 그대로라는 것; 우리의 성품은 본래 그렇게 타고났거나 아니면 우리 주변의 상황에 의해서 결정되기 때문에 우리로서는 그 성품에 대해 책임이 없다는 것: 또한 우리의 믿음이나 사랑은 의지로써 통제할 수 있는 것이 아니기 때문에 우리로서는 그것들에 대해서도 책임이 없다는 것: 결국 올 것이 오고야 말 것이기 때문에, 하나님의 심판을 피하려고 이런저런 수단을 쓰는 것이 헛되다는 것: 성경은 우리의 마음을 변화시키는 것이 하나님의 일이라고 선포하고 있으므로, 하나님이 언제 우리의 마음을 변화시키시든 그 때까지 기다려야 한다는 것."

그런데 여기서 우리는, 이런 반대의 논지들이 서로 다른 여러 가지 진리들을 서로 조화시키는 것에 관한 것이지, 그 진리들 하나하나의 타당성이나 그 진리들에 대한 증거에 관한 것이 아니라는 점을 발견하게 된다. 사람들이 자기들의 도덕적 성격에 대해서 책임이 있다는 논지는 그 자체만 보면 증거가 너무나도 확실하기 때문에 모든 사람들이 사실 그것을 그대로 받아들이고 있다. 모든 사람들이 전부 그 논지가 자기에게 해당된다고 느끼며, 또한 다른 사람들에게도 그대로 해당된다는 것을 아는 것이다. 자기를 정죄하고 자책하는 행위는 모두가 이 진리를 의식하는 데서 나오는 것이다.

또한 다른 사람들의 도덕적인 행동에 대해 우리가 내리는 온갖 판단들이 전부 동일한 가정에 기초를 두고 있다. 그러므로, 그것은 사람의 보편적인 의식 속에 내포되어 있는 여러 가지 진리들 가운데 하나요, 또한 그것은 시대와 민족을 초월하여 분명한 사실로 인정을 받아온 것이다. 그것을 의심하고 싶어도 할 수가 없는 것이다.

그러나 반면에, 우리의 성격이 어느 정도는 우리 스스로 통제할 수 없는 주변의 환경에 의존한다는 것도 그에 못지 않게 분명하다. 우리의 타고난 성향에 의존하며, 교육에 의존하며, 습관과 생각에 의존하며, 신적인 영향력 등에 의존하는 것도 분명한 사실이다. 이런 모든 것은 경험과 관찰로써 얼마든지 입증되는 사실이다. 그렇다면, 여기 두 가지 사실 모두가 나름대로 독자적인 증거에 근거를 두고 있고, 모두가 분명하며, 모두가 전반적인 지지를 얻고 있는 것이 된다. 그런데 사람들은 계속해서 그 중 한 가지를 다른 한 가지와 대결시키려고 한다. 그러면서 자기들은 다른 것에 의존하고 있기 때문에 자기들에게는 책임이 없다는 식의 논지를 펴기도 하고, 또 다른 편에서는 자기들이 책임을 지고 있기 때문에 자기들은 남에게 의존하는 것이 아니라는 식의 논지를 펴기도 하는 것이다.

이와 비슷하게, 사람이 자유로운 행위자라는 명제도 모든 사람들의 보편적이고도 즉각적인 동의를 받고 있다. 왜냐하면 사람의 의식 속에서는 그것이야말로 궁극적인 사실이기 때문이다. 그것을 의심할 수 없는 것은 마치 우리가 우리 자신의 존재를 의심할 수 없는 것과 마찬가지이다. 그러나, 이처럼 우리의 도덕적인 자유가 친밀한 설득력을 발휘하고 있지만, 이와 더불어 아무리 그럴 의지를 갖는다 해도 우리 스스로 우리의 믿음이나 사랑을 변화시킬 능력이 우리에게 없다는 논지도 그에 못지 않게 설득력을 발휘하고 있는 것이다. 왜냐하면 앞에서 말씀한 것처럼, 그것이 그렇다는 것을 모든 사람들이 다 알고 있기 때문이다. 어쩌면 이 두 가지 상반되는 진리들을 조화시킬 수 있는 사람이 거의 ― 아니 어쩌면, 아무도 ― 없을 것이다. 그러나 이 두 가지는 모두 엄연한 진리요, 또한 실질적으로 모든 사람들에게 진리로 인정하고 있는 것이다.

또한, 우리가 수단의 세계 속에 살고 있다는 것을 온갖 경험으로 알 수 있다. 지식, 신앙, 행복 등을 전부 어떤 특정한 방식을 통해서 추구해야 하며 그런 수단을 무시한다는 것은 곧 목적을 잃어버리는 것과도 같다는 사실 말이다. 그러나, 동시에 수단과 목적 사이에 인과 관계가 있을 필요가 없다는 것도 그에 못지 않게 사실인 것이다. 하나님이 결과를 그의 손에 쥐고 계시고 그의 주권적인 뜻에 따라서 그 문제를 결정하시기 때문이다. 모든 일상적인 생활의 문제에서 사람들은 이러한 사실에 순응하여 수단을 사용하기를 주저하지 않는다. 그러나 그러면서도 목적은 여전히 불투명하며 그들의 통제의 한계를 넘어서 있는 것이다. 그러나 신앙의 문제에 있어서는 결과가 그렇게 불확실하면 그것을 얼마든지 무시해도 된다는 식으로 생각하는 것이다.

그러나, 확고하게 자리 잡은 한 가지 진리를 또 다른 진리와 서로 대결시키는 이런 식의 사고는 — 아니 차라리 트집 잡는 것이라고 하는 것이 낫겠다 — 이성적인 존재인 사람에게는 정말 무가치한 것이다. 모든 진리를 각기 그 자체가 지닌 증거에 근거하여 받아들여야 마땅할 것이다. 우리가 한 가지 사실을 또 다른 사실과 조화시키지 못한다면, 그것은 우리의 무지 때문이다. 더 교육을 받은 사람들, 혹은 좀더 높은 차원에 있는 존재들은 그 두 가지 사실 사이의 완전한 조화를 볼 수가 있을 것이다. 우리가 그 조화에 대해 알지 못한다 해도, 그 사실들을 각기 뒷받침해 주는 증거의 힘은 조금도 손상을 받지 않는 것이다. 어떤 분야의 지식이든, 학생이 발전함에 따라서 조화되지 않는 진리의 숫자가 줄어드는 법이다. 원소가 유리(遊離)된 물질이 회전하는 물체에서 날아가 버린다는 것과, 지구가 엄청나게 빠른 속도로 회전하고 있는 데도 모든 물질이 지표면에 붙어 있다는 것은 어떤 사람에게는 도저히 서로 조화되지 않는 사실들이지만, 다른 사람이 보기에는 그렇지 않다. 두 개의 광선이 어두움을 만들어낸다거나 두 가지 소리가 침묵을 만들어 낸다는 것은 분명한 사실이다. 그러나 많은 사람들은 이 사실을 자기들이 기존에 알고 있는 다른 사실들과 도저히 조화시키지를 못한다. 그러나 철학자는 그 사실들이 서로 일관성이 있다는 것을 보는 것은 물론, 그것들이 동일한 원인에서 나온 필연적인 결과들이라는 것도 아는 것이다.

지구가 그 축을 중심으로 항상 회전한다는 증거를 접하고서, 그것이 모든 물체가 지표면 위에 안정되게 서 있다는 사실과 조화되지 않는 것처럼 여겨진다고 해서 그 때문에 그 증거를 부인한다면 그것처럼 비합리적인 생각이 없을 것이다. 혹은 두 개의 광선이 어두움을 만들어내는 것을 보았다고 할 때에, 촛불 한 개보다는 두 개가 더 많은 빛을 낸다는 자신의 기존의 지식과 그 현상이 도저히 조화되지 않는다고 해서 그 때문에 자신의 감각의 증거를 거부해야 한단 말인가? 사람들은 물리적인 탐구에 있어서는 대개 그런 식으로 비합리적으로는 행동하지 않는다. 각각의 사실을 그 자체의 증거를 근거로 판단한다. 그것들을 서로 조화시키려고 노력하고, 거기에 성공하면 기뻐한다. 그러나, 있는 사실을 애써 부인하여 어려운 난제를 제거하려 하지는 않는 것이다.

물리학의 분야에서, 어떤 한 가지 사실을 다른 것과 조화시킬 수 없을 경우에라도 각 사실을 자체의 증거에 근거하여 받아들이는 원리를 따라 행동해야 한다면, 그보다 훨씬 우리의 능력의 한계를 벗어나 있는 지식의 분야에 있어서는 당연히 그런 원리를 따라야 하지 않겠는가? 육체의 질병으로 정신 이상이 생긴다는 사실과 조화되지 않는다고 해서 영혼의 영적인 본질에 대한 모든 증거를 거부한다면, 그것은 분명 비합리적인 처사일 것이다. 신체의 결함이 때때로 나타나는 이유를 해명할 수 없다고 해서 인간의 육체가 일정한 계획 하에서 구성되었다는 증거를 부인하여 나 자신의 본질까지 손상시켜야 하겠는가? 하나님의 선하심과 이 세상에 악이 존재한다는 사실을 어떻게 조화시킬지를 모르겠다고 해서, 하나님이 이루신 모든 역사에서 홍수처럼 밀려오는 하나님의 선하심의 온갖 증거들을 대적하여 마음을 강퍅하게 해야 하겠는가? 어떤 행동을 자유로이 할 수 있다는 것과 또한 그 행동이 일어날 것이 확실히 정해져 있다는 것을 서로 조화시킬 수 없다고 해서 그것 때문에, 가장 친숙한 확신이라 할 수 있는 나의 자유로운 행동 능력을 부인해야 하겠는가? 나의 성격을 내 의지로 바꿀 수 없다고 해서 나의 본성의 영광이라 할 수 있는 나의 도덕성을 부인해야 하겠는가?

신앙에 대해서 트집을 잡기 위해서 제시하는 이런 반대들에 근거한 원리로는 어떠한 분야에서도 합리적으로 행동하기가 불가능하다. 어린 아이로부터 장성한 사람에 이르기까지 우리는 누구나 어떤 사실을 그 자체로서 취하고 그 자체의 증거에 따라 판단하며 그와 다른 사실들을 할 수 있는 만큼 조화시키려고 노력해야 하는 것이다.

이런 논증 방법이 불합리하다는 것은, 그 방법을 보편적으로 적용하게 되면 모든 분야에서 지식을 발전시킨다는 것이 아예 불가능해진다는 사실에서도 드러난다. 그런 논리는 모든 것을 전부 알기 전에는 아무것도 알지 않기로 작정하는 것과도 같다. 왜냐하면 인간의 지식은 처음에는 고립된 한두 가지 사실에 한정되기 마련이기 때문이다. 이런 사실들을 분류하고 조화시키는 것이 바로 학생이 행하는 더딘 작업이다. 그러나 이것은 지극히 자비로우신 하나님의 섭리의 배려이다. 그것은 즉시 지식에 대한 욕구를 자극시키며 우리에게 계속해서 믿음을 실행할 것을 요구하기 때문이다. 그리고 모든 중요한 지식이 습득되는 것은 바로 우리의 본성에 대한 이 두 가지 중요한 원리 덕분이다. 그저 사실을 아는 것만이 아니라 그 사실들의 상호 관계와 조화를 알고자 하는 욕구가 진리에 대한 지식의 숫자를 증가시키고 그 진리들의 본질에 대해 통찰을 얻으려는 끊임없는 노력으로 이끌어간다. 그리고 이해하지 못하고 조화시키지 못하는 것을 어쩔 수 없이 믿어야만 하는 필연성이 믿음 — 곧, 증거에 대한 믿음, 자연의 법칙에 대한 믿음, 그리고 하나님에 대한 믿음 — 의 습관을 배양시켜 준다. 그리하여 천부께서는 우리를 지식의 길로 인도하시는 것이다. 그리고 그렇게 인도함을 받기를 거부하는 자는 무지한 가운데 있을 수밖에 없는 것이다. 하나님은 우리를 어린 아이로, 이성을 지닌 어린 아이로, 다루신다. 그는 증거도 없이 믿으라고 요구하지는 않으신다. 그러나 이해하지 못하는 것이라든지, 다른 부문의 지식과 조화시킬 수 없는 것에 대해서는 믿으라고 요구하신다.

이런 절대적인 믿음의 필연성은 어느 한 분야의 지식에만 한정된 것이 아니라, 이미 말씀했듯이, 모든 지식에 전부 적용되는 것이다. 물질 세계의 지극히 미미한 물체 하나까지도 전부 신비로 둘러싸여 있다. 하찮은 풀잎 하나도 위대한 철학자라도 다 해결하지 못하는 놀라운 신비를 지니고 있는 것이다. 식물이나 동물의 종(種)과 속(屬)을 결정 짓는 요인이 무엇인지는 아무도 분간할 수가 없다. 잎사귀와 꽃의 재료들이 어떤 과정을 통해서 선택되고 정렬되는지, 그 아름다운 색상들을 도대체 어디서 빌어오는지, 또 어떻게 적용하는지, 눈(眼)이나 손의 소리 없는 형성 과정을 도대체 무엇이 진행시키는지 … 이런 것들에 대해서는 아무도 알 수가 없다. 우리 눈으로 보는 것 하나하나가 전부 무언가 우리가 — 아무리 깨어 있는 사람일지라도 — 모르고 또 이해할 수도 없는 그런 내용을 지니고 있는 것이다.

이처럼 눈에 보이고 손에 잡히는 물질의 형태도 도저히 파악할 수 없는 사실들로 가득 차 있다면, 영의 세계로 눈을 돌리면 대체 어떻게 되겠는가? 우리의 의식으로 지각할 수 있는 우리 가슴 속의 그 작은 세계조차도 경이로운 것들로 가득 차 있으며, 그 세계에 속한 현상들도 알 수가 없고 조화시킬 수가 없다. 영혼과 육체가 서로 영향을 주고 받도록 함께 연합되어 있다는 그 신비한 사실을 누가 과연 이해하겠는가? 당황과 수치의 감정이 생기면 어째서 뺨이 붉어지는가, 아니면 공포감이 생기면 심장의 박동이 빨라지는 이유는 무엇인가? 육체를 다치면 영혼이 함께 고통을 당하는 이유는 무엇인가? 물질과 정신의 관계를 어떻게 보아야 그것들이 서로 영향력을 주고 받으며 교통한다는 이 사실을 해명할 수 있는가?

우리의 이성적이고 도덕적인 능력의 작용 역시 이에 못지 않게 우리의 이해를 초월하는 것이다. 이런저런 사실들은 분명히 알지만, 왜 그런지, 다른 사실들과 어떻게 일관성 있게 연결되는지에 대해서는 이해를 하지 못하고 있다. 이런저런 지각에 이어서 이런저런 느낌이 온다는 것도 잘 알고 있다. 진리를 지각하면 신뢰의 느낌이 생기며, 아름다움을 지각하면 쾌감이 생긴다. 도덕적으로 올바른 것을 지각하면 수긍의 느낌이 생겨나는 것이다. 그런데 어떻게 해서 이런 느낌들이 생기는지는 아무도 모른다. 우리 존재의 법칙이 그런 것이다. 그 법칙이 우리에게 분명히 있지만, 우리가 만들어낸 것도 아니고, 또한 우리가 통제할 수 있는 것도 아니다. 다시 말해서, 진리를 지각할 때에 생겨나는 신뢰나 믿음의 느낌을 도저히 막을 수가 없으며, 아름다움을 지각할 때에 쾌감이 생기는 것도 어쩔 수가 없고, 도덕적인 정의를 지각할 때에 수긍의 느낌이 일어나는 것을 도저히 막을 수가 없다.

그러나 우리 스스로 행동한다는 의식과 함께 이런 온갖 작용들이 뒤섞여 있는 것이다. 우리는 우리 자신의 본성의 법칙들에 이처럼 자유롭게 굴복하고 있다. 그런 판단을 하거나 그런 느낌을 가질 수밖에 없다고 해서 거기서 어떤 굴욕감을 느끼는 것은 아니다. 그러나 이런 자의적이 아닌 필연적인 판단이나 느낌은 주로 우리의 도덕적 성격에 따라서 좌우된다. 똑같은 어떤 잔인한 행동을 목격하고도 어떤 사람은 미소를 짓는가 하면 어떤 사람은 분개한다. 이럴 때에 아무리 교묘한 방법을 써서 막고 싶어도, 전자의 행위를 정죄하고 후자의 행위를 수긍하는 마음이 일어나는 것을 막을 수가 없을 것이다. 어떤 행동에 의해서 유발되는 느낌은 각기 그 내적인 필연성에 의해서 자발적으로 일어나며, 그런 느낌은 도저히 통제가 불가능한 것이다. 그러나 사실이 그렇다고 해서 그 행위에 대한 우리의 판단이 방해를 받는 것은 아니다.

미소를 짓게 만든 그 사람의 느낌은 그 사람의 정신 상태와 그 사람의 과거의 행실이 악하다는 것을 보여주는 하나의 표지라는 것과 또한 그 느낌 자체가 잘못된 것이라는 판단이 생기는 것이다. 더 나아가서, 그처럼 다른 사람의 고통 앞에서 즐거워 하는 사람을 볼 때에 우리의 가슴에 자동적으로 일어나는 그런 정죄의 느낌은 그것 자체가 하나의 도덕적인 느낌인 것이다. 만일 그런 느낌이 일어나지 않는다면, 우리 자신을 정죄해야 마땅하다. 그러나 그런 느낌이 일어나면, 우리 자신이 정상이라고 생각하는 것이다. 그러므로 우리의 가슴 속에는 우리로서는 도저히 해결할 수 없는 수수께끼들이 있고 우리로서는 도저히 헤아릴 수 없는 깊은 사실들이 있는 것이다.

그렇다면, 합리적인 사고를 갖기 위해서 과연 이런 모든 사실들을 부인해야만 하겠는가? 우리의 본질이 하나의 환상이며 우리의 구조가 하나의 거짓이라는 식의 주장을 펴야 하겠는가? 한편으로는 우리가 우리 존재의 법칙에 종속된다는 것을 부인하면서, 또 다른 한편으로는 이런 법칙의 결과로 나오는 행위들이 우리의 것도 아니며 우리의 성격을 표현하는 것도 아니요 우리가 책임을 져야 할 것도 아니라는 식으로 주장해야 하겠는가? 그러나 다행히도 그렇게 할 수는 없다. 왜냐하면 우리의 의식 자체에 대한 믿음이야말로 우리의 본질의 법칙 가운데 하나이며, 그 법칙으로부터 해방된다는 것은 절대로 불가능한 일이기 때문이다.

그러므로, 우리 자신의 본질 속에도 우리가 깨닫지 못하는 것이 그렇게 많다면 과연 우리가 어떻게 하나님을 이해할 것으로 기대할 수가 있겠는가? 하나님의 활동의 온갖 이유들과 관계들을 과연 어떻게 알 수 있으며, 그가 그의 속성에 따라서 하시는 그의 모든 역사들을 어떻게 일일이 서로 조화시킬 수가 있겠는가? 그렇게 할 수 있으려면, 지금 우리가 갖고 있는 것보다 훨씬 더 완전한 하나님에 대한 지식을 갖고 있어야 될 것이다. 하나님의 목적들에 대한 깨달음도 있어야 하고 그가 그 목적들을 수행하시는 온갖 방식과 양식에 대해서도 완전한 이해가 있어야 할 것이다. 간단히 말해서, 피조물로서는 도저히 소유할 수 없는 그런 지식이 있어야 그렇게 될 수 있는 것이다. "사람의 사정을 사람의 속에 있는 영 외에는 누가 알리요? 이와 같이 하나님의 사정도 하나님의 영 외에는 아무도 알지 못하느니라"(고전 2:11).

그러므로 하나님의 이성적인 피조물들 가운데서 가장 보잘 것 없고 가장 비천한 우리로서는 믿음으로 말미암아 사는 길밖에는 없을 것이다. 우리로서는 도저히 이해할 수 없고 또한 조화시킬 수 없는 그런 많은 것들을 하나님의 권위에 의지해서 사실로 받아들이는 길 밖에는 없는 것이다. 그러나 우리에게 필요한 것이 그저 맹목적인 믿음은 아니다. 적절한 증거도 없이 무작정 아무것이나 다 받아들여야 하는 것은 아니다. 그러나 동시에 우리가 이해하지를 못한다고 해서 단순히 그 이유만으로 모든 것을 다 거부해서도 안 된다.

하나님의 자존성(自存性: self-existence)이 이해되지 않는다고 해서 그것 때문에 하나님의 존재를 거부해서는 안 된다. 끊임없이 계속되는 시간의 상태를 도저히 납득할 수 없다고 해서 그 때문에 하나님의 영원성을 부인해서도 안 된다. 한 존재가 어떻게 동시에 똑같은 방식으로 모든 곳에 다 존재할 수 있는지를 깨닫지 못한다고 해서 그 때문에 하나님의 편재성(偏在性: omnipresence)을 부인해서도 안 된다. 자유롭게 개인이 하는 행동들을 어떻게 미리 알 수 있는지를 납득할 수 없다고 해서, 그 때문에 하나님의 전지하심(全知: omniscience)을 부인해서도 안 되는 것이다.

이와 마찬가지로, 하나님의 자비에 대한 풍성한 증거도 없이 무작정 하나님의 선하심을 믿으라고 요구하지는 않는다. 그러나 그런 증거가 분명히 있으므로, 악의 존재와 하나님의 선하심을 조화시킬 수 있든 없든 하나님의 선하심을 믿어야만 하는 것이다. 아무런 증거도 없이 하나님의 섭리를 믿으라고 요구하지는 않는다. 그러나 하나님의 주권과 인간의 자유 의지를 조화시킬 수 없다고 해서 그 때문에 하나님의 섭리를 믿지 못한다는 것은 절대로 합리적일 수가 없는 것이다. 인류의 배도와 인간 본성의 부패에 대해서도, 순종에 대한 인간의 무능과 또한 순종의 의무에 대해서도, 하나님의 역사하심의 필연성과 또한 방법의 사용에 대해서도, 동일한 사실을 지적할 수가 있다.

적절한 증거도 없이 이것들을, 아니면 다른 어떤 것들을, 믿으라고 요구하는 것이 아니다. 그러나 그렇다고 해서 이런 진리들의 상호 관계를 우리가 납득할 수 없다고 해서 그것을 핑계로 믿지 않는다든가 불순종한다든가 해서는 안 되는 것이다. 하나님은 개똥벌레에게, 물론 밤의 캄캄한 어두움을 완전히 몰아낼 수 있을 만큼은 되지 않지만, 자기가 가는 길 자체는 볼 수 있을 만큼의 빛은 주신다. 이와 마찬가지로, 하나님은 전능하신 하나님 자신을 완전하게 이해할 수 있도록 해주시지는 않지만, 천국을 향하여 나아가는 매 단계마다 어디에 발을 디뎌야 할지는 보여주시는 것이다.

그런데, 지금까지 그렇게 자주 거론되어온 모든 반대 논리 가운데 한 가지를 아직 답변하지 않았다고 말할 수 있다. 그러나 지금까지의 논의를 통해서 독자들이 하나님을 향하여 겸손하고도 신뢰 있는 자세를 가져야 하는 것이 필수적이라는 느낌을 갖게 되었다면, 그것만으로도 그저 답변하는 것 이상의 효과를 얻은 것이라 하겠다. 자연을 연구하든 그리스도를 공부하든 배우는 자로서는 마땅히 이런 마음의 상태를 가지고 있어야 마땅할 것이다. 우리의 능력의 보잘것 없고 배워야 할 것들이 어렵다는 것이 지극히 합리적일 뿐 아니라 불가피하다는 것을 깨닫는 자세인 것이다.

우리가 독자들에게 심어주려고 한 두번째 요소는, 진리에 복종하고 목적을 세우며 증거에 대해서 마음을 굴복시키는 습관을 기르는 것이 우리의 첫째 가는 의무들 가운데 하나라는 사실이다. 증거가 없이 믿음을 갖는다는 것은 비합리적인 것이다. 그러나 증거가 있는 데도 불구하고 믿음을 갖지 않는 것도 그에 못지 않게 비합리적인 것이다. 이 문제와 관련해서는 사람들마다 성향이 대단히 차이가 난다. 어떤 사람들은 할 수 있는 데까지 진리를 거부하며 트집을 잡고 반대한다. 또 어떤 사람들은 솔직하고 온순해서 주어지는 증거의 힘을 할 수 있는 대로 받아들이고 수긍한다. 사실 이런 자세야말로 참된 지식을 받아들일 수 있는 유일한 길이다. 철학자도 이런 자세를 통해서 행동하는 것이다. 그는 사실들의 본질에 대해서 조심스럽게 의문을 제기하며, 그것에 의해서 사실들을 받아들이며, 그리고 그것들을 분류하고 조화시켜서 서로 일치하도록 최선의 노력을 기울인다. 그러나 어떤 체계에 끼워 맞출 수 없다고 해서 그것 때문에 어떤 사실을 거부하는 일은 없다. 그렇게 맞출 수가 없을 경우, 그는 좀더 많은 빛이 비추어질 때까지 기다린다. 바로 우리도 그렇게 행동해야 마땅한 것이다. 우리역시 모든 진리를 그 자체의 증거를 근거로 받아들여야 하며, 할 수 있을 경우 우리의 지식을 조화시켜야 한다. 그러나 우리의 무지(無知) 때문에 다른 진리들과의 일관성을 찾지 못할 때에, 오로지 그 이유 때문에 진리를 거부하는 일이 있어서는 안 되는 것이다.

우리가 반드시 배워야 할 아주 중요한 세번째 교훈은 진리에 대한 합당한 증거라는 것이 과연 무엇이며, 또한 어느 때에 만족하게 받아들여야 하는가 하는 것이다. 이것은 결정하기 아주 곤란한 문제일 수도 있다. 그러나 신앙의 문제에 있어서 만큼은 아주 명확하다. 우리의 존재의 법칙에 따르면, 우리는 증거가 확실한 우리의 감각을 신뢰해야 하며, 우리 자신의 의식의 정확성을 의지해야 하며, 반대 증거를 통해서 무너지지 않는 한 다른 사람들의 증언을 받아들여야 하며, 또한 진리가 직관적인 인식이나 이성을 통해서 제기되는 필연적인 결론들과 결부될 경우는 그대로 받아들여야 한다. 이 법칙들은 우리의 창조주께서 우리의 조직 속에 심어 놓으신 믿음의 법칙들이요, 따라서 그의 의지의 권위 있는 표현들이다.

그러므로 이 법칙에 순종하기를 거부한다면, 그것은 불합리한 행위일 뿐 아니라 하나님을 대적하고 반역하는 것이기도 하다. 그 법칙들은 바로 하나님께서 전면적인 회의론으로 향하는 길을 차단하신 확고부동한 장벽과도 같다. 그러므로 그 벽을 부수는 자들은 성급하게 바깥 어두움 속으로 들어갈 수밖에 없는 것이다. 그러므로, 이성적인 존재들로서 우리는 우리의 감각의 증거와 의식의 권위와 다른 사람들의 합당한 증언과 또한 직관적인 인식 혹은 이성의 필연적인 추론들을 합당한 근거로 삼아야 할 의무를 지고 있는 것이다. 그렇게 해서 얻은 진리들을 과연 어떻게 조직화하며 어떻게 모두 조화시킬 수 있을까 하는 것은 전혀 다른 문제다. 그 진리들을 받아들여야 하는 의무는 그처럼 조직화하고 조화시키는 능력에 달려 있는 것이 아니라, 각기 개별적인 진리들 하나하나를 뒷받침해 주는 증거에 달려 있는 것이다.

우리의 의식이 우리가 죄인임을 말해 준다. 또한 우리의 철저한 무기력함을 알려 주는 것도 우리의 의식이다. 마치 대양의 파도가 바위를 거세게 때리듯이, 이런 진리 가운데 어느 것과 씨름을 할 수도 있을 것이다. 그러나 파도가 밀려와도 바위는 그대로 변함 없이 있는 것이다. 정신이 거짓된 철학에 중독되어 있을 때는 잠시 동안 믿지 않을 수도 있다. 그러나 그런 경우에, 술 취한 상태가 오래 가지 않듯이 불신앙도 그렇게 오래 가지 않는다. 사람이 온전한 정신을 되찾는 순간 진리가 전보다 더 분명하게 권위로 드러나는 것이다. 그러므로 결국 진리를 저항하는 것으로 얻을 수 있는 것은 아무것도 없다. 그러므로 하나님이 우리의 본질 속에 심어 주신 그 믿음의 법칙에 즉각적으로 굴복하는 것이 지혜로운 처사인 것이다.

하나님이 우리의 본질의 구성 속에 주신 이러한 믿음의 법칙 이외에도, 온갖 종류의 합당한 증거를 통해서 확증되는 하나님의 말씀과 그의 섭리가 우리에게 있다. 하나님의 권위보다도 더 높은 믿음의 근거는 있을 수가 없다. 우리의 감각의 증거나 의식의 증거에 대한 신뢰 자체도 하나님의 진실하심에 대한 신뢰에로 귀착된다. 하나님이 자연의 법칙들을 세우셨기 때문이다.

그러므로 어떤 진리든 확실히 입증된 하나님의 계시에 의해서나 혹은 하나님의 섭리의 실질적인 운용에 의해서 뒷받침될 경우는 그 진리를 확실하게 세워진 것으로 받아들여야 하며, 또한 그 진리에 대항하는 것으로 보여질 수 있는 모든 반대 논리도 충분히 반박된 것으로 인정해야 한다. 성경 기자들은 그렇게 해서 반대 논리들을 반박하였다. 그들로서는 하나님이 어떤 진리를 인정하셨다든가 아니면 실제로 어떤 대권(大權)을 행사하셨다는 것만으로 충분했다. 그 이상 어떤 논증이나 논박은 불필요한 것으로 간주했다. 그러므로 우리도 동일한 원리로 행동해야 마땅하다. 곧, 하나님이 하시는 모든 말씀에, 또한 그가 행하시는 모든 역사에 조용히 굴복해야 하는 것이다. 어떤 사람들은 우리가 무엇 때문에 태어났냐고 불평 섞인 질문을 하기도 한다. 그러나 그들이 태어났다는 사실 그 자체로 충분하다. 그들을 창조하신 지혜와 계획을 깨닫든 깨닫지 못하든, 그들이 출생해 있다는 그 사실은 부인할 수가 없는 것이다. 아니면, 우리가 무엇 때문에 이런 죄의 상태 속에 태어났으며, 죄가 가득하고 죄를 피할 수 없는 이런 세상에 태어났느냐고 묻기도 한다. 이 질문은 인간의 이성으로는 도저히 답변이 불가능할 수도 있다. 그렇지만 너무도 분명하게 눈 앞에 드러나듯이, 과연 그 사실을 부인한다고 해서 무슨 유익이 있겠는가?

그러나 다음과 같은 질문을 제기하는 사람도 있다: "우리가 우리의 본성으로나 환경으로나 죄를 지을 수밖에 없고 또한 죄가 관영해 있는 상태 속에서 출생했다면, 그것이 어떻게 우리의 책임일 수 있겠는가?" 이 문제에 있어서도, 우리가 어떻게 해서 책임이 있게 되는지 그 과정을 입증하는 일은 정말 어려운 문제일 수 있지만, 그러나 우리에게 책임이 있다는 것은 의심의 여지가 없는 사실이다. 우리 스스로도 책임을 느끼고 있고, 또한 우리가 존재하고 있다는 의식을 도저히 제거할 수 없듯이 그런 책임에 대한 확신도 도저히 제거할 수가 없는 것이다.

그렇다면 과연 그렇게 확고부동한 사실을 놓고 씨름을 할 이유가 어디에 있겠는가? 철창으로 된 우리 속에 갇혀 있는 동물은 아무리 애를 써보아도 여전히 그 속에 갇혀 있을 수밖에 없다. 그런데 우리가 그런 동물처럼 삶을 살아야 할 이유가 어디 있는가? 진리로 분명히 드러나는 사실에 굴복하기를 배우도록 하자. 우리의 지식이 모든 진리를 전부 다 포괄하지 못한다는 사실을 기억하자. 어떻게 해서 그런지 우리로서는 알 수 없지만,

그럼에도 불구하고 진리들이 서로 완전하게 일치하며 또한 하나님의 속성들과도 완전하게 일치한다는 것을 기억하도록 하자.

우리의 지식은 계속해서 증가할 것이며, 그리하여 지금 우리에게 최대의 난제가 되고 있는 그런 사실들이 지금 우리가 진정성을 인정하고 있는 다른 사실들과 아주 유사하다는 것이 드러나게 될 것이며, 그리하여 모든 사실들을 완전하게 조화시킬 수는 없다 할지라도, 최소한 그 사실들이 서로 일관성이 있으며 또한 하나님의 지혜와 사랑을 드러내는 증거들과 더불어 어디서나 빛을 발하는 하나님의 질서의 체계의 일부분들이라는 것은 보게 될 것이다.

우리가 하나님의 자녀라는 사실을 기억하자. 하나님은 우리가 믿어야 할 모든 것에 대해서 풍성한 증거를 주신다. 그러나 동시에 그를 신뢰하며 또한 그가 말씀하시는 것이 진리임을 확신하며 그가 행하시는 것이 옳다는 것을 분명히 믿을 것을 요구하시는 것이다. 물론 구름과 어두움이 하나님의 주위를 가리우고 있을 수도 있지만, 그럼에도 불구하고 그의 보좌가 공의의 심판을 처소로 삼고 있다는 것을 기억하도록 하자.

이런 반대 논리들에 대해서 마지막으로 제기할 수 있는 일반적인 사실은 그런 반론들은 거의 언제나 부정직하게 제기된다는 점이다. 즉, 이미 그런 논리들이 잘못되었다는 확신을 속에 갖고 있는 상태에서 그런 반론이 제기된다는 것이다. 사실인 것은 알지만 그것을 증명할 수는 없는 그런 경우가 많듯이, 반대 논리가 그릇되었다는 것을 알면서도 답변을 하지 못하는 경우도 많다. 어떤 사람이 자기 자신의 존재를 부인하거나 옳고 그름을 부인한다면, 그 사람과는 아무리 논란을 벌여도 소용이 없어진다. 그 사람이 지금 가장 분명한 사실을 부인하고 있기 때문에, 다른 어떤 사실로도 그 사람이 부인하는 그 사실을 입증할 수가 없는 것이다.

마찬가지로 어떤 사람이 자기의 죄책을 면하기 위해서 자기의 책임을 부인한다면, 그는 자기가 의식하고 있는 그 이상 더 분명할 수가 없는 사실을 부인하는 것이 된다. 또는 회개하고 하나님께 순종하지 못하는 사실에 대해서 자기의 무능력을 핑계로 댄다면, 그 사람은 자기 자신도 타당성이 없다는 것을 알면서도 억지를 쓰는 것이다. 아무리 그의 무능력이 사실이라 할지라도 그것이 계속해서 죄 가운데 있는 데 대한 핑계가 될 수는 없다는 것을 그는 이미 잘 알고 있다. 왜냐하면 그 자신의 의식 속에서는 그런 무능력의 현실에 대한 확신이 죄책감과 함께 공존하기 때문이다. 그러므로 그런 핑계는 그 사람 자신의 양심으로 판단해도 타당성이 없으며, 따라서 하나님 앞에서도 전혀 소용이 없다는 것을 그 당사자 자신이 이미 잘 알고 있는 것이다.

이와 마찬가지로, 하나님의 법이 엄격하다고 하여 그것을 반대할 때에도, 사람들은 그 법이 의롭다는 사실을 내적으로 인정하면서 그렇게 반대하는 것이다. 그 법의 요구가 그들의 양심에 호소하는 것이다. 하나님이 무한히 지혜로우시고 선하시므로 우리가 최고의 사랑으로 그를 대하며 그의 모든 지시에 절대적으로 복종하는 것이 옳다는 것을 그들이 이미 잘 알고 있는 것이다.

그런 트집을 잡는 반대 논리들이 거짓된 것들이라는 것을 사람들이 이미 잘 알고 있다. 하나님은 아무런 증거도 없이 그냥 무방비 상태로 계시는 분이 아니다. 그의 음성에는 우리가 도저히 저항할 수 없는 권위가 있다. 하나님이 우리더러 죄인들이라고 하시면, 그 말씀대로 우리가 죄인이라는 것을 우리가 안다. 우리가 죽어 마땅하다고 하시면, 그것이 과연 의로운 판단이라는 것을 우리가 안다. 우리가 우리 자신을 구원할 능력이 없고 구원은 하나님 자신의 뜻에 달려 있다고 말씀하시면, 우리는 그것도 과연 사실임을 안다. 어느 때든지 하나님이 자기 자신을 계시하실 때마다 우리는 잠잠히 그것을 받아들인다. 그저 두렵기 때문만이 아니라 하나님의 모든 역사하심이 의롭다는 것을 우리가 친밀하게 알고 있기 때문에 그렇게 하는 것이다. 그러므로, 하나님의 진리를 대적하여 반대 논리를 제기한다는 것은 어리석은 짓이요 또한 극악한 짓이다. 주위의 동료들의 마음을 혼란시키려는 생각이든 아니면 양심과 하나님의 말씀의 책망을 잠잠케 만들려는 노력의 일환으로 제기하는 것이든간에, 그런 반대 논리가 전혀 헛된 것이라는 것을 우리 자신이 잘 알고 있는 것이다.

진리의 힘이 그렇게 놀랍기 때문에, 아무리 마음이 본성적으로 무감각하고 생각도 없고 진지한 사고를 억누르려고 아무리 직접적으로 애를 쓰고, 또한 교묘하게 반대 논리들을 늘어놓아 보아도, 회개하지 않는 사람의 가슴 속에서 은밀하게 일어나는 확신 — 곧, 그들이 영원한 죽음으로 향하는 길을 가고 있다는 확신 — 을 무너뜨릴 수가 없는 것이다. 이런 확신은 상당히 약할 경우가 많다. 그리하여 사람들이 이 세상의 근심 걱정으로 가득 차 있을 때에는 그 확신이 그냥 무시되어 버린다. 그러나 그 확신이 사라지는 것은 아니고, 그대로 남아 있기는 한다. 그리하여 가끔씩 그 확신이 깨어나서 사람들을 괴롭게 만드는 것이다. 또한 하나님이 긍휼이 풍성하신 분이셔서 어쩌면 악행을 철저하게 지적하지 않으실지도 모른다는 생각도 이런 불편한 양심의 각성을 잠재우지는 못한다. 그러므로 그런 생각도 거의 소용이 없다.

징벌을 받으리라는 느낌이, 죄를 범한 자는 죽어 마땅하다는 도저히 억제할 수 없는 확신이, 성경의 명확한 선언들이, 그리고 섭리를 통해서 나타나는, 하나님이 의로우시다는 갖가지 증거들이 그런 생각을 깨뜨려 버리기 때문이다. 그러므로 온갖 노력을 다하는 데도 불구하고, 다가올 진노에 대한 막연한 불안이 회개치 않는 자들이 나아가는 길에 계속해서 드리워져 있는 것이다. 그런 불안이 그들의 기쁨을 가시게 만들며, 세상의 일들이 그들의 생각과 달리 이루어지는 것 같은 생각이 들 때마다 그런 불안의 힘이 더 커지는 것이다.

대부분의 사람들은 어쩔 수 없이 양심 앞에서 스스로 죄 있음을 호소하게 되고, 심판이 연기되기를 바라는 것으로 스스로 자위하고 있다. 그들은 자기들이 현재의 상태로 죽는다는 것은 온당치 않고 반드시 복음의 요구에 굴복해야 한다는 것을 억지로라도 인정한다. 그러나 그들은 시간을 달라고 호소하는 것이다. "시방은 가라 내가 틈이 있으면 너를 부르리라"(행 24:25). 이처럼 나중으로 미루면 최소한 양심의 요구는 그대로 수긍하되 단지 시기를 나중으로 미루는 것뿐이므로, 다른 어떠한 변명보다도 이런 변명이 양심을 속이는 데 아주 효과적인 것이다. 그러므로, 그런 변명이야말로 영혼에게는 가장 위험한 덫이 된다.

사람들은 조금만 더 죄에 계속 거하며, 하나님의 계명을 조금만 더 어기며, 하나님의 자비하심을 조금만 더 무시하고, 그의 사랑을 조금만 경홀히 여기며, 조금만 더 진리와 의의 대의(大義)를 해치도록 허용해 달라고 하나님께 호소하는 것이 얼마나 악한 짓인지를 전혀 생각하지 않는다. 만일 자기들의 아들이나 종이 감사할 줄도 모르고 불순종하여 그런 호소를 하면 정작 그들 자신은 치를 떨며 분노하며 그런 호소를 거부할 것이면서도, 그런 점은 전혀 생각하지 않는 것이다.

뿐만 아니라, 그처럼 시간을 질질 끄는 행위는 결국 그들의 죄과를 크게 쌓는 것 이외에 아무것도 아니라는 사실을 기억하지 못한다. 그렇게 시간을 끈다는 것은 결국 그들의 현재의 상태가 악하다는 것을 그들 자신도 의식하고 있다는 것이요, 또한 하나님의 모든 요구들이 의롭다는 것도 인식하고 있다는 것이니, 그것이 죄과를 쌓는 행위라는 것은 너무도 분명한 것이다. 또한 시간이 지연될수록 하나님께로 돌아가는 길이 점점 더 어려워진다는 것도 생각하지 못한다.

회개하는 일이 오늘 귀찮게 여겨지면, 내일이 오면 그 일이 더 귀찮아질 것이다. 지금 마음이 강퍅하다고 그대로 방치해 두면, 내일은 더욱 강퍅해지고 만다. 죄의 힘이 너무나 커서 우리가 도저히 저항할 수 없는 지경이라면, 그냥 방치해 두고 거기에 탐닉하면 그 힘은 더욱 커지는 것이다. 만일 회개하고자 하는 동기가 지금 실제로 순종으로 이어지지 않으면, 나중에는 회개하기가 훨씬 더 어려워질 것이다. 그리고 하나님이 지금 의로운 진노를 발하신다면, 불순종이 계속되는 만큼 더욱더 진노를 발하실 것이다. 그러므로 하루하루 지연될수록, 우리가 결국 멸망하게 될 개연성(蓋然性)도 정말 무서운 비율로 증가하는 것이다.

제 4 장

죄에 대한 각성

제1절 죄를 깨달음, 그리고 개인적인 과오에 대한 자책감

사람들은 대개 자기들의 죄악성과 그 위험성에 대해 너무나 무관심하지만, 하나님은 그들의 주의를 일깨우셔서 성경이 그 문제들에 대해 가르치는 모든 진리를 깊이 확신하도록 만드시기를 기뻐하신다. 그런 확신의 효과는 매우 다양하다. 왜냐하면 개인의 기질과 지식과 처해진 상황과 거기에 수반되는 부수적인 문제들에 따라서 달리 나타나기 때문이다. 똑같이 사형 선고를 받았다 할지라도 받은 사람에 따라서 반응이 전혀 달리 나타난다. 어떤 사람은 자기가 저지른 범죄의 잔혹함을 깊이 깊이 느낄 것이고, 또 어떤 사람은 치욕을 느낄 것이고, 또 어떤 사람은 죽음에 대한 공포를 느낄 것이며, 또 어떤 사람은 자기 때문에 동료들이 입은 고통에 대해서 미안해 하는 마음을 가질 것이며, 또 하나님 앞에 서는 일에 대해서 두려워할 사람도 있을 것이다.

이처럼 사형을 바라보는 시각이나 생각들 자체도 무한히 다양한데, 게다가 당사자들의 육체적 도덕적 기질에 따라서, 그들의 지식이나 과거의 경력에 따라서도 그런 시각과 생각들이 크게 영향을 받는 것이다. 그러므로 사람들이 죄를 깨달을 때에 겪는 경험 역시 무한히 다양할 것이라고 생각할 수 있다. 그러므로 모든 경우마다 다 적용할 수 있는 그런 경험을 묘사한다는 것은 불가능한 일이다. 그러므로 성경이 이 문제에 대해서 필수적인 것으로 가르치는 사실을 간단하게 진술하는 것으로 족하리라 여겨진다.

무언가 죄에 대한 올바른 지식이 반드시 있어야 한다. 성경의 분명한 가르침은 — 이것은 전반적인 우리의 경험으로도 확증된다 — 바로 사람들은 본성적으로 이 죄의 문제에 대해서 굉장히 어둡다는 것이다. 이 죄라는 악의 본질에 대해서 그들은 매우 부적절한 관념을 갖고 있다. 하나님의 거룩하심에 대해 무지하기 때문에, 그들은 죄가 그들 자신에게나 사회 전반에 미치는 영향에 대해서만 주로 관심을 두고, 죄가 하나님의 본성을 대적하는 사실에 대해서는 별로 생각하지를 않는다. 그들은 그릇된 기준으로 죄를 판단하며 따라서 죄에 대한 그들의 모든 판단은 잘못된 것이든지 결함이 있는 것이든지 둘 중의 하나이다. 죄의 진정한 본질이 무엇이냐, 아니면 죄의 그러한 악성의 진정한 근원이 어디에 있느냐 하는 문제는 대개 관심 밖이다. 그러므로, 의심의 여지 없이 분명히 죄가 되는 수많은 일들을 대개 그냥 지나치든지 무시해 버리든지 하는 것이다.

사람이 다른 사람들을 향하여 드러내는 감정과 행동은 문제 삼으면서, 하나님을 향한 마음의 상태에 대해서는 전혀 생각조차 하지 않는 것이다. 그리하여, 사실은 창조주 하나님을 향하여 어느 한 가지도 바른 것이 없는데도, 사람들은 자기들 스스로 아주 선하다고 생각하는 예가 많은 것이다. 죄의 참된 본질에 대해서 무지하여 그들은 자기들이 저지르는 수많은 허물들을 전혀 깨닫지 못하는 것이다. 그들은 도덕법을 어기는 분명한 행위를 얼마나 했느냐에 따라서 스스로를 평가하며, 마음의 습관적인 상태에 대해서나 사랑과 믿음과 하나님께 드려야 마땅할 경외가 없다는 사실은 그냥 지나쳐 버리는 것이다.

뿐만 아니라 죄책(guilt)에 대해서도 올바른 관념이 없다. 물론 그것이 그들 자신 속에 존재하고는 있지만, 그들은 그것을 비교적 사소한 문제로 취급한다. 그것에 대해서 진지하게 관심을 가지는 것을 오히려 불합리하다고 여기면서, 혹시 다른 사람들이 그 문제를 진지하게 관심 갖는 것을 보면, 그들을 위선자요 광신자로 취급해 버리는 것이다. 죄 속에 기만하는 성격이 있는데, 사람들은 거기에 속아 넘어가서 죄의 본질, 죄의 범위, 죄의 잔인함과 능력에 대해서 잘못된 판단을 갖게 되는 것이다.

이런 그릇된 시각이 제거되어야 한다. 우리의 눈이 열려서 하나님의 말씀이 제시하는 죄의 진정한 모습을 보아야 한다. 그리하여 죄를 굉장히 악하며 쓰라린 것으로 보아야 하고, 겉으로 드러나는 행동이나 감정의 표출에서만 나타나는 것이 아니라 마음 속에 깊이 자리를 잡고 있어서 생명의 흐름을 근원에서부터 오염시키는 것으로 보아야 하며, 하나님께서 선포하신 그 형벌을 정말 받아 마땅한 것으로 보아야 하며, 또한 우리의 본성의 내적인 원리들을 완전히 장악하고 있어서 아무리 애써도 일상적인 노력으로는 그 죄의 힘을 깨뜨릴 수가 없다는 것을 분명히 깨달아야 하는 것이다.

이렇게 죄에 대한 성경의 가르침을 깨닫게 되면 그 가르침이 진리라는 확고한 믿음이 생긴다. 그리고 이런 확신은 우리가 지금 이야기하고 있는 그런 유의 지식과 도저히 분리할 수가 없다. 왜냐하면 그 지식은 사실상 성경의 가르침의 본질을 진리로 인식하는 깨달음 이외에 아무것도 아니며, 또한 하나님이 우리에게 주신 도덕적 본질과도 일치하는 것이기 때문이다. 그러므로 사람들은 논증이나 권위에 의해서 납득을 하게 되는 것이 아니다. 그들은 죄의 본질과 그 악함에 대해서 하나님이 선언하신 사실이 진리라는 것을 보고 느끼는 것이다. 그러므로 다른 사람들이 아무리 그것을 환영하지 않는다 할지라도, 그 당사자로서는 그 확신을 도저히 억누를 수가 없는 것이다.

양심이 그 무기력한 상태에서 일깨워져서 도저히 저항할 수 없는 힘으로 하나님의 선포하신 사실들을 받아들일 때에, 그런 확신이 갑자기 강력하게 그 당사자의 영혼을 사로잡는 것을 자주 보게 되는 것이다. 바울이 "의와 절제와 장차 오는 심판을 강론하니 벨릭스가 두려워"하였다(행 24:25). 바울이 제시하는 그 진리가 로마 총독 벨릭스의 가슴 속에 어떤 반응을 일으켜서 그로서는 도저히 믿지 않을 수가 없었던 것이다. 이것은 우리가 날마다 접하는 경험과 그대로 일치한다. 사람들이 하나님의 법의 엄격함에 대해서 트집을 잡고, 그 무시무시한 형벌의 공정함에 대해서 반론을 펴다가도, 눈을 떠서 그 법이 진정 무엇이며 그것을 어긴다는 것이 과연 어떤 것인지를 바라보게 되면, 그런 트집 잡는 자세와 그런 반론들이 그 즉시 사라져 버리는 것이다. 그리고 그러한 인식이 지속되는 한 그 확신도 그대로 남아 있는 것을 보게 된다.

그러나 그러다가 그 빛을 닫아 버리고 그 빛의 침투로 말미암아 일깨워진 양심을 다시 잠잠케 만드는데 성공하면, 그들은 그 모든 문제들에 대해서 전과 똑같이 회의적인 생각을 하게 되는 것이다. 보기 싫은 것들에 대해 눈을 감아 버리고 그리하여 예전에 가졌던 불신앙을 되찾는 데 성공하는 경우를 많이 볼 수가 있다. 그러나 그런 일이 불가능한 경우도 많다. 특히 임종이 가까운 상태에서나, 마치 불타고 있는 나뭇가지를 뽑아 내듯이 하나님이 그들에게 그렇게 하실 때에는 전혀 불가능한 것이다. 아마 이런 말씀이 사실이라는 것을 보여주는 일들이 일어나지 않는 날이 하루도 없을 것이다.

오랜 세월 동안 불신앙과 무관심 속에 살아온 사람들이 자기들도 이해하지 못하는 어떤 힘에 붙잡혀서 저항하지도 못하고 꼼짝없이 거기에 사로잡히는 경우도 있다. 새로운 계시를 본 것도 아니고, 어떤 고상한 논증에 설득 당한 것도 아니고, 어떤 합리적인 추리의 과정이 있은 것도 아니다. 그저 죄에 대해 하나님이 선포하시는 진리를 지각한 것뿐이다. 이럴 때에 일어나는 확신은 그들이 과거에 갖고 있던 트집 잡는 자세나 친구들의 반대 논리나 확신들로도 전혀 꺾을 수가 없다. 도저히 어찌할 수가 없다. 그가 갖고 있는 확신의 뿌리와는 전혀 상관 없는 다른 것들만을 건드리기 때문에 그의 확신에 도무지 영향을 줄 수가 없는 것이다. 물론 죄에 대한 성경의 가르침이 진리라는 사실에 대한 인식이 일시적일 경우도 많다.

그러나 그런 인식은 구원을 얻게 하는 영구한 확신의 필수적인 부분인 것이다. 구원의 제시를 전혀 받아들이지 않는 사람도 그런 인식을 가질 수가 있다. 그러나 구원의 제시를 받아들이는 사람들로서는 반드시 그런 인식을 가지게 되는 것이다.

참된 확신의 본질 속에 필수적으로 들어가 있는 죄에 대한 이러한 지식은 율법에서 비롯된다: "율법으로 죄를 깨달음이니라"(롬 3:20). 사도 바울은 이렇게 말씀한다: "율법으로 말미암지 않고는 내가 죄를 알지 못하였으니 … 이는 법이 없으면 죄가 죽은 것임이니라. 전에 법을 깨닫지 못할 때에는 내가 살았더니 계명이 이르매 죄는 살아나고 나는 죽었도다"(롬 7:7-9). 이 구절과 기타 유사한 구절들은 사도 바울도 과거 한때 율법의 범위와 그 영적 본질에 대해 무지했었고 그 때에 결국 죄에 대해서도 무지했었다는 것을 분명히 가르쳐 준다. 그 때에 그는 자기가 이성적으로 기대할 수 있는 만큼 선하다고 생각했었다. 그래서 거기에 만족하고 있었고, 아주 편안하게 그런 상태에 있었다. 그러나 율법의 진정한 본질이 그에게 드러나자, 죄에 대한 그의 시각이 완전히 바뀌었다. 죄가 과연 무엇인지를 알게 되었고, 그 자신을 누르는 죄의 권세를 느끼게 된 것이었다. 전에는 아무런 문젯거리도 아니었고 아주 사소한 것으로 여겨지던 수천 가지 일들이 이제는 중대한 과실(過失)로 보이게 되었고, 특히 과거에는 관심에도 없던 마음 속 깊이 자리잡은 은밀한 악이 다른 모든 죄의 근원으로 드러나게 된 것이다.

율법이 이러한 지식을 전달해 주는 수단이 된다. 왜냐하면 그것은 하나님의 완전한 거룩하심의 표현이기 때문이다. 자기 자신을 기준으로 자기 자신을 판단하고 자기를 다른 사람들과 비교하여 판단하는 한, 사람들은 어두운 가운데 있을 수밖에 없고, 따라서 그들의 진정한 본질 역시 어두울 수밖에 없다. 하나님의 율법 속에 포함되어 있는 그 완전한 의무의 표준으로 스스로를 판단하게 될 때에 비로소 사람들이 그들의 진정한 본질을 올바로 알게 되는 것이다. 바로 이러한 하나님의 빛 속에서 우리가 빛을 보게 되는 것이다. 우리 주위를 둘러싸고 있는 죄악된 것들에서 시야를 돌려서 하나님의 완전한 순결하심의 임재 속에서 우리 자신을 느낄 때에 비로소 우리가 그 탁월한 표준에서 얼마나 벗어나 있는지를 지각하게 되는 것이다. 그러므로 죄에 대한 지식은 율법에 계시된 하나님의 탁월하심에 대한 인식에서 비롯된다는 것이 성경의 가르침이요 또한 하나님의 백성들의 경험인 것이다.

이 문제에 대해 바라보는 시각의 분명한 정도(程度)는 그리스도인 개개인에 따라서 굉장히 다르다. 어떤 경우는 모든 것이 마치 불투명한 유리로 들여다 보는 것처럼 희미하게 보인다. 그리고 또 어떤 경우는 하나님과 그의 율법의 무한한 탁월함에 대한 발견이 너무나도 확실해서 크나큰 경외와 자기를 낮추는 자세가 마음 속에 가득 차기도 한다. 어떤 때에는 이런 지식이 감지할 수 없을 정도로 아주 희미하게 마음 속에 스며들어 오기도 하고, 또 어떤 경우는 한 순간에 진리가 지극히 순결한 모습으로 확실히 드러나기도 한다. 한 시간 전만 해도 전혀 무관심하던 사람이 어느새 완전히 바뀌어, 전에 자기가 그렇게 소경의 상태에 있었다는 사실에 대해서 아주 의아해 하기도 한다. 하나님의 그 탁월하심과 그의 율법의 완전함에 대해서 어떻게 그렇게 무지할 수가 있었는지 의아해 한다. 자기가 사람들의 일상적인 판단 기준으로, 세상의 그 낮은 요구에 의해서 심판받으리라는 생각으로 가득 차 있었다는 것이 전혀 믿어지지 않는 것이다.

그리고 이제는 자기 자신을 판단하는 법이 무한히 순결하다는 것을 알기 때문에, 아무리 작은 허물이라도 그대로 간과할 수가 없다. 이러한 지식이 어느 정도나 분명해야 구원받을 수 있느냐 하는 문제에 대해서는 성경 어디에서도 가르치지 않는다. 성경을 통해서 우리가 아는 것은 오직 사람이 죄에 대한 지식이 있어서 죄에 대한 심판이 하나님이 선포하신 내용을 근거로 이루어진다는 것을 알아야 한다는 것이요, 또한 일반 사람들이 늘상 하는 대로 죄의 악함과 그 범위에 대한 성경의 가르침을 영구히 반대해서는 안 되고 이 문제에 대한 모든 하나님의 말씀이 진실하며 정의롭다는 것을 받아들여야 한다는 사실이다.

또한 이런 죄에 대한 인식과 성경의 가르침에 대한 동의 이외에도, 자기 자신이 무가치하다는 사실에 대한 진지한 믿음이 있다. 어쩌면 어느 정도는 앞에서 이미 예견된 것이지만, 이 문제는 특별히 다룰 필요가 있다. 거룩한 신자들이 죄의 본질에 대한 하나님의 말씀의 진술들을 진리로 분명하게 인식하면서도, 자기 자신의 도덕적인 부패성은 지각하지 못할 수도 있는 것이다. 그리고 이 문제에 대한 성경의 가르침에 대해서 분명한 이해도 있고 그 진리에 대해 전반적인 동의도 있으나, 성경이 죄인들에 대해 하는 말씀이 우리 자신에게 적용된다는 합당한 확신이 없는 경우도 있을 수가 있다.

그러므로 죄에 대한 성경의 가르침을 알고 믿는 것만으로는 부족하다. 그 모든 진리가 우리 자신에게 그대로 적용된다는 것을 느껴야만 하는 것이다. "만물보다 부패하고 거짓된 것이 사람의 마음이라"(렘 17:9)는 말씀이나 "내 속 곧 내 육신에 선한 것이 거하지 아니한다"(롬 7:18)는 말씀의 선언에 대해서 동의하는 확실한 의식이 내게 있어야 하는 것이다. 이처럼 나 개인의 무가치함에 대한 인식이 죄에 대한 깨달음의 근본적인 부분인 것이다. 이것은 바로 우리가 늘 빠지기 쉬운 잘못된 개념, 즉 우리 자신이 탁월하고 선하다는 생각과 정반대되는 것이다. 나 자신의 무가치함에 대한 깨달음이야말로 나 자신의 안일을 깨뜨려주며, 우리 스스로를 정당화하고 우리의 죄책을 가볍게 여기는 성향을 제거시키는 것이다.

하나님 앞에서 우리의 도덕적인 부패함을 깨닫게 되면 거기에 반드시 부수적으로 수치감이 뒤따라 생겨난다. 에스라는 죄를 깨닫고서 이렇게 외쳤다: "나의 하나님이여 내가 부끄러워 낯이 뜨뜻하여 감히 나의 하나님을 향하여 얼굴을 들지 못하오니 이는 우리 죄악이 많아 정수리에 넘치고 우리 허물이 커서 하늘에 미침이니이다"(스 9:6). 또한 다니엘은 말하기를, "주의 공의는 주께 돌아가고 수욕은 우리 얼굴로 돌아옴이 오늘날과 같아서 … 수욕을 입었사오니 이는 그들이 주께 죄를 범하였음이니이다"(단 9:7)라고 하였다.

또한 욥은 말하기를, "내가 주께 대하여 귀로 듣기만 하였삽더니 이제는 눈으로 주를 뵈옵나이다. 그러므로 내가 스스로 한하고 티끌과 재 가운데서 회개하나이다"(욥 42:5, 6)라고 하였고, 또한 다른 곳에서는 이렇게 말씀한다: "나는 미천하오니 무엇이라 주께 대답하리이까? 손으로 내 입을 가릴 뿐이로소이다"(욥 40:4). 시편 기자의 다음과 같은 말씀에서도 동일한 느낌이 표현되어 있다: "나의 죄악이 내게 미치므로 우러러 볼 수도 없으며 죄가 나의 머리털보다 많으므로 내 마음이 사라졌음이니이다"(시

40:12). 세리 역시 똑같은 감정에 북받쳐서 감히 눈을 들어 하늘을 쳐다 보지도 못하고 가슴을 치며 말하기를, "하나님이여 불쌍히 여기옵소서. 나는 죄인이로소이다"(눅 18:13)라고 하였다.

또한 자신의 무가치함에 대한 이런 감정은 정도는 다르지만 후회와 가책의 느낌과, 또한 우리의 무수한 과실에 대한 안타까움과 자기를 정죄하는 쓰라린 감정과 한데 뒤섞이게 된다. 뿐만 아니라 여기에 하나님의 진노에 대한 걱정과 두려움이 함께 섞이는 경우도 많다. 우리 죄가 도저히 용서 받을 수 없으면 어떻게 하나? 우리의 더러움이 씻어지지 않으면 어떻게 하나? 라는 두려움과 공포가 함께 일어나는 것이다. 이런 느낌의 짓누름 속에서 영혼이 견디는 아픔은 이 세상의 그 어떠한 고통보다도 더 한 것이다. 그 영혼은 바울처럼, "오호라 나는 곤고한 사람이로다. 이 사망의 몸에서 누가 나를 건져내랴?"(롬 7:24)라고 탄식한다. 아니면 욥처럼 "전능자의 살이 내 몸에 박히매 나의 영이 그 독을 마셨나니 하나님의 두려움이 나를 엄습하여 치는구나"(욥 6:4)라고 한탄하기도 한다. 아니면, 다윗처럼 이렇게 고백하기도 할 것이다: "내가 소시부터 곤란을 당하여 죽게 되었사오며 주의 두렵게 하심을 당할 때에 황망하였나이다. 주의 진노가 내게 넘치고 주의 두렵게 하심이 나를 끊었나이다"(시 88:15, 16).

이 문제에 대한 하나님의 백성들의 경험에 대한 영감된 기록과, 그보다 후대의 하나님의 훌륭한 종들의 언어가 놀라우리 만큼 일치하는 것을 보게 된다. 어거스틴(아우구스티누스)의 고백록은 죄에 대한 고뇌와 굴욕의 표현들로 가득 차 있다. 또한 루터처럼 담대한 사람도 내적인 고뇌로 말미암아 상심하여 있는 오랜 기간 동안 그의 삶 자체가 너무나도 지기에 힘겨운 짐이었다. 우리의 진정한 본질을 하나님 앞에서 올바르게 인식할 때에 이런 강한 굴욕과 슬픔의 감정이 일어나는 것이 자연스러운 일이지만, 그리고 거룩한 경건의 모범을 보인 훌륭한 하나님의 종들에게서 대개 이러한 크나큰 내적인 시험이 있었던 사실이 드러나지만, 그럼에도 불구하고 그것이 참된 그리스도인의 성격에 반드시 필수적인 것이라는 식으로 생각해서는 안된다.

오히려 반대로, 예수 그리스도 안에 나타난 하나님의 긍휼하심을 믿고 깨닫게 되면, 죄로 인하여 일어나는 굴욕과 회한의 슬픔을 막지는 못한다 할지라도 회개의 잔에서 후회와 공포의 쓰라린 감정은 효과적으로 제거될 수 있는 것이다. 이런 공포와 두려움이 가득 차 있는 상태는 참된 신앙이라 할 수가 없다. 평생 회개하지 않은 사람이 임종 시에 이런 죄책과 굴욕과 후회와 형벌에 대한 두려움, 그리고 양심이 빛을 받아 각성되었다는 이런저런 징후들을 보이는 경우가 왕왕 있다. 그런데, 이런 모든 괴로움을 다 경험하고도 얼마 후에는 그 심각한 감정들을 잃어버리고 다시 이전의 무관심하던 상태로 되돌아가는 경우도 많다. 그러므로 죄를 깨달아서 회한의 고통과 하나님의 진노에 대한 두려움이 따르는 것처럼 보인다 할지라도, 그것이 반드시 진정으로 죄를 깨달은 상태라고 할 수는 없다. 그리고 이런 감정적인 쓰라림의 경험이 거의 없는 경우도 많다.

이 문제와 관련해서 가장 흔히 나타나는 신앙적 경험은 어쩌면 깨달음과 양심의 판단에 따라서 당연히 일어나야 할 감정의 변화나 느낌의 변화가 전혀 나타나지 않는 것 때문에 깊은 고뇌를 느끼는 현상일 것이다. 많은 사람들이 공통적으로 토로하는 것은 느낌이 없다는 것이다. 마음이 얼음장처럼 차갑고, 그들의 배은망덕과 불순종을 알고 깨닫는 데도 감정이 거의 또는 전혀 일어나지를 않는다는 것이다. 그런 사람들은 할 수만 있다면 자신의 무감각한 상태를 날카로운 고뇌와 기꺼이 바꾸고 싶어한다. 그들의 일상적인 기도는 하나님께서 돌과 같은 마음을 제거하시고 부드러운 마음을 주십사 하는 것이다.

이러한 경험의 형태는 다른 무엇보다도 죄에 대한 깨달음의 본질과 일치한다. 우리의 본질과 우리의 행동에 대한 하나님의 선언들이 정의롭다는 것에 대한 양심의 증거가 있기만 하면 되고, 또한 하나님이 선언하시는 것이 우리의 지금의 모습이라는 의식과 인정이 있으면 된다. 이런 양심의 판단이나 이런 자신의 무가치함에 대한 감각이 존재하면, 죄인은 하나님의 임재 가운데서 손으로 입을 가리우고 꿇어 엎드려 스스로 불쌍히 여김을 받을 가치도 없는 존재임을 고백하게 되며, 그렇게 되면 바로 거기에 죄에 대한 순전한 깨달음이 있는 것이다.

이러한 마음의 상태는 아주 다양한 방식으로 만들어질 수 있다. 어떤 경우는 조용히 인생을 되돌아 보면서 마음의 습관적인 상태와 우리의 일상적인 행동을 하나님의 율법과 비교하여 그런 마음이 생기기도 한다. 그리고 어떤 경우는 어떤 한 가지 과실이 그보다 큰 다른 일상적인 과실들보다 더 양심을 찌르기도 하고, 서원을 하고 지키지 않은 사실이나, 부르심을 무시한 사실이나, 어떤 공개적인 죄를 범한 사실이 자기 자신의 진정한 모습을 깨닫게 되는 계기가 되기도 한다. 어떠한 계기로 되었든 간에, 하나님을 향한 책임을 마음 속 깊이 느끼게 되고, 죄책에 대한 깨달음이 형성되고 확증되는 것이다. 죄인이 하나님께로 돌아오는 데는 바로 이것이 필요하다. 자기 자신이 온전하다고 생각하는 한, 절대로 의원을 찾지 않는다. 자기 죄가 별 것 아니고 하찮은 것이라고 생각하는 한, 죄의 용서나 성화(聖化)에 대해서 아무런 관심도 느끼지 못할 것이다. 그러나 눈이 열리고, 양심이 일깨움을 입게 되면, 자기 자신의 진정한 모습에 대해 즉각적으로 진지하게 주의를 기울이게 된다. 자기 스스로는 하나님을 만날 준비가 되어 있지 않으며, 자기의 죄악이 너무도 커서 도저히 용서받지 못하므로 그리스도 예수 안에 있는 구속 이외에는 아무런 소망이 없다는 것을 알게 된다. 진정한 그리스도인은 누구나 어느 방법으로든 이처럼 자기의 과실과 잘못을 하나님 앞에서 확신하고 깨닫게 되는 것이다.

셋째로, 죄에 대한 깨달음에는 하나님 앞에서 우리의 정죄(定罪)를 깨닫는 요소가 내포되어 있다. 죄에 대한 인식은 무가치함에 대한 인식이요, 무가치함에 대한 인식에는 하나님의 진노를 받아 마땅하다는 인식이 내포되어 있다. 이 문제와 관련해서 마음의 세 가지 분명한 상태들을 생각할 수 있을 것이다. 죄에 대하여 주어지는 형벌에 대한 우리의 생각은 죄 자체에 대한 우리의 생각에 따라 좌우되는 것이 분명하다. 죄가 얼마나 악한지에 대해서 제대로 알지 못하면, 죄의 형벌에 대해서도 제대로 알 수가 없을 것이다. 그러므로 이 문제에 대한 성경의 말씀에 대한 은밀한 불신앙이 대다수의 사람들에게 있는 것이다. 그들은 회개하지 않는 자들이 당할 운명에 대한 하나님의 선언과 하나님의 공의와 긍휼에 대한 자기들의 생각을 조화시키지 못하고, 그리하여 그것들을 믿을 수가 없는 것이다.

그리고 사람이 진지하여 죄에 대한 어떤 감각을 경험하지만 그러면서도 이러한 불신앙을, 혹은 최소한 이 문제에 대한 성경의 가르침에 대한 마음의 강한 반발을 극복하지 못하는 경우가 흔히 일어나는 것이다. 자기들이 죄인이라는 것도 느끼고, 자기들이 하나님의 진노를 받아 마땅하다는 것도 느낀다. 그러나 그러면서도 여전히 모든 죄에 대한 성경의 무서운 경고들에 대해서 속으로 은밀하게 반발이 일어나는 것을 경험하는 것이다.

밀너 박사(Dr. Milner)는 다음과 같이 이야기한다: "하나님의 거룩한 율법의 정죄하는 권세에 굴복한다는 것은 참으로 어려운 문제다. 철저하게 거기에 굴복한다는 것은 정말 어려운 문제가 아닐 수 없다. 내가 여러 해 동안 이해해온 바에 따르면 이것이 건전한 회심의 시금석이다. 나는 그 동안 다른 사람들의 회심에서 부족한 점을 찾느라 바빴으나, 정작 나 자신에 대해서는, 내가 제대로 본 것인지는 모르나, 최근에 와서야 비로소 회심했다고 할 수 있다. 그러나 안타깝게도 여기서 마음이 사람을 속이기도 한다. 왜냐하면 그리스도의 구원을 눈으로 빤히 보면서도 하나님은 죄인을 정죄하시는 일에 공의로우시고 공평하시다는 식으로 상상하기가 쉽기 때문이다. 그러나 잠시만이라도 그런 상상을 진지한 마음으로, 마치 정말 일어날 일처럼 생각해 보면, 그런 상상에 당장 거부감이 일어날 것이다. 어쩌면 아주 숨이 막힐 듯하면서도 결연하고 아주 지속적인 거부감과 혐오감이 일어날 것이다. 이것을 치유할 수 있는 길은 오직 성령님께서 예수 그리스도의 얼굴에 있는 하나님의 영광을 우리에게 보여주는 것밖에는 없다"(윌버포스[Wilberforce]의 서한문에서).

자기 자신의 비참한 운명에 대한 생각이 일어날 때에 영혼이 그런 생각에 대해 반기(反旗)를 든다는 것은 지극히 자연스러운 일이며, 그런 현상은 절대로 없앨 수가 없을 것이다. 하나님이 정죄하고자 하는 것은 그런 감정이 아니요, 죄에 대한 합당한 형벌에 관한 하나님의 진실하고도 정의로운 선언들에 대한 마음의 반대이다. 바로 이러한 반대, 하나님에게 죄를 덮어 씌우는 이런 자세, 그를 부당하게 가혹한 분으로 여기는 생각, 이런 것이야말로 제거되어야 한다. 왜냐하면 우리 마음이 하나님의 말씀과 일치되고 있지 않다는 것을, 하나님이 의로 선포하시는 것을 우리가 불의하다고 여긴다는 것을 보여주는 것이 바로 그것이기 때문이다. 이런 것이 지극히 일반적인 사람의 마음의 상태라는 것이 우리의 온갖 경험들을 통해서 드러난다. 그리고 그런 반대가 우리 속에 있다는 것은 바로 죄의 형벌에 대해서 우리가 분명한 사고를 갖고 있지 못하기 때문에 하나님이 계시하신 계획 — 즉, 정죄의 상태에서 우리를 구속하시기 위한 계획 — 에 굴복하지 못하고 있다는 사실을 입증해 주는 것이다.

또한 이것과 정반대되는 극단은 우리의 지은 죄가 너무도 커서 도저히 용서받지 못할 것이라고 느끼는 것이다. 이런 상태 역시 아주 비근하게 볼 수 있다. 죄의 악함을 분명하게 발견했으나 거기에 뒤따라서 참된 구원 계획을 깨닫는 일이 함께 있지 아니하면, 절망이 올 수밖에 없는 것이다. 우리의 지은 죄들이 죽어 마땅하다는 것을 양심이 선언할 때에, 그 선언이 정말 사실이라는 것을 안다. 공의하신 하나님이 어떻게 죄인을 의롭다고 인정하실 수 있느냐 하는 문제를 분명히 깨닫지 않는 이상, 하나님에게서 긍휼을 기대하고 바랄 수가 없는 것이다.

영혼이 그런 상태 속에 있는 것보다 더 불쌍한 것은 없을 것이다. 이럴 경우 그 영혼이 하나님의 공의를 바라보는 시각이나 죄의 악함을 바라보는 시각이나 모두 잘못된 것도 아니고 과장된 것도 아니다. 그 사실 자체가 능력을 지니고 있기 때문에, 아무리 옆의 친구들이 하나님이 허물을 하나하나 꼬집으실 만큼 철저하신 분이 아니라거나 죄인의 죄책이 생각하는 것처럼 그렇게 큰 것이 아니라는 말로 달래보려 해도 전혀 소용이 없다. 각성한 양심을 그런 식으로 진정시키고 가라앉힐 수는 없다. 그리고 만일 양심이 기댈 수 있는 유일한 위로의 근거가 그런 것이라면, 절망할 수밖에 도리가 없는 것이다.

그러나 소위 기독교 국가에서는 구원 계획에 대한 지식이 널리 확산되어 있기 때문에 그것을 전혀 모르는 경우는 거의 없다. 그러므로 그 그원 계획에 대해서 아주 불완전하게 이해하고 있을 경우라도, 하나님의 진노에 대한 깨달음이 쉽게 가라앉거나 억제되어 절망을 없애 주는 것이다. 하나님이 죄를 용서하실 수 있다는 것도, 최소한 몇몇 사람들에게는 구원이 있다는 것도 ─ 이미 몇몇 사람들은 구원받았으니까 ─ 다 알고 있다. 그러므로 아무리 죄인이 자기의 경우는 예외이며 자기의 죄는 특별히 더 무겁기 때문에 하나님이 불쌍히 여기시는 범위에 들 수가 없다고 생각하는 경향이 많이 있다 할지라도, 반드시 그렇다고는 확신할 수가 없는 것이다. 그러므로 아무리 캄캄한 상태에 있을지라도 구원의 가능성이 있다는 믿음이 완전히 무너지지는 않는 것이다.

죄의 형벌에 대한 진정한 깨달음은 바로, 죄인을 의롭게 정죄하는 문제에 관한 하나님의 진리를 적의에 가득 차서 반대하는 자세와 또한 하나님의 긍휼하심에 대해 포기하는 자세 ─ 이것은 불신앙에서 나온다 ─ 의 두 가지 극단적인 현상들 사이에 존재하는 것이다. 신앙적 체험이 우리의 판단과 감정들을 성경 속에 계시된 진리들과 일치시키는 것이라면, 그런데 죄의 삯이 사망이라는 것이 성경 속에 계시되어 있다면, 우리의 판단과 감정은 반드시 그 진리에 동의를 하는 것이 당연한 일이다. 바로 그것이 죄에 대한 의로운 형벌이요, 또한 우리의 죄에 대해서도 그것이 합당한 형벌이라는 것을 인정하는 것이 당연한 것이다. 율법의 범위나 가혹함에 대해서 불평하는 자세는 없다. 오히려 하나님 앞에서 그런 형벌을 의로움을 지각하고 또한 하나님이 절대로 그릇된 것을 행하시거나 위협하실 수 없으며 죄의 용서는 전적으로 은혜의 문제라는 것을 깨닫고서 그의 발 아래 엎드리게 되는 것이다.

분명한 사실은, 우리가 하나님의 의로우신 정죄 아래 있다는 깨달음이 없이는 그리스도를 구주로 영접하는 지적인 행위가 있을 수 없으며 또한 율법의 형벌이 의롭다는 인식이 없이는 우리가 하나님의 정죄 아래 있다는 깨달음도 있을 수가 없다는 것이다. 그러나, 기억할 것은 그리스도인의 체험에는 분명한 주의를 기울일 대상이 아닌 것들도 많다는 사실이다. 그러므로 하나님의 진노에 대한 생생한 느낌이 없이도, 또는 하나님이 죄에 대하여 경계하신 그 모든 선언이 자기에게 정당하게 가해졌다는 분명한 감각이 없이도, 사망에서 생명으로 옮겨지는 경우가 얼마든지 있을 수 있는 것이다.

그리스도 안에 나타난 하나님의 사랑이 온통 주의를 빼앗아가며 마음을 움직이는 경우도 있고, 또한 그 때에 복음을 그저 호의적으로 생각하여 인정하는 정도의 의식밖에는 없고 하나님을 섬기며 사는 것을 목적으로 삼고 열심을 가지는 정도의 체험이 있을 수도 있다. 그러나 그런 사람들의 경우에도, 죄의 문제에 주의를 기울이는 순간 죄의 형벌에 대해 완전히 인정하며 또한 구원이 은혜의 문제라는 것을 기꺼이 받아들이며 또한 그들이 만일 죄 가운데 그냥 버려둠을 당하여 멸망한다 하더라도 그들로서는 불평할 권리가 전혀 없다는 것도 기꺼이 인정하는 것이다. 그러므로 이 문제에 대한 하나님의 백성들의 경험은 아주 다양하다. 그러나 하나님의 요구와 그의 경계에 대하여 하나님의 공의하심을 모두 인정하며 또한 자기들 자신에 대해서도 하나님이 베푸시는 그러한 은혜와 사랑을 도무지 받을 자격이 없다는 것을 인정하는 것이다.

제2절 인간의 의와 능력으로는 충족하지 못함

죄에 대한 진정한 깨달음의 또 한 가지 필수적인 특징은, 우리 자신의 선행으로는 우리를 하나님께 합하도록 만드는 데도 또는 하나님께서 우리를 받으실 만한 근거로도 전적으로 부족하다는 사실을 알고 인정하는 것이다. 사람이 그리스도를 믿는 믿음으로 값없이 의롭다 하심을 받는 것이요 행위에서 난 것이 아니니 이는 누구든지 자랑치 못하게 함이라고 성경이 선언하고 있으므로(엡 2:8, 9), 우리의 경험도 이 선언과 반드시 일치하여야 한다. 하나님의 거룩하심에 대해서나 그의 율법의 범위에 대해서나 또한 우리 자신의 무가치함에 대해서도 올바른 사고를 가져서, 우리 자신의 행위로는 하나님의 용서나 용납을 도저히 받을 수가 없다는 것을 완전히 인식하도록 되어야 하는 것이다.

우리가 우리 자신의 의를 신뢰하지 않는다고 고백하는 일은 어렵지 않다. 그러나 탁월하다고 여겨지는 모든 우리의 능력을 실질적으로 포기하고 거기에 의존하던 것을 끊어내는 일은 아주 힘든 일이다. 사람이 죄책을 느끼고 위험을 깨달을 때에 처음에는 거의 언제나 복음에 제시되어 있는 피난처가 아닌 다른 어떤 곳으로 도피하고 싶은 충동이 일어난다. 양심의 소리를 가라앉히는 가장 자연스런 방법은 자신을 개혁하겠다고 약속하는 것이다. 그리하여 이런저런 죄들을 버리고 온갖 죄들을 대항하는 씨름이 있게 된다. 이런 갈등은 대개 아주 길고 또 고통스럽다.

그러나 항상 성공을 거두지 못하고 실패하고 만다. 죄가 이런저런 형식으로 항상 자기를 장악한다는 것을 이내 깨닫게 되고, 그렇게 되면 천국에 합당한 사람이 되려면 더 많은 노력을 기울여야 하겠다고 느끼게 된다. 그리하여 그 목적을 위하여 필요한 모든 것을 다 행하고 그 목적에 굴복할 차비를 갖추는 것이다. 그처럼 옷을 입혀서 의(義)로 보이도록 만드는 행위가 구체적으로 어떠한 형식을 취하느냐 하는 것은 그 사람이 가진 지식의 정도에 따라서, 또는 그 사람이 받은 신앙적 훈련의 종류에 따라서 달라진다.

복음에 대해 굉장히 무지할 때에는 자기의 지은 죄를 갚기 위해서 사제의 권위로 부과했든 스스로 부과했든 고통스러운 고행을 자행한다. 양심의 찔림을 받은 사람은 하나님의 요구들을 만족시키기 위해서는 수단과 방법을 가리지 않고 극단적인 자기 부인을 실행한다는 것을 우리는 경험으로 잘 알고 있다. 만일 천국이 정말 그런 수단들을 통해서 얻어지는 것이라면, 젊은이나 늙은이나, 부자나 가난한 자나, 학식 있는 자나 무식한 자나 전부 천국 가는 길을 가득 메울 것이며, 힌두교의 그 무자비한 절에 줄지어 있는 많은 사람들처럼, 또는 아라비아 사막의 뜨거운 모래 위에서 쓰러지는 그 무수한 사람들처럼, 도저히 셀 수 없을 만큼 많은 사람들이 기꺼이 그 길을 갈 것이다. 이것이야말로 인간의 지극히 교활함에서 나온 모든 구원의 방법들 가운데서 가장 손쉽고 가장 즐거우며, 가장 마음에 와 닿는 방법이기 때문이다.

그러므로 이것을 복음의 가르침으로 가르치는 사람들이 많은 사람들을 끄는 것도 전혀 무리가 아니다. 현재 고통을 받음으로써 천국 가는 표를 살 수 있다면, 그리고 지금 고통을 받음으로써 과거에 지은 잘못들을 갚을 수가 있다면, 사람들은 너도나도 앞다투어 그 고통을 받으려 할 것이다. 이 것은 인간의 마음에 꼭 들어 맞기 때문에, 지식이 있고 스스로 정신적으로 자립하고 있다는 교만에 빠져 있는 사람은 무식한 사람들보다도 더 쉽게 이 그물에 잘 걸려 들게 된다. 그러므로 일반 평민들은 물론 정치가나 철 학자들도 그들이 믿는 종교의 스승들이 명하는 대로 베옷을 입기도 하고 맨발로 걸어다니기도 하는 것을 보게 되는 것이다.

그러나 성경을 얼마든지 접할 수 있는 개신교 국가들에서는 스스로 의 롭다는 정신이 그런 식으로까지 현저하게 드러나는 경우가 아주 드물다. 구원의 방식에 대해서 성경이 너무나도 분명하게 가르치고 있기 때문에 그저 외형적인 도덕적인 행위나 절제의 행위로는 하나님 앞에서 우리의 의를 내세울 수가 없다는 것 정도는 거의 누구나 다 알고 있다. 그러므로 그들에게는 그보다 더 세련된 옷을, 그보다 훨씬 가치 있는 의무들로 짜여 진 옷을 입지 않으면 안 된다는 생각이 지배적이다. 그리하여 기도를 더 열심히 하고 하나님의 집에 더 자주 나가며, 일상적인 종교적 의무들을 열 심을 다하여 시행한다. 그렇게 하면 하나님의 요구를 만족시킬 수 있고 그 리하여 하나님의 호의를 얻을 수 있다는 생각에서 그렇게 하는 것이다.

그리고 수많은 사람들이 이런 일상적인 의무들을 이행하는 것으로 만족 한다. 하나님의 성품과 그의 요구에 대하여, 죄의 악함에 대하여, 그들 자 신이 죄로 인하여 형벌을 받을 처지에 있다는 것에 대하여, 너무도 낮은 판단을 하고 있기 때문에, 그런 방법으로도 얼마든지 그들의 양심으로 느 끼는 상처들을 치유할 수 있다고 여기는 것이다. 그들이 보기에는 자기들 이 행하는 사회적 종교적 의무들이 신앙인의 성품을 갖게 해 주는 것으로 여겨지며, 그리하여 거기에 만족하는 것이다.

바울도 과거에 그랬었다. 그는 율법의 의에 관해서는 스스로 흠이 없다 고 생각했다. 그러나 그렇게 철저하게 도덕적 의무와 종교적 준수 사항을 지켰지만, 하나님의 요구를 만족시키는 데에는 그 모든 것이 전혀 쓸모가 없다는 것을 후에 발견한 것이다. 복음에 제시된 구원을 받아들이게 되는 사람들은 누구나 자기 죄가 용서 받고 자기가 하나님 앞에서 인정함을 받는 것이 자기가 행한 무슨 일로나 자기가 금하여 하지 않은 무슨 일로 되는 것이 아니라는 것을 분명히 느끼게 된다. 아니, 사람들이 자기들이 행했다고 여기는 그 선행들이 너무나 순전하지 못하기 때문에 그것 자체가 정죄의 근거가 된다는 것을 깨닫는 것이다.

냉랭하고 이리저리 방황하며 이기적이고 경건하지 못한 기도들은 과연 하나님을 향하여 잘못을 저지르는 것이 아니면 무엇이겠는가? 겉으로는 하나님을 섬기려고 애쓰는 체하지만, 실질적으로는 하나님의 거룩하심을 조롱하는 것밖에 아무것도 아니지 않은가? 마음에도 없이 이런저런 의무들을 습관적으로 실행한다면, 그래서 우리 스스로 보기에도 아주 불성실해 보이게끔 종교적 행위들을 이행하고 있다면, 하늘이라도 그 앞에서는 불결할 수밖에 없는 그분이 보시기에는 과연 어떠하겠는가? 과연 어떻게 해야 그런 인간의 행위들이 하나님의 현재의 요구들을 만족시키고 지나간 세월 동안 하나님을 무시하고 저지른 죄들을 갚도록 되겠는가?

그러나 사람이 자기 자신의 마음의 상태나 하나님의 법의 진정한 성격에 대해서 조금만 안목을 갖고 생각해 보면, 죄인이 아무리 종교적인 의무를 지키고 준수 사항들을 이행한다 해도 그런 의보다 더 나은 의가 그에게 필요하다는 것이 수긍이 될 것이다.

그러므로 진리를 깨달은 죄인은 이러한 모래와도 같은 헛된 기초에서 곧바로 벗어나게 된다. 그러나 그는 다시 자기 생각에 십자가에 좀더 가깝고 또한 그보다 훨씬 더한 자기 부인을 요하는 것 같은 또다른 피난처를 찾는다. 자기 스스로 의를 세우겠다는 생각은 이제 하지 않는다. 그러나 그러면서도 여전히 자기 자신이 하나님의 의를 받을 만한 가치가 있었으면 하고 바라는 것이다. 자기의 죄책의 빚을 취소시킬 수가 없다는 것도, 아무리 최선을 다해서 봉사해도 하나님이 받으시기에는 아무런 가치가 없다는 것도, 그 주변의 모든 상황 속에서 하루도 하나님의 율법의 의로운 요구를 완전히 이루며 살 수가 없다는 것도 잘 알며, 따라서 구원이 은혜에 속한다는 것도 확실히 알고 있다.

그러나 여전히 어떤 식으로든 그 은혜를 받을 자격을 갖추어야 한다고 생각하며, 혹은 최소한 어떤 것을 지키거나 아니면 어떤 경험을 하거나 해서 스스로 자격을 어느 정도 갖추어야 한다고 생각하는 것이다. 그래서 그 사람은 이렇게 상상한다. 즉, 좀더 마음으로 괴로워 하고, 좀더 자신을 낮추고, 좀더 슬퍼하고 후회하면, 하나님이 자기를 어여삐 여기시지 않을까 생각하는 것이다. 자기 자신의 오랜 불순종과 배은망덕의 여정과, 그리스도를 거부한 것과, 하나님의 긍휼과 경고들을 무시한 것과, 행해서 지은 죄와 행하지 않아서 지은 죄들이 용서함 받으려면, 반드시 값없이 용서함 받아야 한다는 것을 알고 있다. 그러나 동시에 굳은 마음을 없애야 하고, 회개의 마음과 온유한 마음이 없는 상태를 먼저 해결해야만 다른 죄들이 용서함 받을 수 있다고 생각하는 것이다.

그러나 그것은 그 기나긴 죄의 목록 가운데 하나일 뿐이다. 마음이나 생활로 지은 다른 죄들과 마찬가지로 그것 역시 그리스도께로 나아가기 전에는 따로 떼어서 극복하거나 속함을 받을 수가 없는 것이다. 대개의 경우 오랜 시일이 지나야 비로소 영혼이 이 사실을 깨달으며, 그것은 마치 의원에게 가기 전에 먼저 몸을 좀 낫게 하려고 애를 쓰는 것과도 같고, 구속자에게 전적으로 의지하지 않고 구원의 일부분이나마 자기 자신의 힘으로 준비하려는 태도라는 것을 느끼게 된다. 그러나 결국 그 영혼은 자기의 실수를 발견하게 된다. 그리스도께서는 죄인의 온유함이나 깨달음 때문에 그들을 구원하시는 것이 아니라는 것을 알게 된다. 금식이나 구제가 구원의 조건으로서 아무런 소용이 없듯이 눈물도 마찬가지라는 것을 깨닫게 된다.

그리스도께서는 전혀 무가치한 사람들과 마음이 굳은 자들과 불경건한 자들과 스스로 추천할 만한 아무런 조건도 없는 자들을 구원하시며, 그들을 변화시켜서 회개하는 자들로 만드시고 온유한 마음을 지닌 자들로 만드시며 순종하는 자들로 만드신다는 것을 깨닫게 되는 것이다. 이런 은혜는 전적으로 그리스도의 선물이다. 그러므로 그 은혜들을 우리 스스로 획득할 때까지 기다렸다가 그것이 얻어지면 그 때에 그리스도께로 나아가겠다는 생각을 그대로 고수한다면, 우리는 우리의 죄 가운데서 멸망하고 마는 것이다. 이처럼 전적으로 자기를 버리며, 하나님의 인정을 받는 근거나 이유가 되는 모든 것들을 완전히 다 버려야만 비로소 영혼이 복음이 제시하는 구원을 받아들이게 되는 것이다.

이미 말씀한 바와 같이, 우리 자신의 연약함에 대한 의식이야말로 진정한 깨달음의 필수적인 요소이거나 진정한 깨달음의 결과이다. 우리 자신의 의를 포기하는 것은 물론 우리 자신의 힘과 능력까지도 포기하는 것이다. 다른 문제에서도 그렇지만, 여기서 필요한 것은 진리인 것을 우리가 진리로 느껴야 한다는 것이다. 죄인이 마음을 바꾸고 죄들을 억제하며 마음 속에 모든 올바른 감정들을 북돋을 수 있다는 것이 성경의 가르침이라면, 이 진리를 머리 속의 사색을 통해서만 아는 것이 아니라 실질적인 의식으로 알아야만 진정한 신앙적 체험이 있다고 말할 수 있다.

그러나 만일, 이런 마음의 변화가 성령의 역사하심이라는 것과 우리가 사람의 뜻대로가 아니라 하나님의 뜻대로 났다는 것과 믿는 자들 속에 하나님의 능력이 정말로 강하게 역사하여 그들을 그리스도 예수 안에서 새롭게 창조함으로써 그들이 이제 선한 일을 위해 지으심을 받은 하나님의 일꾼들이 되도록 한다는 것이 성경의 가르침이라면, 만일 내적으로 구원을 이루어가는 일이 사람의 힘이나 능으로가 아니라 주의 성령으로 말미암아 되는 일이라는 선언이 성경의 처음부터 마지막까지 나타나는 가르침이라면, 이것이야말로 우리가 마음으로 수긍하고 받아들여야 할 계시의 위대한 진리들 가운데 하나인 것이다. 우리의 경험이 이 계시의 내용과 반드시 일치해야 한다. 그리고 하나님께서 보편적인 진리로 선포하신 그것을 과연 우리 자신의 경우에도 그대로 사실로서 느껴야 하는 것이다.

사람이 스스로 죄인이라는 것과 그의 마음이 하나님 보시기에 전혀 올바르지 않다는 것을 깨닫게 되면, 자연히 자신의 힘으로 어떤 변화를 일으키고자 하는 방향으로 움직이게 된다. 그리하여 자기의 행위를 죄에 대한 보상으로 제시하든지 하나님께 신뢰를 심어주는 근거로 제시하든지 해서 자기 자신을 율법의 표준에까지 높이려는 방향으로 나아가는 것이다. 그러므로 그는 죄의 힘을 억제하고 마음 속에 신앙적 감정을 북돋는 데 모든 노력을 기울이게 된다. 교만을 죽이려고 애쓰며, 육체의 영향을 억제하려고 노력하며 세상을 멀리하려고 애를 쓰게 된다. 죄악된 세상적 관계들을 다 포기하며 악을 대항하는 목적을 강하게 하며, 스스로 자기 부인을 실천하는 것이다. 그리고 동시에 억지로라도 올바른 마음의 상태를 가지려고 애를 쓴다. 믿으려고 애쓰고, 회개하고 사랑하며, 온유와 겸손과 형제 사랑과 구제 등 모든 그리스도인의 덕목을 실천하려고 애를 쓴다.

한 마디로, 자기 자신을 신앙적인 사람으로 만들려고 애쓴다는 것이다. 자기 자신의 힘으로, 자기 자신을 구원하기 위해서 할 수 있는 모든 노력을 다 기울이는 것이다. 어떤 경우는 이런 식의 삶이 생애 마지막까지 계속되기도 한다. 또 어떤 경우는 몇 년 동안 계속되다가 그 모든 것이 헛되다는 것을 비로소 깨닫게 되기도 한다. 존 웨슬리(John Wesley)는 자기도 미국을 방문하는 길에 모라비안들(Moravians)과 만나 교제하기 전에는 그런 식의 신앙을 가졌노라고 말하고 있다. 이것은 금욕주의자들의 신앙으로서, 양심이 압박을 받는 가운데, 혹은 영벌에 대한 두려움으로 철저하게 그리고 끊임 없이 인내하고 참는 것이다. 거의 모든 사람이 이런 신앙을 거친다. 할 수만 있으면 자기 스스로 자기 자신의 구주가 되는 것이다.

그러나, 하나님께로부터 가르침을 받는 자들은 이것이 정말로 소망 없는 것이라는 것을 발견하게 된다. 마음의 교묘한 악이란 그런 식의 노력으로 억제되는 것이 아니다. 억지로 죄의 기쁨들을 삼가려고 애써도, 금지된 즐거움을 누리고 싶은 정욕은 없앨 수가 없다. 교만을 채우기를 거부한다 해도, 교만한 마음의 욕구를 막을 수는 없다. 세상적인 것들을 추구하기를 그만 둔다고 해도 세상을 향한 사랑은 여전히 그대로 남아 있다. 종교적 의무들을 이행하려고 안간 힘을 다 써도 그 의무가 즐거움이 되게 만들 수는 없다. 억지로 하나님을 생각하도록 노력한다고 해도, 그를 사랑하고 그와의 교제를 사모하고 그를 섬기는 데서 기쁨을 느끼며 그의 모든 요구들 가운데서 즐거움을 누리게 만들 수는 없는 것이다.

이처럼 고통스럽고 효과도 없는 씨름 때문에, 죄를 억제하고 그리스도인의 덕을 불러일으키려는 이 헛된 시도들 때문에 일어나는 비참한 결과는 도저히 말로 다할 수가 없다. 그것 이외에 다른 것들로 그것들을 대체할 수만 있다면, 기도를 많이 하거나 극심한 고통을 당하는 것으로 대신할 수만 있다면, 아마 기꺼이 그렇게 하려 할 것이다.

그러나 마음을 변화시키고, 하나님을 기뻐하며, 진정으로 신령하고 거룩한 삶을 사는 일은 죄인으로서는 도저히 한계를 벗어난 불가능한 일이다. 그런데도 그 일은 절대적으로 필요한 일이다. 그러나 실패를 거듭 하는데도 망상이 깨어지지 않는다. 그것이 그의 할 일이요 반드시 그 일을 해야 하고 그렇지 않으면 버림을 받는다는 생각을 여전히 갖고 있는 것이다. 그리하여 계속해서 싸운다. 전력을 다하여 씨름을 한다. 그러다가 갑자기 자기의 힘이 너무나 약하다는 것을 발견하게 된다. 자신이 새로워지고 거룩하게 된다면, 그것은 정말 하나님이 하신 일이라는 것을 깨닫게 되고, 그리하여 깊은 괴로움 가운데서 하나님께 부르짖게 된다: "주여 나를 구원하소서. 제가 망하게 되었나이다." 이제 자기 자신의 힘에 의지하는 노력은 다 포기한다.

그리고 전에는 어째서 깨닫지 못했는지 정말 의아해 하면서, 그리스도인의 덕목들은 정말 은혜라는 것, 즉 선물이라는 것을 밝히 깨닫게 된다. 그것들은 우리들 스스로 실행하여야 할 것들이 아니라 그리스도를 통하여 그리스도를 위하여 우리에게 베풀어진 사랑의 결실들이라는 것을, 마음을 변화시키고 죄와 의와 심판을 깨닫게 하시는 것은 바로 그리스도께서 값 주고 사시고 보내신 그의 성령이시라는 것을, 믿음과 회개와 희락과 평강과 겸손과 온유는 우리 자신의 악한 마음이 만들어내는 것이 아니라 성령의 열매들이라는 것을, 우리 스스로 거룩하게 만들 수 있다면 구주가 필요 없을 것이라는 것을, 또한 거룩을 하나님과의 화목의 결과로 생각하지 않고 그리스도를 통하여 하나님께로 나아가기에 앞서서 먼저 우리 자신을 거룩하게 만들어야 한다고 생각하는 것이야말로 모든 착각 중에서 가장 엄청난 착각이라는 것을 밝히 깨닫게 되는 것이다.

율법 아래 있는 동안에는 우리는 사망에 이르는 열매밖에는 맺을 수가 없다. 오직 율법에서 자유함을 얻고 독생자 그리스도의 죽으심으로 말미암아 하나님과 화목되어야만 비로소 의에 이르는 열매를 맺게 되는 것이다. 성경의 각 페이지마다 다 기록되어 있는 이 위대한 진리를 각자 스스로 배워야 하는 것이다. 성경에서 그런 말씀을 읽는다거나 다른 사람에게서 듣는다고 해서 깨닫게 되는 것이 아니다. 자기의 힘으로 아무리 애를 써도 결국 아무것도 찾을 수가 없다. 하나님께 굴복하고 예수의 발 앞에 엎드려서 "주여 원하시면 저를 깨끗게 하실 수 있나이다"(마 8:2)라고 절박하게 부르짖고, 하나님의 은혜로 말미암아 구원함을 받아야만 비로소 그것을 깨닫게 되는 것이다.

그러므로, 성령께서 죄의 깨달음을 얻게 해 주시고, 그 사람으로 하여금 그 문제에 대해 하나님께서 계시하신 모든 것을 이해하고 믿도록 만들어 주시는 것이다. 하나님께서 모든 사람들에게 그렇게 선언하셨다면 그 자신도 거기에 그대로 해당된다고 느끼도록 만들어 주신다. 하나님이 모든 사람이 받아 마땅하다고 선언하신 그것을 자신도 받아 마땅하다고 느끼게 해 주신다. 자신은 하나님께 아무것도 자랑할 공적이 없고 또한 자신의 마음을 변화시킬 아무런 힘도 없다는 것을 철저하게 깨닫게 해 주시는 것이다. 성령께서는 이러한 지식을 율법을 통해서 전달해 주신다. 율법은 완전한 의무의 규칙을 제시함으로써 우리가 하나님의 영광에서 얼마나 모자라는지, 그리고 우리에게 부과된 그 형벌이 얼마나 정당한지를 보게 해 준다. 율법은 인간으로서 그 의로운 요구를 이룬다는 것은 전적으로 불가능하며 따라서 거룩하고 의롭고 선한 것을 외적으로 행하는 것만으로는 절대로 마음을 변화시키거나 우리 속에 내재하는 죄의 권세를 무너뜨릴 수가 없다는 것을 수긍하게 해 준다. 율법의 이러한 탁월함을 보면서도 우리는 그것을 온전히 따르지 못하며, 우리 지체 속에 한 법이 있어서 우리의 마음의 법과 늘 싸우므로 우리가 원하는 일을 하지 못하고 오히려 죄의 법에 항상 눌리게 되는 것이다. 이렇게 해서 율법은 몽학 선생이 되어 우리를 그리스도께로 인도하며, 우리 자신의 의와 우리 자신의 힘에 도피하는 데서 벗어나서 하나님께로서 와서 믿는 자들에게 칭의와 성화가 되시는 그분께로 나아가도록 이끌어 주는 것이다.

제 5 장

칭의(稱義: 의롭다 하심)

제1절 칭의의 중요성. 이에 대한 성경의 용어들에 대한 설명. 칭의는 행위로 말미암는 것이 아님

앞 장에서 묘사한 그런 마음의 상태는 오래 지속될 수가 없다. 무언가 양심의 요구들을 만족시키는 길을 찾아야만 한다. 하나님의 진리에 대해 마음이 눈을 떠서 죄책의 대한 감정이 정당하게 생겨나면, 반드시 '어떻게 하면 사람이 하나님과 바른 관계가 될 수 있을까?' 라는 의문이 강하게 일어나는 법이다. 이 질문에 대해 주어지는 대답 여하에 따라서 우리의 신앙의 성격이 결정되며, 그리고 그것을 실천적으로 적용시키면, 미래의 운명까지도 그 대답에 의해서 결정된다. 그러므로 이에 대해 그릇된 대답을 하게 되면, 그것은 천국으로 가는 길을 잘못 들어서는 것이 된다. 그런 실수는 정말 치명적인 실수가 아닐 수 없다. 왜냐하면 그런 실수는 교정시킬 수 있는 것이 아니기 때문이다.

하나님이 이런 것을 요구하시는데 우리가 다른 것을 내어 놓는다면, 과연 우리가 어떻게 구원받을 수 있겠는가? 하나님이 하나님 자신도 의로우실 수 있고 동시에 죄인도 의롭다고 인정하실 수 있는 그런 방법을 계시하셨는데 우리가 그 방법을 거부하고 우리 멋대로 다른 방법을 추구하기를 고집한다면, 과연 우리가 어떻게 하나님께 영접을 받을 소망을 가질 수 있겠는가? 그러므로 신앙을 가르치는 교사의 직분을 가진 사람은 물론 그들의 가르침을 받는 사람들까지도 모두 위에서 제시한 이 질문에 대한 답변에 대해서 깊이 진지하게 생각해야 마땅한 것이다. 일반 법정에서 하듯 대리인을 내세워서 심판을 받을 수가 없고 모두 각자 자기가 직접 하나님 앞에 서야 하기 때문에, 이 문제에 대해서 성경이 가르치는 바를 본인 스스로 분명히 깨닫지 않으면 안되는 것이다.

신앙을 가르치는 교사들이 할 수 있는 일은 생명의 길에 대해서 배우기를 갈망하고 열심을 내는 사람들에게 그것을 탐구하도록 도움을 주고자 노력하는 것이 전부다. 그리고 이런 가운데 가장 안전한 방법은 철저하게 성경의 교훈을 붙잡고 성경이 제시하는 대로 문제들을 그대로 드러내 보이는 것이다. 이처럼 지극히 중요한 교리는 그 본질과 형식이 서로 아주 긴밀하게 연관되어 있기 때문에, 그 둘을 서로 떼어 놓으려고 애쓰는 자들은 거의 예외 없이 잘못에 빠지고 말 것이다.

어떤 사람은 그저 형식일 뿐이라고 생각하여 무시하는 데, 또 어떤 사람은 그것을 본질에 속하는 것으로 본다. 그러므로 이런 방법을 취하면 그 순간부터 모든 확실성과 안정이 사라지게 되고, 그것은 오로지 옳고 그름에 대한 우리의 견해에 따라서 결정되는 문제가 되어 버리고, 우리는 우리의 견해에 따라서 성경의 가르침들 가운데 어떤 것들은 그대로 믿고, 어떤 것들을 거부해 버리는 오류를 범하게 되는 것이다. 그러므로 가장 안전한 길은 성경의 언어를 그 분명한 의미대로 취하고, 그 말씀을 받은 사람들이 이해했을 그런 의미로, 또한 결국 성경 기자들이 의도했을 그런 의미로 성경을 이해하는 것이다.

칭의(稱義: 의롭다 하심)의 교리는 성경에서 아주 자주 진술될 뿐 아니라 형식적으로도 가르쳐지고 증명되고 있는 교리이므로, 본 장에서는 성경 기자들이 이 문제에 대해서 가르치는 사실들을 가능한 한 성실하게 제시하는 데 주안점을 두고자 한다. 즉, 성경 기자들이 어떠한 입장을 전제로 하며 그런 입장을 뒷받침하기 위해서 어떤 논지를 전개하며, 그 가르침에 대한 반대 의견들을 어떻게 반박하며 또한 독자들의 마음과 양심에 그 가르침을 어떻게 적용시키는지를 살펴보자는 것이다.

성경의 가장 주된 교리로서 그 교리에 대한 직접적인 진술이나 혹은 그 교리를 전제로 하는 진술이 성경 도처에서 나타나는 것 가운데 하나는 바로 우리가 하나님의 법 아래 있다는 것이다. 하나님의 계시를 받았든 받지 못했든 계급이나 귀천에 상관 없이 모든 사람들이 그런 상태에 있다. 하나님이 의무의 규칙으로 계시하신 모든 것이 율법의 근본 강령 속에 포함되며, 그리하여 그 율법은 그 계시를 받는 모든 자들에게 규범성을 지니게 되고, 궁극적으로 그들은 그 율법에 의해서 심판을 받게 되어 있는 것이다. 하나님의 뜻에 대하여 어떤 외형적인 계시를 전혀 받지 않은 자들은 그들 스스로가 그들 자신에게 법이 된다. 옳고 그름에 대한 지식이 그들의 마음에 기록되어 있어서 그것이 하나의 신적인 법의 성격을 띠며 그것이 신적인 법의 권위와 제재를 지니는데, 이방인들은 마지막 날에 그것에 의해서 심판을 받게 되는 것이다.

하나님은 그의 율법에 복종하는 자에게 생명에 대한 약속을 덧붙이는 것이 합당하다고 여기셨다. "율법으로 말미암는 의를 행하는 사람은 그 의로 살리라"(롬 10:5)는 것이 이 문제에 대한 성경의 표현이다. 하나님을 사랑하고 또한 사람을 사랑하라는 것이 율법이 요구하는 것이라는 것을 시인하는 한 율법사에게 우리 주님은, "네 대답이 옳도다. 이를 행하라 그러면 살리라"(눅 10:28)라고 하셨다. 그리고 "주여 내가 무슨 선한 일을 하여야 영생을 얻으리이까?"라는 어떤 사람의 질문에 주님은 "네가 생명에 들어가려면 계명들을 지키라"고 대답하셨다(마 19:16-17). 그리고 율법은 그것을 어기면 죽음이 있다는 것을 선언한다: "죄의 삯은 사망이니라"(롬 6:23). 이것이 이 문제에 대해 성경이 제시하는 한결 같은 선언이다.

율법이 요구하는 그 순종을 가리켜 의(義)라고 부른다. 그리고 그렇게 순종하는 자들을 가리켜 의롭다고 한다. 어떤 사람에게 의를 인정하거나 그를 의롭다고 선언하는 것을 가리켜서 성경은 "의롭다 하다"라는 단어로 표현하는 것이다. 이 단어는 절대로 어떤 사람을 도덕적인 의미에서 선하게 만든다는 뜻이 아니다. 언제나 의롭다고 혹은 정의롭다고 선언한다는 뜻을 지니는 것이다. 그러므로 하나님은 "나는 악인을 의롭다 하지 아니하겠노라"라고 말씀하신다(출 23:7). 재판장은 사람들을 재판하여 의인은 의롭다 하고 악인은 정죄하도록 명령을 받고 있다(신 25:1). 뇌물을 인하여 악인을 의롭다 하고 의인에게서 의를 빼앗는 자에게는 화를 선언한다(사 5:23). 그리고 신약 성경에서는 이렇게 말씀한다: "율법의 행위로 그의 앞에 의롭다 하심을 얻을 육체가 없나니"(롬 3:20): "의롭다 하신 이는 하나님이시니 누가 정죄하리요?"(롬 8:33, 34). 아마도 이 단어처럼 그 의미가 분명한 단어는 성경에 거의 없을 것이다. 신약 성경에서 이 단어가 일상적인 분명한 의미가 아닌 다른 의미로 사용되고 있는 구절은 하나도 없다. (계시록 22:11도 이 점에서 예외라 할 수 없다. 그 구절의 본문이 불확실하기 때문이다.)

하나님이 사람을 의롭다 하신다는 것은 그를 의로운 자로 선언하신다는 의미이다. 의롭다 하신다는 것은 절대로 사람을 실제로 거룩하게 만든다는 의미가 아니다. 악인을 의롭다 하는 것은 죄라고 말씀하지만, 악인을 거룩하게 만드는 것은 절대로 죄라 할 수 없지 않은가? 율법이 의를 요구하므로, 어떤 사람에게 의를 부여하거나 의를 인정하는 것을 성경에서는 '의롭다 하다'로 표현하는 것이다. 또한 동일한 의미로 의롭게 한다는 표현도 쓰인다. 그러므로 하나님 앞에서 의롭다는 것이나 의롭다 하심을 받는다는 것이나 같은 의미인 것이다. 이런 사실은 다음의 구절에서 잘 드러난다: "하나님 앞에서는 율법을 듣는 자가 의인(의로운 자)이 아니요 오직 율법을 행하는 자라야 의롭다 하심을 얻으리니"(롬 2:13).

성경을 주의깊게 읽는 사람은 특히 아주 간절한 자세를 가진 독자라면, 하나님 보시기에 의롭다거나, 의를 전가(轉嫁)한다거나, 의를 이룬다거나, 의롭다 한다거나 하는 등의 비슷한 의미를 가진 여러 가지 표현들이 서로 혼용되어 서로를 설명해 주고 있기 때문에 어떤 사람을 의롭다 한다는 것은 곧 그 사람에게 의를 전가하거나 의를 인정한다는 의미라는 분명한 사실을 간파하지 못할 수가 없을 것이다. 그러면 중요한 질문은, 곧 어떻게 하면 이 의를 얻을 수가 있는가? 하는 것이다. 그런데, 성경이 이 질문에 대해 정말 너무도 분명한 해답을 제시해 준다는 사실에 대해서 우리는 충심으로 감사해야 옳을 것이다.

첫째로, 우리가 하나님 앞에서 의롭다 하심을 받게 해 주는 그 의가 행위로 얻어지는 것이 아니라는 사실을 성경이 인정할 뿐 아니라, 증명까지 해 주고 있다는 사실이다. 이 문제에 대한 사도의 첫번째 논지는 율법이 완전한 의를 요구한다는 사실을 근거로 한다. 만일 율법이 불완전한 순종으로나 일상적으로 행하는 외형적인 의무들로나 사람들이 능히 할 수 있는 어떤 봉사로 만족된다면, 의롭다 하심은 과연 행위로도 얻을 수가 있을 것이다. 그러나 율법이 완전한 순종을 요구하기 때문에, 죄인으로서 그 행위로 의롭다 하심을 얻는다는 것은 절대로 불가능한 일이다. 그러므로 사도는 이렇게 논리를 전개하고 있다: "무릇 율법의 행위에 속한 자들은 저주 아래 있나니 기록된 바 누구든지 율법 책에 기록된 대로 온갖 일을 항상 행하지 아니하는 자는 저주 아래 있는 자라 하였음이라"(갈 3:10).

사람이 율법의 명하는 모든 내용을 끊임없이 다 이행하지 않으면 율법의 저주를 받게 되어 있는데 어느 누구도 그런 완전한 순종을 할 수가 없기 때문에, 결국 율법을 바라보고 그것을 통해서 의롭다 하심을 얻고자 하는 자들은 모두 정죄를 받을 수밖에 없는 것이다. 사도는 계속해서 그 다음 절에서도 "율법은 믿음에서 난 것이 아니라 이를 행하는 자는 그 가운데서 살리라"(갈 3:12)라고 말씀한다. 즉, 율법은 불완전한 순종으로는 절대로 만족되지 않는다는 것이다. 그 요구를 완전하게 충족시키는 것 이외에 의롭다 할 근거가 달리 없다는 사실을 율법이 잘 알고 있는 것이다. 그러므로, 같은 장에서 바울은 이렇게 말씀한다: "만일 능히 살게 하는 율법을 주셨더면 의가 반드시 율법으로 말미암았으리라"(갈 3:21). 율법의 계명들을 깨뜨린 자들에게 율법이 의를 선포하고 그리하여 약속된 생명을 줄 수 있었다면, 인간을 구원할 다른 방도가 달리 필요하지 않았을 것이다.

그러나 율법이 그런 식으로 그 요구 사항을 낮출 수가 없기 때문에 율법으로 말미암아 의롭다 함을 얻는다는 것은 불가능한 일이다. 또한 동일한 진리를 표현을 약간 달리하여 "만일 의롭게 되는 것이 율법으로 말미암으면 그리스도께서 헛되이 죽으셨느니라"(갈 2:21)라고 말씀한다. 우리가 드릴 수 있는 불완전한 순종으로도 율법을 만족시킬 수 있었다면, 그리스도의 죽음이 구태여 필요 없었을 것이라는 뜻이다. 그러므로 바울은 행위를 근거로 의롭다 함을 얻으려는 모든 사람들에게 그들은 "율법 전체를 행할 의무를 가진 자"라고 경계하는 것이다(갈 5:3). 율법은 타협을 모른다. 올바른 것 이하를 요구할 수가 없다. 그런데 완전한 순종만이 올바르기 때문에 율법이 할 수 있는 유일한 말은, "누구든지 율법 책에 기록된 대로 온갖 일을 항상 행하지 아니하는 자는 저주 아래 있는 자"(갈 3:10)라는 것과 또한 "율법으로 말미암는 의를 행하는 사람은 그 의로 살리라"(롬 10:5)는 것 뿐이다.

그러므로 행위로 말미암아 의롭다 함을 얻기를 기대하는 사람이 있다면, 자기가 남보다 낫다는 것이나 자기가 매우 정확해서 많은 일들을 행한다는 것이나 일 주일에 두 차례씩 금식한다거나 모든 소유의 십일조를 드린다는 것을 생각하지 말고, 자기가 과연 무죄(無罪)한가 하는 것을 생각해야 하는 것이다.

하나님의 율법의 요구들이 이렇게 엄격하다는 사실이야말로 의롭다 함을 얻는 방법과 관련한 사도 바울의 모든 논지의 근저(近低)에 자리잡고 있는 진리인 것이다. 그는 이방인들이 그들의 마음에 기록된 율법에 대해 죄를 지었고 또한 유대인들도 성경에 계시된 율법을 어겼으며 따라서 유대인이나 이방인이나 모두 죄 아래 있으며 따라서 온 세상이 다 하나님 앞에서 죄된 상태에 있다고 하며, 그러므로 결국 율법의 행위로는 하나님 앞에서 의롭다 함을 얻을 육체가 없다는 사실을 증명하는 것이다. 그러나, 율법이 완전한 순종을 요구한다는 것을 전제하지 않고서는 이런 바울의 논증이 도무지 힘을 지닐 수가 없는 것이다. 자기가 죄인이라고 스스로 인정하면서도 자기들의 행위에 의지해서 하나님께 영접을 받으려는 사람들이 얼마나 많은가!

죄를 인정하는 것과 행위로 의롭다 함을 얻기를 기대하는 것 사이의 모순을 그들은 전혀 보지 못하는 것이다. 그 이유는 그들이 근거하는 원리가 사도 바울이 근거를 두는 원리와 전혀 다르기 때문이다. 그들은 아주 불완전한 순종으로도 율법을 만족시킬 수 있겠거니 생각한다. 그러나 바울은 하나님이 그의 뜻에 완전히 복종하는 것을 요구하시며 사람들의 모든 불경건함과 불의에 대해서 진노를 드러내신다는 사실을 전제로 하는 것이다. 그러므로, 바울에게 있어서는 사람이 죄를 지었다는 사실만으로도 그들이 행위로는 의롭다 함을 얻을 수가 없다는 것이 충분히 증명되고도 남는다. 그것은 많으냐 적으냐 하는 정도의 문제가 아니다. 죄를 많이 지은 사람이나 적게 지은 사람이나 죄를 지었다는 사실에는 전혀 차이가 없는 것이다. "모든 사람이 죄를 범하였으매 하나님의 영광에 이르지 못하더니"라고 말씀하기 때문이다(롬 3:23).

　이 가르침을 성경이 그렇게 분명하게 가르치는 데도, 사람들은 흔히 그것이 너무나 지나치다고 생각한다. 자기들의 선행과 악행을 비교해서 어느 쪽이 무거운가에 따라서 상급을 받기도 하고 형벌을 받기도 할 것이라거나, 인생의 어느 시점에 지은 죄들이 다른 시점에 행한 선행으로 상쇄될 수 있을 것이라거나, 아니면 죄를 고백하고 회개하기만 하면 형벌을 피할 수 있을 것이라는 식으로 상상하는 것이다. 그러나 인간이 율법 아래 있다는 것을 분명히 믿는다면, 도무지 그런 식의 기대는 할 수 없을 것이다.

　인간의 법도 사람들이 하나님의 율법에 대해서 갖는 그런 식의 희망대로 집행되지는 않는 것이다. 물건을 훔치거나 살인한 자는 딱 한 번밖에는 그런 죄를 범하지 않았다 할지라도, 그가 죄를 고백하고 회개한다 할지라도, 그 대신 많은 봉사와 자선의 일을 한다 할지라도, 그가 도둑이거나 살인자라는 사실이 바뀌는 것이 아니다. 법은 그 사람의 회개나 개과천선(改過遷善)을 인정해 주지 않는다. 도둑질 했거나 살인을 했을 경우는 그것에 따라서 법의 처벌을 받는 것이다. 법에 의해서 그 사람이 의롭다고 인정받는다는 것은 도저히 불가능한 일이다.

　그런데 하나님의 법은 사람의 가장 은밀한 마음의 활동에까지 적용된다. 마음의 본성적인 악에 속하는 것은 무엇이든 정죄하는 것이다. 그러므로 사람이 이 완전한 옳음의 규칙을 어기게 되면, 율법으로 의롭다 함을 얻는 길은 이미 끝나는 것이다. 율법의 조건들을 준수하지 못했기 때문에, 율법으로서는 그 사람을 정죄하는 수밖에 다른 도리가 없는 것이다. 그를 의롭다고 인정한다는 것은 그가 범죄하지 않았다고 선언하는 것이나 마찬가지인 것이다. 그런데도 사람들은 자기들은 그 엄격한 율법의 원칙에 따라서 다루어지지 않을 것으로 생각한다. 바로 여기에 그들의 결정적인 잘못이 있는 것이다. 바로 이 점에서 그들은 성경과 가장 직접적으로 충돌을 하는 것이다.

성경은 우리가 율법에 속해 있다는 일률적인 전제에서 가르치는 것이다. 하나님의 경륜 아래서는 율법이 엄격하다는 것은 그저 완전하게 탁월하다는 것 이외에 아무것도 아니다. 곧 도덕적인 올바름(moral rectitude)을 그대로 시행하고 있다는 것이다. 심지어 인간의 양심도 정당하게 깨어나고 각성되면, 하나님의 율법과 마찬가지로 지극히 엄격하게 된다. 회개나 개과천선이나 고행으로도 양심은 절대 누그러지지 않는다. 그리고 양심은 우리의 최고의 통치자이신 하나님의 모든 계명 하나하나를 모두 강하게 제시하며, 또한 성경이 그렇게 하듯이 불완전한 순종으로 의롭다 하심을 얻는다는 것이 불가능하다는 사실을 분명히 가르치는 것이다.

그러나 양심이 잘못될 수도 있으므로, 이 문제에 대해서 양심의 증거에 의지하라고 가르치지는 않는다. 오로지 하나님의 말씀에 호소한다. 그런데 하나님의 말씀은 죄인이 행위로 의롭다 함을 얻는 일은 불가능하다는 것을 분명하게 가르친다. 율법이 완전한 순종을 요구하기 때문이다.

칭의가 행위로 말미암는 것이 아니라는 사실을 보여주는 사도 바울의 두번째 논지는 바로 구약 성경의 증거이다. 그는 이 증거를 여러 가지 다양한 형식으로 제시한다. 첫째로, 사도는 율법이 완전한 순종을 요구한다는 원리를 근거로 삼기 때문에, 인간의 보편적인 죄성을 제시하는 모든 구절들이 전부 행위로는 의롭다 함을 얻을 수 없다는 선언들이 되는 것이다. 그러므로 그는 다음과 같은 구절들을 인용하고 있다: "의인은 없나니 하나도 없으며 깨닫는 자도 없고 하나님을 찾는 자도 없고 다 치우쳐 한 가지로 무익하게 되고 선을 행하는 자는 없나니 하나도 없도다"(롬 3:10-

12). 사도의 견지에서는, 구약 성경은 모든 사람이 죄인이라는 가르침을 통해서 결국 사람이 자기의 의를 근거로 해서는 하나님 앞에 절대로 용납될 수가 없음을 가르치는 것이다. 어떤 사람이 죄인이라는 말은 곧 율법이 그 사람을 정죄한다는 말이다. 율법이 그 사람을 의롭다고 인정하지 못하는 것은 물론이다. 구약 성경에 사람의 죄성에 대한 선언들이 가득 차 있으므로, 결국 사람이 행위로 말미암아 의롭다 함을 얻지 못한다는 증거들로 가득 차 있는 것이라 하겠다.

그러나 둘째로, 바울은 그의 교리를 뒷받침해 주는 구약 성경의 직접적인 증거들을 인용한다. 시편에서는 말씀하기를, "주의 종에게 심판을 행치 마소서. 주의 목전에는 의로운 인생이 하나도 없나이다"(시 143:2)라고 한다. 그는 이 구절을 자주 인용한다. 하나님 보시기에 인간의 의의 불충족함이나 무가치함에 대해 말씀하는 모든 구절들이 이와 동일한 부류에 속한다.

셋째로, 사도는 자신이 제시하는 가르침을 암시하는 구절들을 언급한다. 즉, 사람이 하나님 앞에 용납되는 것을 은혜의 문제로 말씀하거나 아니면 그들이 자기들의 공적으로는 도무지 주장할 수 없고 그들 스스로 전혀 자격이 없는 그런 것을 부여받은 것으로 말씀하는 그런 구절들이 이에 속한다. 이를 염두에 두고서 사도는 다윗의 말씀을 인용한다: "그 불법을 사하심을 받고 그 죄를 가리우심을 받는 자는 복이 있고 주께서 그 죄를 인정치 아니하실 사람은 복이 있도다"(롬 4:7-8). 사람이 사함을 받는다는 사실은 곧 그에게 죄가 있다는 것을 암시하며, 그에게 죄가 있다는 사실은 그를 의롭다고 인정해 주는 것이 그 사람 자신의 성격이나 행실에 있지 않다는 것을 암시해 주는 것이다.

이렇게 볼 때에, 처음부터 마지막까지 성경 전체가 행위로 말미암는 칭의의 가르침을 정죄하는 것으로 가득 차 있다는 점은 구태여 다시 지적할 필요조차 없는 너무나도 분명한 사실이다. 회개의 고백이나 하나님의 긍휼하심에 호소하는 것은 모두가 개인의 공적을 전부 부정한다는 것을 뜻하며, 또한 그런 고백을 하는 당사자의 희망이 절대로 자기 자신이 지닌 어떤 것을 근거로 하는 것이 아니라는 선언인 것이다. 사실 자기 자신의 선행이나 타고난 의가 하나님께 받아들여질 것으로 생각하는 그런 사람들도 그런 고백과 호소를 하는 경우도 많다. 그러나 그렇다고 해서 사도의 말씀이 무효화되는 것은 아니다. 그런 현상은 다만 그런 사람들은 칭의의 조건에 대해서 사도와는 다른 생각을 갖고 있다는 것을 보여줄 따름이다. 그들은 율법의 요구 사항들이 아주 낮기 때문에 자기들이 비록 죄인들이어서 용서함을 받아야 하지만, 그럼에도 불구하고 율법이 요구하는 것을 자기들이 이룰 수 있다고 생각하는 것이다. 그러나 바울은 율법이 완전한 순종을 요구한다는 전제에서 출발하며, 따라서 그에게 있어서는 죄를 고백한다거나 긍휼하심에 호소한다는 것은 곧 율법으로 말미암는 칭의를 부정한다는 것을 뜻하는 것이다.

또한, 사도는 구약 성경이 칭의가 행위로 말미암지 않는다는 것을 가르치는 것으로 본다. 구약 성경은 그것과는 다른 방법으로 사람이 하나님께 용납을 받는다는 것을 가르친다는 것이다. 곧, 메시야를 죄에서 구원하시는 구속자로 제시하는 가르침을 통해서 그 사실을 가르친다는 것이다. 그러므로 바울은 말하기를, 행위로 말미암지 않는 칭의(행위에 근거하지 않는 칭의)의 방법을 율법과 선지자, 즉 구약 성경 전체가 확증해 준다고 한다. 하나님께 용납을 받는 두 가지 방법, 즉, 행위로 말미암는 방법과 죄를 씻음으로 말미암는 방법은 도저히 서로 양립할 수 없는 것이다. 그러므로 구약 성경은 후자의 방법을 가르치면서, 전자를 부인하고 배격한다. 그러나 거기서 더 나아가서 명확한 표현으로 확언하기를, "의인은 믿음으로 말미암아 살리라"고 하는 것이다.

그러나 율법은 믿음에 대해서는 아무것도 알지 못한다. 율법의 언어는 "이를 행하는 자는 그 가운데서 살리라"(갈 3:11, 12)라는 것이다. 율법이 용납의 근거로 아는 것은 오로지 순종밖에는 없다. 그런데 성경이 우리가 믿음으로 말미암아 용납을 받는다고 말씀하고 있다면, 그것은 곧 우리가 순종을 근거로 하나님께 용납을 받는 것이 아니라는 뜻이다.

또한, 의롭다 하심의 실례들이 구약에 나타나는데, 그 실례들이 행위로 말미암은 것이 아니라는 사실을 보여준다. 사도는 구체적으로 아브라함의 경우를 예로 들면서, 그가 의롭다 하심을 얻은 것이 과연 행위로 말미암은 것이냐고 묻는다. 그리고는 이렇게 대답한다: "만일 아브라함이 행위로써 의롭다 하심을 얻었으면 자랑할 것이 있으려니와 하나님 앞에서는 없느니라. 그러므로 그는 행위로써 의롭다 하심을 얻은 것이 아니니라." 그리고 성경은 아주 분명하게 말씀하기를, "아브라함이 하나님을 믿으매 이것이 저에게 의로 여기신 바 되었느니라"(롬 4:3)고 한다. 그러므로 그가 하나님께 용납을 받은 것은 행위로가 아니라 믿음으로 된 것이다.

이런 모든 다양한 방법으로, 사도는 구약 성경의 권위가 의롭다 하심이 행위로 말미암는 것이 아니라는 자신의 가르침을 지지해 주는 것으로 말씀한다. 이 권위는 그 옛날 유대인 그리스도인들에게 뿐 아니라 오늘날 우리에게도 결정적인 요인이 되는 것이다. 우리 역시 구약 성경이 하나님의 말씀임을 믿으며, 그리고 구약의 진리들이 그리스도와 그의 사도들로 말미암아 해명되며 강화된다는 것을 믿는다. 우리는 옛 진리의 말씀들에 대한 그들의 무오한 해석을 대하는 아주 유리한 위치에 있다. 그리고 구약의 권위를 인용하고 적용하는 그 논증의 자세가 구약 성경 기자들의 진정한 의도에 대한 애매한 면들을 말끔히 씻어 주는 것이다.

율법의 행위로는 하나님 앞에서 의롭다 함을 받을 육체가 없다는 것은 신약 성경에서 그렇게도 분명하게 그렇게도 자주 가르치는 사실이다. 그렇게도 자주 확증되고, 그렇게 공식적으로 입증되며, 그렇게 다양하게 전제되기 때문에, 그것이 하나님의 말씀의 가르침이라는 사실에 대해서는 어느 누구도 의심을 할 수가 없는 것이다. 진지한 탐구자가 의문을 제기할 수 있는 유일한 문제는 바로, 성경이 하나님께 용납을 받는 근거로서 제외시키고 있는 그 행위라는 것이 어떤 종류의 행위를 뜻하는가? 사도가 지극히 넓은 의미에서의 행위를 뜻하는가, 아니면 의식(儀式)을 준수하는 것만을 뜻하는가, 아니면 하나님을 향한 진정한 사랑이 전혀 없이 행해지는 순전히 형식에 속한 행위를 뜻하는가? 하는 것이다.

그러나 사도 바울의 논증의 본질과 그의 논지 전개의 과정을 잘 살펴 보면, 이 문제에 대해서 의심할 여지가 전혀 없다는 것을 알게 될 것이다. 그의 논지의 근거가 되는 가장 주된 원리에서부터 그의 의미를 잘못 오해할 소지가 전혀 배제되는 것이다. 그는 율법이 완전한 순종을 요구하며 그 어느 누구도 그런 순종을 할 수가 없다는 것을 전제로 하며, 따라서 어느 누구도 율법으로는 의롭다 하심을 받을 수가 없다는 사실을 말씀한다. 그의 논지는, 율법이 영적인 것이므로 그저 의식만으로는, 혹은 불순한 동기에서 나오는 행위로는 만족할 수 없다는 식이 아니다. 외형적인 의식으로나 그저 외형적으로만 선하게 나타나는 행위로는 우리가 의롭다 하심을 얻지 못하지만, 불완전하지만 진정한 자세로 순종하면 그것으로 의롭다 하심을 얻을 수 있다는 식의 논리는 어디에서도 나타나지 않는다. 오히려 그 반대로, 그는 계속해서 가르치기를, 우리가 죄인들이요 또한 율법이 모든 죄를 정죄하므로, 율법은 우리도 정죄하며, 따라서 율법으로 말미암아 의롭다 하심을 얻는다는 것은 불가능한 일이라고 한다.

이런 논지를 그는 유대인에게나 이방인들에게나 차별이 없이 다 적용하고 있다. 유대인의 성경 같은 것을 알든 모르든 온 세상 사람 전체에 적용시키는 것이다. "탐내지 말지니라"라고 말씀하는 것은 도덕법, 곧 그가 거룩하며 의롭고 선하다고 선언한 그 법이다. 그런데 이 법이 어떻게 계시되었든, 모세의 글에 계시되었든 아니면 인간의 마음 속에 계시되었든, 이 법에 대해서 그는 계속해서 말씀하기를 그것이 생명을 줄 수도 없고, 하나님께 용납을 받는 길을 가르쳐 줄 수도 없다고 한다.

바울의 말씀을 받는 대부분의 사람들이 하나님의 계시를 받아 누리고 있었으므로, 또한 그 계시에는 모세의 율법과 그 모든 의식들이 포함되어 있었으므로, 바울은 그의 진술에 율법을 포함시키며 율법을 구체적으로 명시하기도 한다. 그러나 종교적 의식에 관한 강령이라는 제한적인 의미로는 한 번도 율법을 거론한 일이 없고, 언제나 가장 넓은 의미로, 즉 사람에게 알려진 도덕적 의무에 관한 최고의 법칙을 포함하는 그런 의미로 취급하는 것이다. 그러므로 그는 여러 종류의 행위들을 서로 대조시키는 일이 전혀 없고, 언제나 행위와 믿음을 대조시키면서 행위에 속하는 모든 것들을

— 형식상의 행위는 물론 의로운 행위까지도 포함해서 — 배제시키는 것이다.

"우리를 구원하시되 우리의 행한 바 의로운 행위로 말미암지 아니하고 오직 그의 긍휼하심을 좇아 … 하셨나니"(딛 3:5). "하나님이 우리를 구원하사 거룩하신 부르심으로 부르심은 우리의 행위대로 하심이 아니요"(딤후 1:9). 행위가 아니라 믿음으로 말미암아 우리가 구원을 받는 것이다(엡 3:9). 그렇다. 사람은 행위가 없는 상태에서 의롭다 하심을 얻는 것이라고 한다. 스스로 불경건한 상태에서 의롭다 하심을 받는 것이다. 그러므로 의롭다 하심을 얻은 다음에 비로소 사람이 진정으로 선한 행위를 하는 것이다. 오직 그리스도와 연합할 때에 비로소 우리가 하나님께 열매를 맺어 드리는 것이다. 그러므로, "우리는 그의 만드신 바라. 그리스도 예수 안에서 선한 일을 위하여 지으심을 받은 자니라"(엡 2:10).

그리스도인의 모든 내적인 탁월한 점들과 성령의 열매들은 그리스도인이 하나님과 화목하고 그에게 영접을 받은 결과로 생겨나는 것이지, 그 화목의 원인이 되는 것이 아니다. 그런 것들은 비천하고, 소경 된 상태로, 벌거벗은 상태로 그리스도께 나아오는 자들에게 그리스도께서 입혀 주시는 아름다운 의복이요 흰 세마포인 것이다. 그러므로 우리가 의롭다 하심을 얻는 것이 율법에 대한 순종을 기초로 하는 것이 아니라는 것이 하나님의 말씀의 명확한 가르침인 것이다. 우리가 행한 일이나 우리 속에서 이루어지는 일은 그것이 어떤 것이든 간에 한 순간이라도 의(義)의 규범의 테스트를 통과할 수가 없는 것이다. 하나님의 의의 규범은 율법책에 행하라고 기록한 모든 것을 하나도 빠뜨리지 않고 끊임없이 행하지 않는 자에게 저주를 선언하는 것이다.

제2절 율법의 요구는 오직 그리스도께서 행하신 일로써 만족된다

앞 장에서 우리는 성경이 가르치는 몇 가지 사실을 살펴 보았다. 첫째는 본성적으로 모든 사람들은 하나님 앞에서 용납을 받는 조건이 되는 율법 아래 있다는 것이며, 둘째는 죄인들이 아무리 순종한다 해도 율법의 요구를 만족시키기에는 부족하다는 것이다. 율법은 의무의 규칙이 아니라 하나님께 용납을 받는 조건이 되는 것이므로, 그 율법에서 자유로워지지 않고서는 사람이 하나님 앞에 의롭다 함을 얻는 일이 불가능할 수밖에 없다. 그러므로 이 문제에 대한 성경의 세번째 중요한 가르침은 신자는 바로 앞에서 말씀한 그런 의미에서 율법에서 자유로운 상태에 있다는 것이다. 사도는 말씀하기를, "너희가 법 아래 있지 아니하고 은혜 아래 있음이니라"(롬 6:14)고 한다. 이러한 선언을 설명하기 위해서 사도는 여인이 남편이 살아 있을 동안에는 그에게 속하여 있으나 남편이 죽으면 남편에 대한 모든 의무에서 자유로워져서 다른 사람과 자유롭게 결혼할 수 있다는 사실을 예로 든다.

이와 마찬가지로 의롭다 함을 얻는 규범이 되는 율법에서 벗어나서 하나님께 용납을 얻는 다른 방법을 취할 자유를 얻게 된 것이다(롬 7:1-6). 바울은 자기 자신에 대해서 말하기를, 자기는 율법에 대해서 죽었다고 한다. 즉, 율법에서 자유로워졌다는 뜻이다(갈 2:19). 모든 신자들에 대해서도 역시 동일한 사실을 말씀하고 있다(롬 7:6). 그는 이러한 자유가 칭의, 곧 의롭다 함을 얻는 데에는 물론 성화(聖化: sanctification)에도 필수적이라는 점을 강조한다. 율법 아래 있는 동안에는 율법으로 말미암는 죄의 행위들이 사망에 이르는 열매를 내지만, 이제 우리가 율법에서 자유를 얻었으므로, 이제는 영의 새로운 것으로 하나님을 섬기게 되는 것이다(롬 7:5, 6).

믿음이 오기 전에는 우리가 몽학 선생으로 비유되는 율법 아래 있지만, 이제는 몽학 선생 아래 있는 것이 아니라는 것이다(갈 3:24, 25). 사도는 율법에 복속되어 있고자 하는 욕망이야말로 크나큰 망상이라고 본다. 사도는 "내게 말하라. 율법 아래 있고자 하는 자들아, 율법을 듣지 못하였느냐?" 라고 반문하며, 이어서 율법의 체계의 요구 아래 있는 자들은 종이지, 아들과 상속자가 아니라는 사실을 보여준다(갈 4:21-31).

그러므로 그는 이렇게 권면한다: "그리스도께서 우리로 자유케 하려고 자유를 주셨으니 그러므로 굳세게 서서 다시는 종의 멍에를 메지 말라. 보라 나 바울은 너희에게 말하노니 너희가 만일 할례를 받으면 그리스도께서 너희에게 아무 유익이 없느니라. 내가 할례를 받는 각 사람에게 다시 증거하노니 그는 율법 전체를 행할 의무를 가진 자라. 율법 안에서 의롭다 함을 얻으려 하는 너희는 그리스도에게서 끊어지고 은혜에서 떨어진 자로다"(갈 5:1-4). 그는 이런 망상을 미친 짓으로 규정하고 이렇게 외친다: "어리석도다 갈라디아 사람들아, 예수 그리스도께서 십자가에 못박히신 것이 너희 눈 앞에 밝히 보이거늘 누가 너희를 꾀더냐? 내가 너희에게 다만 이것을 알려 하노니 너희가 성령을 받은 것은 율법의 행위로냐 듣고 믿음으로냐?"(갈 3:1, 2).

이러한 배도가 너무도 치명적이며, 그리스도께서 이루신 일 대신 율법의 순종을 칭의의 근거로 대체시키는 것이 너무도 파괴적이기 때문에, 바울은 하나님의 은혜의 복음 대신 그런 것을 전하는 자는 누구든지 하늘에서 온 천사라도 저주를 받으리라고 선언하는 것이다.

변덕스러운 갈라디아인들은 바로 모세의 책에 계시된 율법을 의롭다 함을 얻는 근거로 삼는 경향이 있었다. 그들의 배도는 바로 어떠한 형태로 계시되었든 율법에게로 되돌아가며 어떤 종류든 간에 행위로 되돌아가서 그것을 의롭다 함을 얻는 근거로 삼는다는 데 있었던 것이다. 그러므로 사도 바울은 그리스도의 사역 이외에는 그 어떠한 형태의 율법적인 순종이라도 하나님 앞에 용납을 받는 근거로 삼을 수가 없다는 사실을 분명히 제시하는 것이다. 사도 바울의 모든 논지가 오로지 유대주의에 다시 빠지는 일에만 관계된 것이라고 생각한다면, 그것은 우리 이방인들은 그리스도의 구속에 전연 관계가 없다고 생각하는 것이나 마찬가지이다.

만일 그리스도께서 그 백성을 구속하신 것이 오로지 유대인의 질서의 속박에서만 해방시키는 것이었다면, 한 번도 그런 속박을 받은 일이 없는 사람들은 그리스도의 그러한 사역에 아무런 관계가 없을 것이 아닌가? 그렇다면 바울이 이방인들에게 십자가에 달리신 그리스도를 전하는 일에 그렇게 열심을 다한 사실이 참으로 이상스럽게 여겨질 것이다. 그러나, 갈라디아서에서는 특별히 모세의 율법과 관계해서 가르친 내용을 로마서에서는 거룩하고 의롭고 선한 율법과 관계해서 가르치고 있는데, 바로 그것이 마음의 가장 은밀한 죄까지도 정죄하는 것이다.

사도 바울의 가르침의 본질은 그의 직접적인 주장들보다도 오히려 그의 변호하는 자세에서 더 분명히 드러난다. 그는, "그런즉 우리가 율법 아래 있지 않고 은혜 아래 있으니 죄에 계속 거하겠느뇨?"(롬 6:15)라고 묻고, 이어서 "그럴 수 없느니라"라고 대답한다. 만일 바울이 우리가 의식법에서 자유를 얻은 것이 도덕법에 종속되기 위함이라고 가르쳤다면, 이런 반대 질문을 제기할 여지가 전혀 있을 수 없었을 것이다. 그러나 도덕법 자체가 생명을 주지 못하며 하나님께 용납을 받기 위해서는 그 법의 요구에서 해방되어야 한다고 가르쳤다면, 이 세상의 지혜로운 자들이 보기에 그는 도덕적인 의무의 족쇄를 풀어 버렸고 그리하여 엄청난 방종에 빠지는 길을 열어 놓은 것처럼 보일 것이다. 그렇기 때문에 바울은 그런 반대 논리를 거듭거듭 반박하면서, 율법의 속박이 거룩한 삶에 필수적인 것이 아니고 오히려 거룩한 삶이 있으려면 그것이 없어야 한다고 강조하는 것이다. 율법의 저주가 제거되고 영혼이 하나님과 화목되어야 비로소 마음 속에 거룩한 감정들이 일어나며 거룩한 열매들이 삶 가운데 나타나는 것이다. "그런즉 우리가 믿음으로 말미암아 율법을 폐하느뇨? 그럴 수 없느니라. 도리어 율법을 굳게 세우느니라"(롬 3:31).

그러므로 성경의 분명한 가르침은 곧, 신자들은 하나님 앞에 용납을 받는 조건으로서의 율법에서는 자유롭다는 것이다. 의롭다 하심을 받는 문제와 관련해서, 율법이 더 이상 의무가 아니다. 율법에 완전히 순종하여야 할 의무를 다하는 것도, 그 형벌 조항들을 만족시키는 것도 더 이상 신자의 의무가 아니라는 것이다. 그러면 대체 어떻게 해서 이런 구원이 효력을 발생하는가? 이성적이고 책임 있는 존재들이 과연 어떻게 해서 그 거룩하고 의로운 율법의 의무에서 면제된단 말인가? 본래 의롭다 함을 얻는 규범으로서 인류에게 부과되었던 그 율법이 어떻게 해서 면제되는가 하는 것이다.

이 질문에 대한 답변을 위해서는 성경이 가르치는 구원의 길과 관련한 네번째 위대한 진리를 말씀해야 한다. 율법을 무시해 버리는 것도 아니고, 그 계명과 그 형벌을 무시하는 것도 아니다. 율법의 요구를 낮추어서 사람의 능력과 성향에 맞게끔 조정하는 것도 아니다. 율법이 여전히 완전한 순종을 요구하며 또한 자기 손으로 의롭다 함을 얻기를 바라는 자들은 모든 율법을 다 행하여야만 하는 빚진 자들이라는 사실을 사도가 계속해서 가르치고 있는 것을 보게 된다. 뿐만 아니라 아담의 경우에 사망이 죄의 삯이었던 것처럼 우리의 경우도 꼭 마찬가지라는 사실도 분명하게 가르친다. 우리가 율법의 요구에서 해방을 받는 것이 이처럼 율법을 무시해 버림으로써도 아니요, 그렇다고 율법의 기준을 낮춤으로써도 아니라면, 과연 어떻게 해서 이런 구원이 효력을 발생하게 된단 말인가? 그것은 곧, 그리스도께서 우리를 대신하여 순종하시고 고난을 당하신 신비를 통해서 그렇게 되는 것이다. 이것이야말로 하나님의 은혜의 복음이다. 이것이 바로 유대인에게는 거리끼는 것이요 이방인에게는 미련한 것이로되, 오직 부르심을 입은 자들에게는 하나님의 능력이요 하나님의 지혜인 것이다(고전 1:23, 24).

성경은, 아버지의 영광의 광채이시요 그의 본체의 형상이신 하나님의 아들께서 아버지와 동등됨을 취할 것으로 여기지 아니하시고 몸소 육신을 입어 우리가 속하여 있는 그 율법에 몸소 속하셨고, 그 율법을 완전히 순종하시고 그 형벌을 다 당하셨고, 그리하여 율법의 요구를 만족시키심으로써 우리를 그 속박에서 구원하시고 하나님의 자녀의 영광된 자유 속으로 우리를 이끌어 가셨다고 가르친다. 구속의 가르침이 성경에서 그렇게 표현되어 있는 것이다.

사도는 이렇게 말씀한다: "하나님이 그 아들을 보내사 여자에게서 나게 하시고 율법 아래 나게 하신 것은 율법 아래 있는 자들을 속량하려 하심이라"(갈 4:4, 5). 우리가 아다시피, 그는 율법 아래 계셔서 그 율법을 완전히 순종하셨고, 그리하여 영원한 의를 가져 오셨으므로, 그를 가리켜 "여호와 우리의 의”라 일컫는다(렘 23:6). 왜냐하면 그의 순종으로 말미암아 많은 사람들이 의인이 되기 때문이다(롬 5:19). 그러므로 그가 우리에게 의로움이 되셨다고 말씀하는 것이다(고전 1:30). 그러므로 그의 안에 있는 자들을 가리켜 하나님 앞에서 의롭다고 한다. 그들 자신이 의로움을 가졌다는 의미가 아니라 그리스도를 믿음으로 그의 의로움을 입었다는 뜻이다(빌 3:9).

그리스도께서 우리를 대신하여 율법의 저주를 당하심으로써 우리가 그 저주로부터 구속함을 받았다는 사실은 처음부터 마지막까지 성경 전체에서 온갖 형태로 가르쳐지고 있다. 이 사실을 그렇게 분명하게, 그리고 다양하게 제시해야 하는 까닭은, 이 사실이야말로 양심이 각성될 때에 곧바로 붙잡는 것이기 때문이다. 죽음의 형벌로 인해서 죽음에 대한 두려움이 생긴다. 그리고 이런 죽음에 대한 두려움은, 우리가 하나님의 공의에 저촉되지 않으면서도 율법의 의로운 형벌에서 자유함을 얻는 법을 분명하게 깨닫기 전에는 도무지 가라앉지 않는 법이다. 그러므로 성경은 과연 어떻게 해서 그렇게 되는지를 가장 명확한 방식으로 가르치는 것이다. “그리스도께서 우리를 위하여 저주를 받은 바 되사 율법의 저주에서 우리를 속량하셨도다”(갈 3:13). 앞에서 바울은 “율법의 행위에 속한 자들은 저주 아래 있나니”(갈 3:10)라고 말씀했었다. 그런데 모든 사람이 본성적으로 율법 아래 있기 때문에, 모든 사람이 다 저주 아래 있는 것이다. 이런 상태에서 우리가 어떻게 그 저주에서 자유함을 받을 수가 있을까? 곧, 그리스도께서 우리를 위해서 저주를 받은 바 되심으로써 그렇게 되는 것이다. 이 중차대한 문제에 대해서 이처럼 간단하고도 명확한 답변을 성경이 제시하고 있는 것이다.

그리스도께서 우리를 위해서 율법의 저주를 대신 지심으로 우리를 그 율법의 저주에서 구속하여 내셨다는 갈 3:13의 분명한 가르침은 고전 5:21에서도 이에 못지 않게 분명히 제시되고 있다: “하나님이 죄를 알지도 못하신 자로 우리를 대신하여 죄를 삼으신 것은 우리로 하여금 저의 안에서 하나님의 의가 되게 하려 하심이니라.” 이 사실은 사람이 복음을 전파하는 유일한 근거로 제시되고 있다. 사도 바울은 말씀하기를, "우리가 그리스도를 대신하여 사신이 되어 하나님이 우리로 너희를 권면하시는 것 같이 그리스도를 대신하여 간구하노니 너희는 하나님과 화목하라"(고후 5:20)라고 한다. 그리고 그 다음에 그 하나님과의 화목이 주어지는 근거에 대한 진술이 이어지는 것이다. 거룩하시고 흠이 없으시고 죄인과는 구별되시는 그리스도를 우리를 대신하여 죄를 삼으셔서 죄를 용서함 받는 효과적인 방도로 제시하셨으니, 이는 우리로 하여금 그리스도 안에서 의가 되게 하시기 위함이라는 것이다. 우리의 모든 허물이 그에게 넘겨졌고 그가 우리를 대신하여 죄인으로 취급을 받으셨으니, 이는 우리가 그의 안에서 의로 취급을 받게 하기 위함이었다는 것이다.

그리스도께서 우리의 죄를 지셨다고 말씀하는 모든 구절이 전부 이 위대한 진리를 가르치고 있다. 죄를 진다, 혹은 죄를 당한다는 표현은 그것이 성경에서 너무 자주 나타난다는 사실만 보아도 그 의미가 분명하게 드러난다 하겠다. 그것은 곧 죄에 합당한 형벌을 진다는 뜻이다. 레 20:17에서는 자매와 동침하는 자는 "그 죄를 당하리라"고 한다. 또한 "누구든지 자기 하나님을 저주하면 죄를 당할 것이요"라고 한다(레 24:15). 유월절을 지키지 않는 자에 대해서는 "그 죄를 당할지며"라고 말씀한다(민 9:13). 사람이 죄를 지으면 자기가 자기 허물을 지게 된다. 사람이 다른 사람의 죄를 진다고 말할 때에도 그 의미는 똑같다. "너희 자녀들은 너희의 패역한 죄를 지고 … 사십 년을 광야에서 유리하는 자가 되리라"(민 14:33). "우리 열조는 범죄하고 없어졌고 우리는 그 죄악을 담당하였나이다"(애 5:7).

또한 에스겔서 18:20에서는 "아들은 아비의 죄악을 담당치 아니할 것이요"라고 했는데, 이는 아버지의 죄 때문에 아들이 형벌을 받는 일이 없으리라는 의미임이 분명하다. 이 표현의 의미가 이처럼 명확하므로, 이 표현이 구속자의 사역과 관련해서 사용될 때에도 그것을 어떤 의미로 이해해야 할지에 대해서도 의심의 여지가 없는 것이다. 선지자는 이렇게 말씀한다: "여호와께서는 우리 무리의 죄악을 그에게 담당시키셨도다. 나의 의로운 종이 자기 지식으로 많은 사람을 의롭게 하며 또 그들의 죄악을 친히 담당하리라 … 범죄자 중 하나로 헤아림을 입었음이라 … 많은 사람의 죄를 졌도다"(사 53:6, 11, 12).

표현이 그렇게 명확할 수가 없다. 이사야 53장 전체는 우리의 죄를 메시야가 지실 것이요 그리하여 우리가 그 죄의 형벌에서 자유함을 얻으리라는 이 한 가지 위대한 진리를 가르치기 위한 것이다. 그러므로 이렇게 말씀하고 있다: "그가 찔림은 우리의 허물을 인함이요 그가 상함은 우리의 죄악을 인함이라 그가 징계를 받음으로 우리가 평화를 누리고 그가 채찍에 맞음으로 우리가 나음을 입었도다"(사 53:5).

신약 성경에서도 동일한 가르침을 동일한 표현을 사용하여 가르치고 있다. "친히 나무에 달려 그 몸으로 우리 죄를 담당하셨으니"(벧전 2:24). "그리스도도 많은 사람의 죄를 담당하시려고 단번에 드리신 바 되셨고"(히 9:28). "그가 우리 죄를 없이 하려고 (지시려고) 나타내신 바 된 것을 너희가 아나니"(요일 3:5). 이런 모든 진술들에 따르면, 그리스도께서는 우리를 대신하여 율법의 저주를 지심으로써 마땅히 받아야 할 우리의 형벌에서 우리를 구원하시는 것이다.

지금 말씀드린 이런 구절들과 아주 밀접하게 연관되어 있는 또 다른 구절들은 구속자 그리스도를 희생으로 혹은 화목 제물(propitiation)로 묘사하는 것들이다. 속죄 제물의 근본적인 개념은 대신 형벌을 받음으로써 화목을 이룬다는 것이다. 이것이 성경적인 희생 제사의 관념이라는 사실은 제사 제도에 관한 율법에서, 그 제사들이 이루는 효과들에서, 그리고 성경 기자들의 뚜렷한 선언들에서 분명히 드러난다. 율법은 죄를 범한 자가 희생물을 제단에 가져와서 그 희생물의 머리에 자기 손을 얹고 자기의 허물을 고백하도록 명하고 있다. 그리고 그 다음에 그 짐승을 죽이고 그 피를 제단에 뿌리도록 규정하고 있다.

그리하여, "그가 번제물의 머리에 안수할지니 그리하면 열납되어 그를 위하여 속죄가 될 것이라"(레 1:4)라고 말씀한다. 그리고 "모세가 또 속죄제의 수송아지를 끌어오니 아론과 그 아들들이 그 속죄제 수송아지 머리에 안수하매"(레 8:14)라고도 말씀한다. 이처럼 손을 얹는 일(안수)의 중요성은 다음 구절에서도 분명히 가르치고 있다: "아론은 두 손으로 산 염소의 머리에 안찰하여 이스라엘 자손의 모든 불의와 그 범한 모든 죄를 고하고 그 죄를 염소의 머리에 두어 미리 정한 사람에게 맡겨 광야로 보낼지니 염소가 그들의 모든 불의를 지고 무인지경에 이르거든 그는 그 염소를 광야에 놓을지니라"(레 16:21-22).

그러므로 손을 얹는 행위는 형벌받을 책임을 대치시키고 이동시키는 관념을 상징적으로 표현하는 것이다. 바로 앞에서 언급한 그 경우에, 형벌을 받을 책임이 제거되었다는 관념을 더 분명하게 전달하기 위해서, 안수를 통해서 백성의 죄를 머리에 진 그 염소는 광야에 보내고 또 다른 염소는 그 대신 죽여서 불사르게 한 것이다.

이러한 제사들의 본질은 그것들의 효과에서도 더 분명하게 드러난다. 제사들을 명령한 것은 속죄와 화목과 화해와 죄의 용서를 얻기 위함이었다. 그리고 그 제사들을 통해서 실제로 그런 효과가 일어났다. 모든 유대인 범죄자들의 경우, 지정된 희생 제사를 드리고 또한 그것이 받아들여짐으로써 그들이 속하여 있는 그 신정적(神政的) 체제와 관련된 이런저런 형벌들이 제거되도록 되어 있었던 것이다. 이것이 바로 소와 염소의 피가 만들어 낼 수 있는 효과의 전부였다. 그 제사의 효력은, 육체를 정결케 하며 또한 그 제사를 드린 자들을 위하여 외형적 신정 체제의 유익들을 누리게 하는 데에만 한정되어 있었던 것이다. 그러나 또 한편으로 이러한 효력은 하나님의 지정하심에 따라서 그 제사를 드리는 당사자들에게 주어지도록 되어 있었을 뿐 아니라, 장차 온전한 때가 이를 때에 드리게 될 참된 속죄의 희생 제사를 미리 예표하며 예언하고자 하는 의도를 갖고 있었다.

그러나 속죄 제물이라는 용어가 의도하는 것과 동일한 관념을 전달하기 위해서 성경 기자들이 사용한 표현들보다 희생 제사에 대한 성경의 가르침을 더 분명하게 드러내 주는 것은 없다. 그리하여 이사야는, 메시야가 징계를 받음으로 우리가 화평을 누리며 그가 채찍에 맞음으로 우리가 나음을 입으며 그가 우리의 허물을 인하여 상함을 입었고 우리 무리의 질고를 지셨고 많은 사람들의 죄를 지셨다는 등의 여러 가지 표현들을 통해서 가르친 모든 내용을 "그 영혼을 속건 제물(혹은 속죄 제물)로 드리셨다"는 한 마디 말로 가르치고 있는 것이다.

그리고 히브리서에서는 "그가 많은 사람의 죄를 담당하시려고 단번에 (희생 제물로) 드리신 바 되셨다"고 말씀하고 있다(히 9:28). 그러므로 그가 우리 죄를 지셨다는 말이나, 그가 속죄 제물이 되셨다는 말이나 동일한 사상을 표현하고 있는 것이다. 그러나 누구의 죄를 진다는 것은 그 죄에 대한 형벌을 진다는 뜻이며, 따라서 속죄 제물이 된다는 것도 동일한 의미를 담고 있는 것이다.

유대인의 성경 전체에 스며 있는 희생 제사의 관념이 그런 것이므로, 그리스도께서 속죄 제물이 되셨다는 표현만큼 그리스도께서 죄의 용서를 확보하시는 방식에 대해서 명확하고도 지적으로 가르쳐 주는 것이 없다는 것이 너무도 분명해진다. 일찍이 성경을 읽었던 과거의 독자들 모두가 이런 방식의 죄 용서에 대해서 친숙해 있었던 것이다. 그들은 어릴 때부터 그런 죄 용서 방식에 아주 익숙해 있었다. 어느 누구도 제단이나 희생 제물이나 피에 대해서 전혀 모르던 시절을 기억해 낼 수가 없었다. 신앙 교육을 받으면서 가장 처음 접한 것이 바로 죄의 고백, 대치, 대속의 고난과 죽음의 관념이었다. 영감을 받은 성경 기자들은 이런 관념에 젖어 있는 사람들을 향하여, 그리스도께서 죄를 위하여 화목 제물이 되셨으며 그가 화목을 이루기 위해서 희생 제물이 되셨다고 말했는데, 사실 이런 말들은 그리스도께서 우리를 대신하여 고난 당하심으로 우리 죄가 용서함 받도록 하셨다는 사실을 드러내기 위해서 그들이 사용할 수 있는 가장 평범하면서도 명확한 표현들이었던 것이다. 유대인들은 이런 표현들에 대해서 달리 착각할 수가 없었다. 또한 그러므로 그 표현들이 이것 이외에 다른 의미를 전달하기 위한 것이 아니라는 사실을 확신할 수 있다. 그리고 처음 생겨날 때부터 오늘날까지 기독교 교회가 그것을 그런 의미로 이해해왔다는 것도 분명한 역사적 사실이다.

그리스도께서 희생 제물이 되셨다는 선언이 그저 지나가다가 우연히 희미하게 암시된 정도라면, 그런 선언에서 구속의 방법을 추리해 내는 일이 전혀 합당치 않을 것이다. 그러나 절대로 그렇지가 않다. 그 가르침은 가장 교훈적인 방식으로 제시되어 있다. 가능한 모든 방식을 다 동원하여 성경에 나타나 있다. 직설적으로 단언하기도 하고, 예를 들어서 설명하기도 하고, 논리적으로 증명하기도 한다. 하나님께 속한 모든 제도와 교훈들 가운데 그것이 가장 중심의 위치를 차지하고 있는 것이다. 소망의 뿌리로, 위로의 근원으로, 순종할 동기로 강하게 제시되고 있는 것이다. 사실상 이것이 바로 복음이다.

이 위대한 교의를 가르치는 구절들을 모두 다 제시하려는 시도는 아마 무모한 일일 것이다. 하나님이 예수 그리스도를 그의 피를 인하여 믿음으로 말미암는 화목 제물로 세우셨다고 말씀한다(롬 3:25). 또한 그를 가리켜 "우리만 위할 뿐 아니라 온 세상의 죄를 위한 화목 제물"이라고 선언한다(요일 2:2). 그를 가리켜 "세상 죄를 지고 가는 하나님의 어린 양"이라고 부르기도 한다(요 1:29). 사도 베드로는 이렇게 말씀한다: "너희가 알거니와 너희 조상의 유전한 망령된 행실에서 구속된 것은 은이나 금 같이 없어질 것으로 한 것이 아니요 오직 흠 없고 점 없는 어린 양 같은 그리스도의 보배로운 피로 한 것이니라"(벧전 1:18-19).

히브리서에서는 이 교의가 성경의 다른 어느 곳에서보다 더 완전하게 드러나고 있다. 그리스도를 가리켜 계속해서 희생 제물이라고 부를 뿐 아니라 그가 드리신 제사와 과거 구약의 경륜에서 드려진 희생 제사를 서로 면밀하게 비교하기까지 하는 것이다. 히브리서 기자는 이렇게 말씀한다: "염소와 황소의 피와 및 암송아지의 재로 부정한 자에게 뿌려 그 육체를 정결케 하여 거룩케 하거든 하물며 영원하신 성령으로 말미암아" (영원하신 성령을 소유하셔서) "흠 없는 자기를 하나님께 드린 그리스도의 피가 어찌 너희 양심으로 죽은 행실에서 깨끗하게 하고 살아 계신 하나님을 섬기게 못하겠느뇨?"(히 9:13-14).

과거의 드린 희생 제사 그 자체로 제거할 수 있었던 것은 오로지 의식적인 부정(不淨)뿐이었다. 그 제사로는 양심을 깨끗케 씻을 수도, 영혼을 하나님과 화목시킬 수도 없었다. 그 제사들은 죄에 대한 참된 희생 제사의 그림자에 불과했다. 그렇기 때문에 매일 제사를 드렸다. 그러나 그리스도의 희생 제사는 진정한 효력을 지니는 것이므로 오직 단 한 번만 드려진 것이다. 그리스도께서는 이 세상에 오실 때에 말씀하시기를, "하나님이 제사와 예물을 원치 아니하시고 오직 나를 위하여 한 몸을 예비하셨도다. 전체로 번제함과 속죄제는 기뻐하지 아니하시나니"라고 하셨고, 이어서 또 말씀하시기를, "보시옵소서 내가 하나님의 뜻을 행하러 왔나이다"라고 하셨는데, 이것은 과거에 드려진 희생 제사들이 전혀 효력이 없었기 때문이었다.

또한 히브리서 기자는 덧붙이기를, "이 뜻을 좇아" — 즉, 하나님의 목적을 이루심으로써 — "예수 그리스도의 몸을 단번에 드리심으로 말미암아 우리가 거룩함을 얻었노라"라고 하며, 또한 그리하여 "저가 한 제물로 거룩하게 된 자들을 영원히 온전케 하셨느니라"라고 하며, 또한 덧붙이기를, 이 모든 사실에 대해서 성령이 증거하신다고 하는 것이다(히 10:5-15).

그러므로 성경은 예수 그리스도께서 자기 자신을 우리를 대신하여 희생 제물로 드리심으로써 우리의 죄에 대한 형벌에서 우리를 구원하신다는 사실을, 또한 과거 구약의 경륜 하에서 신정적인 언약을 파기한 사실에 대한 형벌이 황소와 염소가 대신하여 희생 제물이 됨으로써 제거되었던 것과 마찬가지로 영적인 신정(神政) 하에서도 — 살아 계신 하나님의 살아 있는 성전 안에서 — 하나님의 아들이 대신하여 죽으심으로써 죄의 형벌이 제거된다는 사실을, 분명하게 가르치고 있는 것이다. 고대 이스라엘 사람으로서는, 범죄하여 지상의 성소에 가까이 나아갈 자유를 박탈당하였을 때에 그것을 속죄하고 다시 화목하게 되는 방식에 대해서 모르는 사람이 없었다. 이와 마찬가지로, 오늘날에는 양심의 일깨움을 받아서 자기가 하나님께 가까이 나아갈 자격이 없음을 아는 죄인은 누구나, 그리스도께서 우리로 하여금 그의 피를 힘입어 성소에 들어갈 담력을 얻게 하기 위하여 우리를 위해 거룩하게 구별하여 마련해 놓으신 바 그의 몸을 통하여 나아가는 새롭고 살아 있는 길에 대해서 알아야 할 필요가 있는 것이다.

그리스도께서 우리를 대신하여 저주를 받으셨다는 것이나, 그가 우리를 위해서 속죄 제물이 되셨다는 것이나, 그가 우리 죄를 지셨다는 것 등, 지금까지 논의한 여러 가지 표현들에는 대치(代置: substitution)의 관념이 들어 있다. 그리스도께서 우리 위치를 취하시고 우리 대신 고난을 당하셨고 우리의 대리자(representative)로서 행하셨다는 것이다. 그러나 대리자의 행위는 결국 당사자의 행위이기 때문에, 그리스도께서 대리자로서 행하시고 고난 당하신 모든 일이 결국 모든 신자 한 사람 한 사람이 행하고 고난 당한 것으로 인정되는 것이다.

경건한 자세로 성경을 주의깊게 읽는 독자라면 가장 흔하게 나타나는 몇 가지 성경의 표현 형식에서 이런 사상을 간파할 수 있을 것이다. 신자들은 바로 그리스도 안에 있는 자들이다. 이 그리스도 안에 있다는 것이야말로 그들을 지칭하는 가장 흔한 호칭이며, 또한 이것이야말로 가장 훌륭한 그들의 특징이다. 그들은 그리스도와 연합하여 있어서 그리스도께서 그들을 대신하여 행하신 일이 바로 그들이 행한 것으로 선포되는 것이다. 그리스도께서 죽으셨을 때에, 그들도 죽은 것이요, 그가 다시 살아 나셨을 때에, 그들도 다시 살아 난 것이다. 그리고 그리스도께서 살아 계시니, 그들 역시 살아 있을 것이다.

신자들이 그리스도 안에서 죽었다고 말씀하는 구절이 굉장히 많다. 사도 바울은 말씀하기를 "한 사람이 모든 사람을 대신하여 죽었은즉 모든 사람이 죽은 것이라"(고후 5:14)라고 한다. (그리스도와 함께) 죽은 자는 죄에서 의롭다 하심을 받는다. 즉, 정죄와 죄의 권세에서 자유를 얻는다는 뜻이다. 그리고 "만일 우리가 그리스도와 함께 죽었으면 또한 그와 함께 살 줄을 믿노라"(롬 6:7-8). 여인이 자기 남편이 죽으면 그에게서 해방을 받는 것처럼, 신자들도 그리스도의 몸(그의 죽으심)으로 말미암아 율법에서 해방을 받는다. 그리스도의 죽으심이 결국 신자들의 죽음이기 때문이다(롬 7:4). 그리고 그 다음 절에서는 우리가 (그리스도 안에서) 죽었으므로 우리가 율법으로부터 자유를 얻었다고 말씀한다. 그러므로 신자는 누구든지 바울과 함께, 내가 그리스도와 함께 십자가에 못박혔다고 말할 수가 있다

(갈 2:20).

이와 마찬가지로, 그리스도의 부활이 그의 모든 백성들의 영적 삶과 미래의 부활을 보장해 준다. 우리가 그리스도께 연합하여 그와 함께 죽었으면, 그의 부활과 함께 우리도 살게 될 것이다(롬 6:5, 8). 사도 바울은 이렇게 말씀한다: "하나님이 … 우리를 그리스도와 함께 살리셨고 또 함께 일으키사 그리스도 예수 안에서 함께 하늘에 앉히시니"(엡 2:4-6). 이는 곧, 하나님이 그리스도와 함께 우리를 살리시고, 일으키시고 높이 들어 올리셨다는 것이다. (헬라어 원문에는 여기서 '함께'를 뜻하는 단어가 별도로 사용되지 않는다. 그러므로 이를 신자들이 서로 연합하여 이 축복들을 함께 누린다는 의미로 이해해서는 안 된다. 본문은 신자들이 그리스도와 연합해 있다는 사실을 말씀하는 것이다 — 저자 주)

사도 바울은 이 사실을 근거로 하여 말씀하기를 그리스도께서 죽은 자들의 첫 열매가 되어 다시 살아 나셨다고 한다. 그리스도께서 그저 순서상으로 먼저 살아나신 것만이 아니라 그가 다시 사신 것이 그의 백성들의 미래의 부활의 보증이요 보장이 된다는 의미가 여기에 담겨 있는 것이다. "아담 안에서 모든 사람이 죽은 것 같이, 그리스도 안에서 모든 사람이 삶을 얻으리라"(고전 15:22). 아담과의 연합이 우리의 죽음을 보장해 주는 것처럼 그리스도와 연합이 우리의 부활을 보장해 주는 것이다. 아담은 장차 오실 자 — 곧, 그리스도 — 의 모형이다. 아담과 인류 전체와의 관계가 그리스도와 그의 백성과의 관계와 유사하기 때문이다. 아담이 우리의 혈연적인 머리이기 때문에, 죄의 독(毒)이 우리의 모든 혈관 속에 흐르고 있다. 이와 마찬가지로, 그리스도께서 우리의 영적 머리이시므로 그의 안에 있는 영원한 생명이 그의 모든 지체들에게 임하는 것이다. 그러므로 이제 그들이 사는 것이 아니라, 그들 속에 그리스도께서 사시는 것이다(갈 2:20).

이러한 대리자의 교의와 또한 그리스도와 신자 간의 생명력 있는 연합의 가르침이 신약 성경 전반에 깔려 있다. 이런 가르침은 신약 기자들이 자주 표현하는 겸손과 기쁨과 신뢰의 근원이 된다. 그들 자신으로서는 아무것도 아니었고, 아무런 축복도 받을 자격이 없는 존재였으나, 그리스도 안에서 그들은 모든 것을 소유한 존재가 된 것이다. 그러므로 그들은 그리스도 안에서 발견되기 위하여 모든 것을 해로 여겼다. 그러므로 그들은 십자가에 달리신 그리스도 이외에는 아무것도 알지 않기로, 아무것도 전하지 않기로, 아무것도 자랑하지 않기로 결심한 것이다.

예수 그리스도께서 대신 고난 당하시고 죽으셨다는 이 위대한 교의는 우리의 구원을 그리스도의 피와 그의 죽음, 그리고 그의 십자가와 연관짓는 많은 구절들에서도 나타난다. 이미 언급한 구절들과 연관지어 볼 때에, 지금 언급하는 구절들은 그리스도의 죽으심이 죄 용서를 보장해준다는 사실을 가르칠 뿐 아니라, 그 일이 어떻게 이루어지는가 하는 것도 가르쳐 준다. 다음과 같은 선언들이 이 부류에 속한다 하겠다: "예수의 피가 우리를 모든 죄에서 깨끗하게 하실 것이요"(요일 1:7). "그의 십자가의 피로 화평을 이루사"(골 1:20). "이제 우리가 그 피를 인하여 의롭다 하심을 얻었은즉"(롬 5:9). "너희가 … 그리스도의 피로 가까와졌느니라"(엡 2:13). "너희가 이른 곳은 … 뿌린 피니라"(히 12:22-24). "순종함과 예수 그리스도의 피 뿌림을 얻기 위하여 택하심을 입은 자들"(벧전 1:2). "우리를 사랑하사 그의 피로 우리 죄에서 우리를 해방하시고"(계 1:5). "사람들을 피로 사서 하나님께 드리시고"(계 5:9).

또한 하나님의 아들께서는 친히 "이것은 죄 사함을 얻게 하려고 많은 사람을 위하여 흘리는 바 나의 피 곧 언약의 피니라"(마 26:28; 눅 22:20)고 말씀하셨다. 이 모든 구절들에서 그리스도의 죽으심의 희생적 성격을 가르치고 있다. 그리스도의 피가 속죄의 수단이었고, 피 흘림이 없이는 죄 용서함도 있을 수 없었다. 그러므로, 우리의 구원이 구주의 피의 덕택이라고 말씀할 때마다 사실상 그가 우리 죄를 위한 화목 제물로서 죽으셨음을 선포하는 것이다.

뿐만 아니라 우리가 구속함을 받은 사실이 그리스도의 죽으심, 그의 십자가, 그의 몸 덕택이라고 말씀하는 구절들에 대해서도 똑같은 사실을 말씀할 수 있다. 이런 용어들은 서로 의미가 동일한 것들로서 서로 교환하여 얼마든지 사용되기 때문이다. 우리는 "그 아들의 죽으심으로 말미암아 하나님으로 더불어 화목되었"다(롬 5:10). 또한 우리는 그의 십자가로 말미암아 화목되었다(엡 2:16). 또한 우리는 "그의 육체의 죽음으로 말미암아 화목케" 되었다(골 1:22). 우리는 "그리스도의 몸으로 말미암아" 율법에 대하여 죽임을 당하였다(롬 7:4). 그가 율법을 자기 육체로 폐하였고(엡 2:15), "우리를 대적하는 의문에 쓴 증서를 도말하시고 제하여 버리사 십자가에 못박으"셨다(골 2:14).

이 구절들 이외에 그리스도께서 우리를 위하여 죽으신 사실에 대한 일반적인 표현들은 위에서 언급한 구체적인 구절들과 연관지어서 그 분명한 의미를 이해해야 한다. 그러므로 "그리스도께서 경건치 않은 자를 위하여 죽으셨다"거나(롬 5:6), 자기 목숨을 "많은 사람의 대속물"로 주셨다거나(마 20:28), 그가 "의인으로서 불의한 자를 대신하여 죽으셨으니 이는 우리를 하나님 앞으로 인도하려 하심이라"(벧전 3:18)는 등의 말씀들이 과연 무슨 의미인가 하는 것이 너무나 분명한 것이다. 뿐만 아니라, "하나님이 자기 아들을 아끼지 아니하시고 우리 모든 사람을 위하여 내어 주셨다"거나(롬 8:32), "그리스도는 우리 범죄함을 인하여 내어 줌이 되셨다"거나(롬 4:25), "우리 죄를 위하여 자기 몸을 드리셨다"(갈 1:4)는 등의 말씀의 의미도 이에 못지 않게 분명하다 하겠다.

그러므로, 우리의 모든 것이 복되신 구주의 대속적인 고난 덕분이라는 사실을 볼 때에, 구원의 계획에 있어서 십자가가 그렇게 두드러지게 강조되는 이유에 대해서 도무지 의아해할 수가 없다. 또한 사도 바울이 그리스도의 십자가가 헛되지 않도록 그렇게 염려하며 사역에 임했다는 사실이나, 그가 복음 전하는 일을 십자가를 전하는 일로 말했다는 점이나, 그가 유대인에게나 헬라인에게나 십자가에 달리신 그리스도야말로 하나님의 지혜요 하나님의 능력이라고 보았다는 사실이나, 혹은 그가 그리스도의 십자가 외에는 아무것도 자랑치 않기로 결심했다는 사실에 대해서도 하등의 놀랄 이유가 없는 것이다.

우리의 죄로 말미암아 생겨난 하나님의 진노를 피하는 방법이야말로 다른 무엇보다 반드시 알아야 할 필요가 있는 진리이므로, 다른 어떠한 진리보다도 바로 그 진리를 그렇게 다양하게 또한 그렇게 분명하게 가르치고 있는 것이다. 그리스도께서 우리 죄를 지신다거나 우리를 대신하여 죽으신다거나 그의 영혼은 속죄 제물로 드리신다거나, 그의 피로 우리를 구속하신다는 등의 분명한 표현들 이외에도, 성경은 그를 제사장의 성격을 지니신 분으로 밝히 가르치고 있다. 그리하여 우리는 그리스도께서 과연 어떻게 우리의 구원을 이루시는지를 보다 충만하게 알 수 있게 되는 것이다. 그리스도께서 강림하시기 오래 전에, 이미 메시야가 제사장이실 것이라는 예언이 있었다. 성령께서 다윗의 입을 의탁하여 "너는 멜기세덱의 반차를 좇아 영원한 제사장이라"고 선포하셨던 것이다(시 110:4). 스가랴 선지자는 메시야가 제사장으로서 자기 위(位)에 앉을 것을 예언한 바 있다(슥 6:13).

히브리서 기자는 제사장을 '사람 가운데서 취한 자로서 하나님께 속한 일에 사람을 위하여 예물과 속죄하는 제사를 드리는 자'라고 정의하고 있다(히 5:1). 예수 그리스도야말로 우주 안에서 유일한 참되신 제사장이시다. 다른 모든 제사장들은 그저 제사장인 체하는 자들이든지, 아니면 우리가 믿는 그 위대하신 대제사장의 그림자였거나 둘 중의 하나이다. 그리스도야말로 이 제사장 직분에 필요한 자격 조건을 완전히 다 갖추신 분이시기 때문이다.

그는 사람이셨다. "자녀들은 혈육에 함께 속하였으매 그도 또한 한 모양으로 혈육에 함께 속하심은 … 하나님의 일에 자비하고 충성된 대제사장이 되어 백성의 죄를 구속하려 하심이라"(히 2:14-17). "우리에게 있는 대제사장은 우리 연약함을 체휼하지 아니하는 자가 아니요 모든 일에 우리와 한결같이 시험을 받은 자로되 죄는 없으시니라"(히 4:15). 그는 죄가 없으셨다. "이러한 대제사장은 우리에게 합당하니 거룩하고 악이 없고 더러움이 없고 죄인에게서 떠나 계시고 하늘보다 높이 되신 자라"(히 7:26).

그는 하나님의 아들이셨다. "율법은 약점을 가진 사람들을 제사장으로 세웠거니와" 하나님은 영원히 온전케 되신 그의 아들을 제사장으로 세우신 것이다(히 7:28). 그리스도를 하나님의 아들로 선포한 것이 과연 무슨

의미인지를 히브리서 1장에서 설명해 준다. 거기서 말씀하기를, 그리스도
는 하나님의 본체의 형상이시며, 그의 능력의 말씀으로 만물을 붙드시며,
모든 천사가 그에게 경배하도록 명령을 받고 있으며, 그의 보좌가 영영하
며, 그가 태초에 땅의 기초를 두셨으며, 그는 여전하여 연대(年代)가 다함
이 없으리라고 한다.

히브리서 기자는 그리스도의 희생의 효력(히 9:14)과 그의 제사장직의
영구함(히 7:16), 그리고 자기를 힘입어 하나님께 나아가는 모든 자들을
완전히 구원할 수 있는 그의 능력(히 7:25)을 말씀하면서, 이 모든 사실이
바로 이러한 신적 본성을 지닌 그의 위엄에서 비롯되는 것으로 말씀하는
것이다. 그는 정당한 제사장이셨다. 그는 대제사장이 되시는 사실에 대해
서 자기 자신을 영화롭게 하지 아니하시고, 오히려 그를 향하여 "너는 내
아들이라", "너는 영원한 제사장이라"고 말씀하신 그분을 영화롭게 하셨다.
그야말로 유일한 참된 제사장이시며, 따라서 그의 강림은 다른 모든 제사
장들의 존재를 폐하는 것이요, 그 제사장들의 합법적인 사역에 즉각적인
종결을 고하는 것이다.

그리고 이는 그 제사장들이 속한 그 예표적인 경륜을 폐함으로써 이루
어진다. 그리고 제사장직이 변경됨에 따라서, 필연적으로 율법도 변경될
수밖에 없었다. 이전의 계명을 연약하고 무익하게 되어 폐기되었고, 더 나
은 소망이 생겨난 것이다(히 7:12, 19). 그는 하나님께 드릴 만한 합당한
예물을 가지고 계셨던 것이다. 대제사장은 제사를 드리는 일을 위하여 지
명을 받은 사람이므로, 이 사람은 반드시 무언가 드릴 제물이 있어야 했다.
그런데, 그리스도의 경우는 염소나 송아지의 피가 아니라 자기 자신의 피
를 제물로 드리는 것이었다. 자기 자신을 하나님께 드려서 우리의 양심을
죽은 행위로부터 씻으신 것이다(히 9:12, 14). 그는 "자기를 단번에 제사
로 드려 죄를 없게 하"셨는데, 이 일은 "많은 사람의 죄를 담당하"심으로
써 이루셨다(히 9:26, 28). 그는 하늘에 들어가셨다. 대제사장이 속죄의 피
를 가지고 지성소에 들어가야 했듯이, 그리스도께서도 손으로 만든 성소가
아니라 "오직 참 하늘에 들어가사 이제 우리를 위하여 하나님 앞에 나타

나시고"(히 9:24), 또한 "항상 살아서 우리를 위하여 간구"하신다(히 7:25).

이처럼 하늘에 들어가신 위대한 대제사장이신 하나님의 아들 예수(이것이 무슨 의미인지 독자들은 기억하기를 바란다)가 우리에게 있으니, 그는 지극히 높으신 대주재의 우편에 앉아 계신 분이시다. 그가 친히 우리의 죄를 씻으시고 그 백성의 죄를 위하여 화목 제물이 되셨으므로, 이 대제사장의 손에 영혼을 의탁하는 겸손한 신자는 누구든지 긍휼과 때를 따라 돕는 은혜를 얻을 것을 확신하며 그 은혜의 보좌 앞에 담대히 나아갈 수가 있게 된 것이다.

제3절 그리스도의 의가 우리의 칭의의 참된 근거가 됨. 이 교의의 실제적인 효과

이미 살펴 본 바와 같이, 성경은 세 가지를 가르치고 있다: 첫째로 우리가 율법 아래 있는데 그 율법은 완전한 순종을 요구하며 그것을 어길 경우 죽음을 선포한다는 것과, 둘째로, 모든 사람은 그 완전한 순종을 드리지 못했고 따라서 그 죽음의 형벌을 당할 수밖에 없는 처지에 있다는 것과, 셋째로, 그리스도께서 친히 율법 아래 계시사 그 요구를 우리 대신 만족시키심으로써 율법에서 우리를 구속하셨다는 것이다. 이제 한 가지 남은 것은 곧 이 그리스도의 완전하신 의가 우리가 하나님 앞에서 의롭다 함을 얻는 근거로 제시되고 있다는 사실이다.

성경의 언어에서는 정죄란 죄에 대해서 죽음을 선고하는 것이요, 의롭다 함이란 의(義)에 대해서 삶을 선고하는 것이다. 우리가 죄인이요 불경건한 자로서 아무런 행위가 없는 자들이므로 이 의(義)는 우리의 것이 아니다. 그러므로 그 의는 다른 분의 것일 수밖에 없다. 곧, 우리의 의가 되시는 그 분의 의인 것이다. 그러므로 성경은 계속해서 우리 자신의 의와 하나님이 베푸시는 의를 서로 명확하게 구분하는 것이다. 사도 바울은 말씀하기를, 유대인들은 "하나님의 의를 모르고 자기 의를 세우려고 힘써 하나님의 의를 복종치 아니하였다"고 한다(롬 10:3). 그 든든한 반석을 깨뜨려 버린 것이다. 의롭다 함을 얻기 위해서는 의가 필요하다는 것을 그들은 알고 있었다. 그리하여 자기들의 불완전한 의를 내세우기를 고집하고 하나님이 그의 아들의 공로로 베푸신 그 의를 받아들이지 않은 것이다. 그 아들이야말로 율법의 마침이 되사 믿는 모든 자에게 의가 되시는 데도 말이다.

동일한 사상이 롬 9:30-32에도 나타난다. 거기서 바울은 유대인이 배척을 당하고 믿는 자들을 받아들이게 된 경위를 정리하고 있다. 이방인들은 의에, 곧 믿음으로써 난 의에 이르렀다. 그러나 이스라엘은 그 의에 이르지 못했다. 그 이유가 무엇일까? 그것은 그들이 믿음으로 그 의를 구하지 않고 그것이 율법의 행위로써 얻어지는 것으로 생각했기 때문이다. 유대인들은 하나님이 베푸신 의를 받아들이지 아니하고, 행위를 통해서 자기 자신의 의를 마련하는 데 모든 노력을 다 기울였던 것이다. 그리하여 그들은 멸망하고 말았다.

자기 동족 대다수가 추구한 과정과 완전히 대조적으로, 바울은 자기 자신의 의에 의존하던 모든 것을 다 버렸다. 그리고 하나님이 베푸시는 의를 감사함으로 받아들였다. 사실 그는 모든 이점을 다 갖고 있어서 자기 자신을 신뢰하고 의지할 유혹에 얼마든지 빠질 소지가 있는 사람이었다. 그는 하나님의 사랑하시는 백성 가운데서도 팔 일만에 할례를 받았고 율법의 의로는 흠이 없는 사람이었던 것이다.

그러나 그는 이 모든 것들을 다 해로 여겨서 그리스도를 얻고 그 안에서 발견되고자 하였다. 그 자신이 율법에 속한 의를 소유했기 때문이 아니라, 그리스도를 믿음으로 말미암는 의, 곧 믿음으로써 하나님께로 난 의를 소유했기 때문이었다(빌 3:4-9). 여기서 두 종류의 의가 서로 완전히 구별되어 나타나는 것을 보게 된다. 그 하나는 자기 자신의 의로서 율법에 순종하는 것으로 이루어지는 것이다. 바울은 이 의를 부적절한 것으로, 받아들이기에 무가치한 것으로 거부한다. 또 한 가지 의는 하나님의 의로서 믿음으로 말미암아 받는 것인데, 바울은 이것을 받아들이며 완전히 충족하며 유일하게 충족한 의로 찬양하고 있다. 이 의가 바로 사도가 하나님이 행위가 없는 자들에게 전가(轉嫁)하신다(imputes)고 말씀하는 그 의다. 그러므로 그 의를 가리켜 선물, 값 없는 선물, 혹은 은혜로 베푸시는 선물이라고 부르며, 또한 신자들을 가리켜 이 의의 선물을 받는 자들이라고 말하는 것이다(롬 5:17).

그러므로 우리는 우리 스스로 혹은 우리 안에서 행해진 어떤 행위에 의해서가 아니라, 그리스도께서 우리를 위해서 행하신 일에 의해서 의롭다 하심을 얻는 것이다. 우리는 그리스도 안에 있는 구속으로 말미암아 의롭다 하심을 얻는 것이다(롬 3:24). 우리는 그의 피로 인하여 의롭다 하심을 얻는다(롬 5:9). 우리는 그리스도의 순종으로 말미암아 의롭다 하심을 얻는다(롬 5:19). 우리는 그를 힘입어 모든 일에 의롭다 하심을 얻는다(행 13:39). 그리스도께서 우리의 의가 되신다(고전 1:30). 우리는 그리스도 안에서 하나님의 의가 된다(고후 5:21). 우리는 그리스도의 이름으로 의롭다 하심을 얻는다(고전 6:11). 그리스도 안에 있는 자들에게는 정죄함이 없다(롬 8:1). 그러므로 의롭다 하심을 얻는 일은 그리스도를 믿음으로 말미암는 것이다. 믿음이란 그리스도를 우리의 구주로, 또한 우리가 하나님 앞에 영접을 받는 데 필요한 모든 일을 다 행하신 분으로 영접하고 신뢰하는 것이기 때문이다.

사람이 어떻게 하나님 앞에 의인이 될 수 있는가? 라는 질문에 대해서 성경은 이상과 같이 답변하고 있다. 영혼이 죄성을 느끼고 괴로워 할 때, 완전한 순종을 요구하며 또한 그것을 어길 경우 죽음을 형벌로 제시하는 그 율법이 얼마나 합리적이며 거룩한가를 보게 될 때, 그리고 스스로 아무리 복종하고 고난을 당한다 할지라도 그 정의로운 요구를 완전히 만족시킨다는 것은 절대로 불가능하다는 것을 느낄 때, 바로 그 때에 예수 그리스도께서 우리의 의가 되신다는 계시가 과연 하나님의 지혜요 구원에 이르는 하나님의 능력이라는 것을 느끼게 된다. 우리 자신에게 의가 전혀 없다는 것을 깨달을 때에, 우리의 의가 그리스도 안에 있다는 것을 알게 되는 것이다. 우리가 할 수 없는 일을 그리스도께서 우리를 위해서 행하신 것이다. 그러므로 믿는 죄인들에게 의롭다고 선고하는 근거가 되는 그 의는 그 자신의 의가 아니라, 예수 그리스도의 의인 것이다.

성경의 신적 기원에 대한 가장 강력한 증거 가운데 하나는 그것이 사람의 본성과 처지에 아주 합당하다는 사실이라 하겠다. 성경의 가르침들을 믿고 계명들을 순종하면, 하나님과 참된 관계 속에 서게 되며, 서로 다른 부류의 사람들이 또한 서로 진정한 관계 속에 있게 될 것이다. 부모와 자녀, 남편과 아내, 통치자들과 하속들이 서로 각자의 영역을 지키며 그리하여 최고의 탁월함과 행복을 얻게 될 것이다. 진리는 거룩을 위한 것이다. 그리고 진리가 진리임을 아는 일은 그것이 거룩을 증진시키는 성향이 있다는 사실을 통해서 이루어지는 것이다.

성경에 대해 전반적으로 이를 시험해 보면, 성경의 신적인 완전성이 입증되는데, 이를 다시 예수 그리스도를 믿는 믿음으로 말미암는 의롭다 하심이라는 핵심적인 교의에 적용시켜 보면, 이 교의야말로 모든 사람이 받기에 합당하다는 사실이 드러나는 것이다. 이를 근거로 하여 성경 기자들이 이 교의를 제시하는 것이다. 그들은 이 가르침이야말로 최고로 하나님을 존귀하게 하며 사람에게 유익을 주는 것이라고 선언한다. 이 교의는 하나님의 지혜와 공의와 거룩하심과 사랑을 드러내도록 그렇게 정렬되어 있고, 한편 사람에게 죄 용서와 화평과 거룩을 보장하여 준다. 이 두 가지 대상 가운데 어느 하나에라도 목적을 이루지 못한다면, 즉 이 교의가 만일 하나님의 성품에 어울리지 않거나 혹은 우리의 본성과 우리의 필연성에 어울리지 않는다면, 그것은 그것이 지닌 그 목적을 도무지 이룰 수가 없을 것이다.

하나님의 완전하심을 드러내거나 계시하여 하나님께 영광이 되게 하는 것이 창조와 구속의 최고의 목적이라는 것은 누구든 기꺼이 인정하는 사실이다. 그러므로 하나님의 완전하심을 드러내는 데에 적합한 가르침이라면, 어느 것이든 누구나 받아들이고 기릴 가치가 있는 것이 될 것이다. 그런데, 성경 기자들은 가르치기를, 하나님의 완전하심이 특별히 구속의 계획 속에서 드러난다고 하며, 구속의 계획은 정사와 권세들에게 하나님의 넓으신 지혜를 보여 주기 위한 것이라고 하며, 그리스도께서 화목 제물이 되신 것은 하나님의 의로우심 혹은 공의하심을 드러내기 위함이라고 하며, 또한 특히, 장차 올 세대에 하나님이 그리스도 예수 안에서 우리를 향하신 그의 자비하심 가운데서 그의 은혜의 놀라운 풍성함을 보이실 것이라고 한다. 사람의 지식의 한계를 뛰어넘는 하나님의 사랑의 넓이와 길이와 깊이와 높이가 바로 여기서 가장 두드러지게 드러나는 것이다.

어떤 사람들은 이상하게도 그리스도의 죽으심이 우리를 향한 하나님의 사랑을 불러 일으켰다고 상상하지만, 그것은 그 사랑의 결과이지 원인은 아니다. 그리스도께서는 하나님으로 하여금 우리를 사랑하시도록 만들기 위해서 죽으신 것이 아니다. 오히려 하나님이 우리를 사랑하셨기 때문에 그가 죽으신 것이다. "우리가 아직 죄인 되었을 때에 그리스도께서 우리를 위하여 죽으심으로 하나님께서 우리에게 대한 자기의 사랑을 확증하셨느니라"(롬 5:8). "하나님이 세상을 이처럼 사랑하사 독생자를 주셨으니 이는 저를 믿는 자마다 멸망치 않고 영생을 얻게 하려 하심이니라"(요 3:16). "하나님의 사랑이 우리에게 이렇게 나타난 바 되었으니 하나님이 자기의 독생자를 세상에 보내심은 저로 말미암아 우리를 살리려 하심이니라. 사랑은 여기 있으니 우리가 하나님을 사랑한 것이 아니요 오직 하나님이 우리를 사랑하사 우리 죄를 위하여 화목제로 그 아들을 보내셨음이니라"(요일 4:9-10).

이 하나님의 사랑이 전혀 그것을 받을 만한 자격이 없는 자들을 향하여 베풀어졌으므로, 그 사랑을 가리켜 은혜라고 부른다. 그리고 이러한 사실을 성경은 유난히 자주, 그리고 진지하게 거론하는 것이다. 구속의 신비는 무한히 거룩하시며 공의하신 분께서 죄인들을 향하여 그토록 놀라운 사랑을 베푸신다는 데 있다. 그러므로 성경 기자들은 이러한 복음의 특별한 성격을 가리는 것은 무엇이든 진지하게 배격하고 있는 것이다. 사람을 가치있는 존재로, 혹은 자기 자신의 선행으로 공적을 쌓아서 당당히 이런 하나님의 사랑을 획득하는 것으로 묘사하는 모든 이론들을 전부 배격하는 것이다. 하나님의 사랑은 은혜에 속하는 것으로 누구든지 자랑하지 못하게 하기 위함이다(엡 2:8, 9). 우리가 구원을 받는 것은 은혜로 되는 것이다.

그리고 "만일 은혜로 된 것이면 행위로 말미암지 않음이니 그렇지 않으면 은혜가 은혜 되지 못하느니라"(롬 11:6).

사도의 가르침에 따르면, 구원의 계획의 근원이 하나님의 한량 없으신 자비하심에 있으며 또한 하나님이 우리를 받으시는 것이 절대로 우리 자신이 그럴 만한 값어치가 있기 때문이 아닌 것은 물론이요, 더 나아가서 자비하심의 경륜을 실제로 시행하는 일도 하나님의 성품의 그 자비하신 속성을 최대로 드러낼 수 있도록 그렇게 이루어진다는 사실이다. 하나님은 세상의 천한 자들과 멸시 받는 자들과 연약한 자들, 곧 아무것도 아닌 자들을 택하시니, 이는 아무 육체라도 하나님 앞에서 자랑하지 못하게 하려 하심이다. 그리스도께서 우리에게 모든 것이 되셨으니, 자랑하는 자는 주 안에서 자랑해야 마땅한 것이다(고전 1:27-31).

누구든지 구속의 계획이 지니는 이런 특성에 대해 진정으로 기뻐하지 않으면, 자기를 구원한 그 모든 영광이 오직 하나님께 속한다는 사실을 기꺼이 받아들이지 않으면, 그 사람의 마음이 복음과 일치할 수가 없다. 자기가 하나님께 받아들여지는 근거가 자기 자신에게 있다고 믿거나, 아니면 그렇게 되었으면 하고 바라는 상태라면, 그 사람은 우리를 구원하시고 거룩한 부르심으로 우리를 부르신 그 하나님께 드리는 감사의 찬송을 함께 부를 준비가 되어 있지 않은 사람이다. 하나님은 우리의 행위가 아니라 하나님 자신의 목적과 은혜에 따라서 우리를 부르사 구원하셨으므로, 구속함을 받은 사람으로서는 그들을 사랑하사 그들을 위하여 자기 자신을 주신 그분께 감사의 찬송을 올려 드리는 것이 큰 기쁨이 되는 것이다.

성경 기자들이 하나님 앞에서 자기들의 무가치함을 고백하는 경우가 엄청나게 많이 나타난다는 사실이 아주 분명히 드러난다. 그들은 자기들이 절대적으로도 무가치하며, 또한 상대적으로도 무가치하다는 것을 시인하였다. 사람이 구원을 받는 것은 오직 은혜에 속하는 일이었다. 더욱이 다른 사람들말고 자기들이 구원을 받았다는 것도 은혜에 속하는 일이었다. 그러므로 모든 것이 은혜로 된 것이니, 믿는 자들에게서는 하나님을 향한 찬양과 감사가 넘쳐 날 수밖에 없는 것이다.

죄인들이 예수 그리스도를 믿음으로 값없이 의롭다 함을 얻는다는 가르침은 하나님의 무한하신 사랑을 드러내 보여줄 뿐 아니라, 그 가르침이 특별히 그에게 존귀한 것이며 또한 그의 속성과도 완전히 일치하는 것이라는 것이 선포되고 있기도 하다. 그 가르침은 모든 사람들에게 적용되기 때문이다. "하나님은 홀로 유대인의 하나님 뿐이시뇨? 또 이방인의 하나님은 아니시뇨? 진실로 이방인의 하나님도 되시느니라. 할례자도 믿음으로 말미암아 또는 무할례자도 믿음으로 말미암아 의롭다 하실 하나님은 한 분이시니라"(롬 3:29, 30). "한 주께서 모든 사람의 주가 되사 저를 부르는 모든 사람에게 부요하시도다. 누구든지 주의 이름을 부르는 자는 구원을 얻으리라"(롬 10:12, 13).

이 가르침은 절대로 편협하거나 민족적인 혹은 분파적인 본질을 가진 것이 아니다. 그 범위가 땅만큼이나 넓은 것이다. 하나님의 피조물들인 사람들이 있는 곳이면 어디서나 그리스도 예수 안에 있는 하나님의 긍휼하심이 전해질 수 있는 것이다. 사도는 구원 계획의 이러한 특질이 과연 하나님께 합당하다는 사실을, 또한 복음이야말로 모든 민족과 모든 시대를 위한 신앙의 기초로 삼기에 합당하다는 사실을 크게 칭송한다. 모든 사람에게 충족하며 모든 사람에게 합당한 구원이 계시됨으로써 만유의 하나님이시요 아버지이신 하나님의 참된 성품이 분명하게 드러나기 때문이다.

그러나 성경은 이 위대한 교의가 사람의 모든 필요를 채워 주기에 합당할 뿐 아니라 또한 하나님의 영광을 증진시켜 주기까지 한다는 사실을 말씀한다. 하나님을 높인다면, 그것은 당연히 사람을 낮추는 것이 된다. 하나님이 무한히 거룩하시고 의로우시며 사랑이신 분이심을 드러낸다면, 이 교의는 또한 우리가 공로가 전혀 없으며 징벌을 받아 마땅하며 아무런 힘도 없는 데도 도무지 받을 자격이 없는 그런 사랑이 베풀어져서 우리가 구원을 받게 되었다는 것을 느끼게 만들어 주는 것이다. 인간의 죄책과 무기력한 상태보다 진실인 것이 없기 때문에, 이러한 사실들을 인정하지 않는 구원 계획이 있다면 그것은 우리의 내적인 경험이나 회개하는 심령을 완전히 받아들인다는 사실과도 전혀 일치할 수가 없는 것이다.

우리가 전혀 받을 만한 자격이 없다고 알고 있는 그런 공로가 우리에게 돌려진다는 것은 그 사실 자체만 해도 심각한 고통이 아닐 수 없다. 그리고 우리를 이렇게 잘못 평가하여 우리에게 특별한 자비를 베푸신 것이라면, 그런 자비를 받음으로써 오히려 행복감이 파괴되어 버릴 것이다. 그러므로 하나님 앞에서 자신의 부패성과 죄책을 지각하는 심령에게는, 그 자신이 선하기 때문에 구원받는다거나 혹은 다른 사람보다 낫기 때문에 구원받는다는 교리는 오히려 불안하게 만들고 내적인 평안을 깨뜨려 버릴 것이다. 스스로 죄악을 깨닫는 심령에게는 오로지 절대로 값없이 주어지는 은혜의 구원 이외에는 그 어떠한 것도 만족스럽지 못한 것이다. 그 이외에 어떠한 구원의 가르침도 진리에 대한 그의 생각에도, 정의에 대한 그의 감각에도 어울릴 수가 없는 것이다. 그것과 반대되는 가르침은 거짓이요 또한 도덕적으로도 부적절하여 이성으로나 양심으로나 도저히 묵과할 수가 없는 것이다.

우리가 진리라고 알고 있는 성경의 가르침은 ― 즉, 우리의 죄책과 또한 무기력함 ― 하나님과의 올바른 관계를 갖게 해 준다. 그 관계는 진리와도 일치하며 또한 정의에 대한 우리의 사고와도, 또한 우리의 내적인 경험과도, 또한 우리의 마음의 적절한 바람과도 일치하는 것이다. 그렇기 때문에 성경은 평화를 믿음으로 말미암아 얻는 의롭다 하심의 결과로 제시하는 것이다. 하나님과 조화를 이루지 못하면 평화가 있을 수 없으며, 또한 하나님과의 관계 속에서 올바른 자리를 잡지 못하면 그런 조화가 이루어지지 않는 것이다.

자신의 진정한 성격을 인정하지 않는 한, 스스로 공적을 세울 능력이 있으며 하나님의 호의를 받아낼 수 있는 능력이 있다고 가정하여 행동하는 한, 그 사람은 그릇된 위치에 서 있는 것일 뿐이다. 하나님을 향한 그 사람의 느낌도 잘못된 것이다. 그 사람을 향해서는 하나님의 편에서 인정하시거나 호의를 베푸시지 않으시는 것이다. 그러나, 우리가 참으로 설 자리에 서서 우리 자신의 악함을 느끼며 하나님의 값없이 용서하시는 긍휼하심을 바라게 되면, 하나님께로 가까이 나아갈 수 있게 되고, 우리 마음 속에 그의 사랑이 비추이게 되고, 모든 지각에 넘치는 평화가 생겨나게 된다. 율법적인 노력을 중지하고, 자기 스스로를 값어치 있게 만들려는 헛된 노력을 포기하고, 하나님 앞에서 의로운 모습으로 서고자 하는 열심을 포기한다. 무가치한 자로서 하나님께 용납을 받고, 하나님이 보시기에 완전한 의를 선물로 받는 것으로 만족하는 것이다.

그러므로 평화는 그저 죄 용서를 받았다는 확신의 결과로 생기는 것이 아니다. 오히려 죄 용서함 받은 사실이 하나님의 성품을 드러내 주는 의를, 율법을 높이며 존귀하게 만드는 의를, 또한 하나님의 공의를 만족시키면서도 하나님의 무한하신 온유하심과 사랑의 풍성함을 드러내는 그런 의를 근거로 한다는 사실에서 평화가 생겨나는 것이다. 그런 죄 용서 방법에 대해서는 도저히 반론을 제기할 수가 없다. 자기가 행하지도 않은 공로가 자기의 것으로 돌려짐으로써 부담이나 고통을 느끼는 일도 없다. 자신이 철저하게 무가치하다는 사실이 인정될 뿐 아니라 공개적으로 선포되기까지 하는 것이다. 시종일관 공의로우신 하나님이 과연 죄를 용서하실 수 있으시겠느냐는 근심 때문에 괴로움을 당하지도 않는다. 왜냐하면 그리스도의 십자가가 사랑만이 아니라 공의도 분명하게 드러내 주기 때문이다.

그러므로, 아무리 각성하였고 아무리 민감해진다 할지라도, 하나님을 그렇게 높이고 그를 존귀히 여기면서도 또한 죄인의 구원을 확보하는 동시에 그를 구주의 광채 속에 숨도록 만들어 주는 그런 하나님의 긍휼하신 구원의 계획을 온 심령 전체가 참된 겸손과 기쁨으로 수납하지 않을 수가 없는 것이다.

더 나아가서 사도들은 믿음으로 말미암는 칭의의 교의를 정말 진지하게 사람들에게 역설한다. 왜냐하면 그것이야말로 죄에서 구원함을 받는 유일한 방법이기 때문이다. 사람이 율법의 정죄 아래 있는 한, 그리하여 그 율법을 완전히 순종하여야 하나님께 용납을 받을 수 있는 자격과 근거를 지니게 된다고 느끼는 한, 하나님과 화목된다는 것이 완전히 불가능하다고 느끼게 된다. 하나님의 완전하심이 그들에게 엄청난 부담으로 다가오기 때문이다. 그들의 목적은 부적당한 방법으로 하나님과 화목하고자 하는 것이다. 그러니 그들의 자세는 굴욕적이 될 수밖에 없고, 그들의 신앙은 하나의 억압이며, 그들의 하나님은 아주 까다로운 주인이실 수밖에 없는 것이다. 그런 상태에 있는 사람들에게는, 참된 사랑도, 참된 순종도, 그리고 진정한 평화도 불가능하다.

그러나 그런 상태에 있던 그들이 일깨움을 받아서, 하나님이 무한하신 사랑으로 예수 그리스도를 우리 죄를 위하여 화목 제물로 세우셨다는 것과 그가 의로우신 분으로서 그를 믿는 자들을 의롭다 하시는 분이시라는 것과 그가 우리를 구원하시는 것은 우리가 행한 우리의 의로운 행위에 의해서가 아니라 오로지 그의 긍휼하심에 따라서 되는 일이라는 사실을 올바로 보게 되면, 과거에 갇혀 있던 억압의 상태에서 자유함을 받아 하나님의 자녀들이 되는 것이다. 그렇게 되면 하나님이 까다로운 주인이 아니라 자비하신 아버지시라는 것을 깨닫게 된다. 순종도 이제는 상급을 위하여 행하여야 할 임무가 아니라 자녀로서 아버지를 향하여 갖는 사랑의 즐거운 표현이 된다. 하나님과의 모든 관계가 변하고, 그와 더불어 우리의 모든 감각과 행실도 바뀌는 것이다.

의롭다 하심을 얻기 위하여 선행을 할 필요는 절대로 없지만, 우리의 감사와 사랑을 드러내기 위하여 모든 일을 다 하는 것이다. "그런즉 우리가 믿음으로 말미암아 율법을 폐하느뇨? 그럴 수 없느니라. 도리어 율법을 굳게 세우느니라"(롬 3:31). 하나님의 아들의 죽음으로 말미암아, 의롭다 함을 얻는 규범인 율법의 속박에서 벗어나 하나님과 화목하기 전에는 하나님이 받으실 만한 진정한 순종이란 있을 수가 없다. 하나님과 화목하기까지 우리는 하나님의 종이요 원수이므로 따라서 종의 감정밖에는 가질 수가 없다. 그러나 화목의 조건들을 받아들이고 나면, 우리는 하나님의 자녀들이요 따라서 자녀의 감정을 갖게 되는 것이다.

그러나 하나님의 자녀들이 자녀로서 하나님께 드리는 순종이 오로지 하나님의 은혜를 느끼는 데서 오는 도덕적인 영향력의 효과라고만 생각해서는 안 된다. 물론 그런 도덕적인 영향력이 외적으로 가해질 수 있는 가장 큰 영향력인 것은 사실이겠지만, 그러나 그것이 믿음에 항상 뒤따라 오는 거룩한 삶의 근원이 되는 것은 절대로 아니다. 율법의 정죄에서 우리를 해방시키신 그리스도의 구속에 대해 우리가 관심을 갖게 된다는 그 사실 자체가 바로 그리스도의 영에 참예한 자로 만들어 주는 것이다. 복음 안에서 우리에게 베풀어지는 것은 그저 죄 용서나 기타 이런저런 축복만이 아니다. 완전한 구속, 악에서부터의 구원, 그리고 하나님의 사랑과 생명의 회복이 베풀어지는 것이다. 그러므로 믿는 자들은 그저 죄 용서함 받는 데서 그치는 것이 아니라, 그리스도와 연합함으로써 그에게서 성령을 취하는 것이다. 이것이 그의 위대한 선물이다. 그에게 나아오며 그를 신뢰하는 모든 자에게 이 위대한 선물을 주신 것이다. 그렇기 때문에 주님은 이렇게 말씀하신다: "가지가 포도나무에 붙어 있지 아니하면 절로 과실을 맺을 수 없음 같이, 너희도 내 안에 있지 아니하면 그러하리라. 나는 포도나무요 너희는 가지니 저가 내 안에, 내가 저 안에 있으면 이 사람은 과실을 많이 맺나니 나를 떠나서는 너희가 아무것도 할 수 없음이라"(요 15:4, 5).

그러므로 복음의 구원 방법은 모두가 받아들일 만한 가치가 있다. 그것은 하나님의 완전하신 면들을 가장 분명하게 드러내 주며, 또한 모든 면에서 인간의 성격과 필연성에도 일치한다. 복음은 우리를 도저히 자격 없는 죄인의 위치에 — 우리의 진정한 위치에 — 놓는다. 그리고 죄 용서와 양심의 평화와 삶의 거룩함을 확보해 준다. 그것이야말로 하나님의 지혜요 구원에 이르는 하나님의 능력이다. 성경이, 이러한 구원 방법을 거부하는 것을 복음의 음성을 듣고도 멸망하는 자들의 정죄의 두드러진 근거로 제시한다는 사실은 놀랄 문제가 아니다. 그 구원 계획이 그렇게도 분명하게 계시되어 있는 데도, 사람들이 자기들의 성향에 끌리는 대로 다른 방법을 취하기를 고집한다는 것은, 과연 그들이 얼마나 어리석으며 불순종한가를 잘 보여주는 것이다.

하나님의 아들이 친히 세상에 임하셔서 의로운 자로서 불의한 자들을 위하여 죽으시고 그리하여 우리에게 영생을 베풀어 주시는 데도, 그가 베푸신 그 긍휼하심을 우리가 거부한다는 것은, 그의 탁월하심과 그의 사랑에 대해 얼마나 무감각하며, 얼마나 죄를 사랑하며, 하나님을 인정하고 누리기를 얼마나 무시하는지를 극명하게 보여 주는 것이다. 정죄의 다른 모든 근거들을 차치하고, 이것 하나만으로도 우리가 정죄를 받기에 충족한 것이다. "믿지 아니하는 자는 하나님의 독생자의 이름을 믿지 아니하므로 벌써 심판을 받은 것이니라"(요 3:18).

제 6 장

믿음

제1절 믿음이 구원의 조건임. 구원 얻는 믿음의 본질

인간을 구원하시기 위해서 하나님이 마련하신 것이 아무리 풍성하고 적합하다 할지라도, 영생을 얻지 못하는 사람들이 허다하게 많다. 그리스도께서 아무런 유익을 주지 않으실 사람들이 있다는 말이다. 아니, 세상의 구주이신 하나님의 아들을 알면서도 거부했기 때문에 정죄가 더욱 크게 가중될 그런 사람들이 있다는 것이다. 그러므로 그리스도의 구속하심에 대한 관심을 확보하기 위해서 우리가 무엇을 해야 할지를 아는 것이, 그리스도께서 우리의 구원을 위해서 무슨 일을 하셨는지를 깨닫는 일에 못지 않게 절실하게 필요한 것이다.

만일 하나님이 죄인들을 위하여 구원의 계획을 계시하셨다면, 죄인들이 구원받기 위해서는 반드시 그 계획을 따라야 한다. 무슨 명칭으로 부르든 간에, 죄인으로서 해야 할 일은 복음에 제시된 구원의 조건들을 인정하고 받아들이는 것이다. 구원 계획이 죄인들을 위해 마련된 것이므로, 우리 편에서 그 계획을 받아들인다는 것은 곧 우리가 죄인이며 따라서 하나님의 진노 아래 있음을 스스로 인정한다는 뜻이다. 그런 죄책을 느끼지 못하는 자들에게는 그 구원 계획 자체가 어리석은 짓이요 거부감을 일으키는 것으로 여겨질 수밖에 없다. 우리 자신이 아무리 순종한다 해도 율법의 요구를 만족시키기에는 너무나도 부족하다는 사실을 전제로 하고 있기 때문에,

하나님 앞에 용납을 받는 근거로서 우리 자신의 의를 의지하는 것을 완전히 부정하여야만 비로소 그 구원 계획을 받아들이고 따를 수가 있는 것이다. 만일 구원이 은혜에 속한 것이라면, 마땅히 은혜에 속한 것으로 받아들여야 할 것이다. 어떤 형태로든, 어느 정도로든간에 우리 자신의 공로를 내세운다면 그것은 은혜의 구원을 거부하는 것이 되고 만다. 은혜와 행위는 본질적으로 상반되기 때문이다. 그 중 하나를 신뢰하면 나머지 것은 자연히 거부할 수밖에 없는 것이다.

칭의(의롭다 하심을 얻음)란 그리스도의 의를 근거로 하여 얻는 죄 용서와 용납이므로, 구원 계획을 받아들이고 따른다는 것은 곧 그리스도의 사역을 하나님 앞에서 칭의의 유일한 근거로서 인정하고 받아들이는 것을 포함하는 것이다. 하나님의 자녀가 아무리 번민과 헛된 열심으로 방황한다 할지라도 결국에 가서는 그 긍휼하신 구원 계획이 정말로 단순하다는 사실을 깨닫고 찬양하게 될 것이다. 자기에게 값없이 베풀어지는 그것을 그냥 받기만 하면 되고 그밖에 아무것도 할 필요가 없다는 것을 깨닫게 되는 것이다. 자기의 형벌 받을 처지와 무기력한 상태를 의식하고서, 복음에 제시되는 예수 그리스도를 받아들이는 것이다.

하나님이 우리를 의롭다 하시기 위해서 우리에게 요구하시는 것은 바로 이것이다. 그리고 그 일이 행해지면, 그 즉시 우리는 그리스도와 연합하게 된다. 그가 우리의 책임을 지시며 우리를 위하여 간구하시며, 그의 이루신 역사를 근거로 죄의 용서와 용납을 확보해 주시는 것이다. 그러므로 그리스도 예수 안에 있는 자들에게는 정죄함이 없게 되는 것이다.

우리가 의롭다 하심을 얻기 위해서 해야 할 의무의 본질이 무엇인가 하는 것이 정죄를 받는 자들에 대한 성경의 묘사에서 더 분명하게 나타난다. 성경은 그들을 가리켜 그리스도를 거부하는 자들로, 하나님의 의에 굴복하기를 거부하고 자기들 자신의 의를 세우려고 하는 자들로 묘사한다. 그들은 그리스도께서 이루신 사역에 의지하지 않고 율법이나 또는 자기들 자신의 행위를 바라보는 자들이다. 그들은 그들에게 베풀어지는 하나님의 권고를 거부하는 자들이요, 하나님의 성품과 그의 요구 사항에 대해서 무지

하여 그리스도 예수 안에 있는 구속을 통하여 은혜로 말미암아 구원받기를 거부하는 자들인 것이다.

그리스도를 영접한다는 개념을 성경은 통상적으로 "믿음"이라는 단어로 표현한다. "하나님이 세상을 이처럼 사랑하사 독생자를 주셨으니 이는 저를 믿는 자마다 멸망치 않고 영생을 얻게 하려 하심이니라 … 저를 믿는 자는 심판을 받지 아니하는 것이요 믿지 아니하는 자는 하나님의 독생자의 이름을 믿지 아니하므로 벌써 심판을 받은 것이니라 … 아들을 믿는 자는 영생이 있고 아들을 순종치 아니하는 자는 영생을 보지 못하고 도리어 하나님의 진노가 그 위에 머물러 있느니라"(요 3:16, 18, 36). "진실로 진실로 너희에게 이르노니 믿는 자는 영생을 가졌나니"(요 6:47). "너희는 온 천하에 다니며 만민에게 복음을 전파하라. 믿고 세례를 받는 사람은 구원을 얻을 것이요 믿지 않는 사람은 정죄를 받으리라"(막 16:15-16). "선생들아 내가 어떻게 하여야 구원을 얻으리이까? 하거늘 가로되, 주 예수를 믿으라 그리하면 너와 네 집이 구원을 얻으리라"(행 16:30-31).

하나님은 "자기도 의로우시며 또한 예수 믿는 자를 의롭다 하려 하심이니라"(롬 3:26). "의를 좇지 아니한 이방인들이 의를 얻었으니 곧 믿음에서 난 의요 의의 법을 좇아간 이스라엘은 법에 이르지 못하였으니 어찌 그리하뇨? 이는 저희가 믿음에 의지하지 않고 행위에 의지함이라"(롬 9:30-32). "사람이 의롭게 되는 것은 율법의 행위에서 난 것이 아니요 오직 예수 그리스도를 믿음으로 말미암는 줄 아는 고로 우리도 그리스도 예수를 믿나니 이는 우리가 율법의 행위에서 아니고 그리스도를 믿음으로서 의롭다 함을 얻으려 함이라"(갈 2:16). "너희가 그 은혜를 인하여 믿음으로 말미암아 구원을 얻었나니 이것이 너희에게서 난 것이 아니요 하나님의 선물이라"(엡 2:8). "그의 계명은 이것이니 곧 그 아들 예수 그리스도의 이름을 믿고"(요일 3:23). "하나님의 아들을 믿는 자는 자기 안에 증거가 있고"(요일 5:10).

성경의 언어가 이처럼 분명하고 다양하니, 이를 오해한다는 것은 오히려 불가능한 일이다. 이 말씀들은 생명의 길을 찾는 진지한 사람들에게, 구원

받기 위해서는 반드시 예수 그리스도를 믿어야 한다는 것을 가르쳐 준다. 물론 믿는다는 것이 무엇인지를 다른 사람 못지 않게 알고 있기는 하지만, 그럼에도 불구하고 산 믿음과 죽은 믿음, 즉 마귀의 믿음과 하나님의 택한 자들의 믿음이 있다는 말씀을 접하면, 혹은 한 구절에서는 믿는 자는 구원을 받는다는 사실을 읽고, 또 다른 구절에서는 시몬의 경우 믿기는 했지만 온갖 비통함과 죄악의 굴레 속에 여전히 있었다는 사실을 접하게 되면, 과연 구원과 연결되는 믿음이란 무엇인지에 대해서 아주 혼동이 생겨서 어찌할 줄을 모르게 되는 경우가 많이 있다. 성경 언어의 용법이 그렇기 때문에 이런 혼동이 불가피하게 생기는 것이다.

사람의 영혼은 그 활동이 아주 놀랍다. 그 지각이나 감정, 혹은 애착 같은 것이 너무나도 다양하고 복잡하기 때문에, 영혼의 활동 하나하나마다 다른 단어들을 써서 표현한다는 것은 도무지 불가능한 일이다. 그러므로 여러 가지 다른 정신의 상태들에 공통적인 특징들이 두드러지게 나타날 경우 그 상태들을 한 가지 단어를 써서 표현하는 일이 불가피해지는 것이다. 그 단어가 일반적이며 포괄적인 의미냐, 아니면 구체적인 의미냐 하는 것은 문맥에 따라서, 덧붙여 설명해 주는 표현들에 따라서, 말씀하는 사안의 본질에 따라서, 그리고 그 효과에 따라서, 결정할 것이다.

강론이나 교훈의 목적을 위해서라면 이 모든 것으로 충분하다. 예를 들어서, 음식을 사랑하는 것이나, 아기를 사랑하는 것이나, 부모를 사랑하는 것이나, 하나님을 사랑하는 것에 대해서 이야기할 때에, 계속해서 '사랑'이라는 단어를 사용하지만 각 경우마다 함유하고 있는 뜻이 다 다르기 때문에 전혀 말을 오해할 염려가 없다. 위의 모든 경우에 어떤 특정한 것을 지각함으로써 얻는 즐거운 감정이 있고, 그것을 가리켜 똑같이 사랑이라고 부른다. 그러나 부모가 아기를 바라보면서 느끼는 안락하고 포근한 감정은, 영혼을 하나님께로 향할 때에 갖게 되는 지극한 경외감과는 전연 다른 정신 상태인 것이다.

그러므로 "믿음"이라는 단어가 성경에서 여러 가지 상이한 활동이나 상이한 정신 상태를 표현하는 뜻으로 사용된다고 해도 전혀 놀랄 이유가 없다. 가장 넓은 의미에서 믿음이란, 증거가 제시될 때에 그 증거의 사실성에 동의하는 것을 의미한다. 그러나 이 증거가 반드시 증언의 성격이어야 할 필요는 없을 것이다. 왜냐하면 우리가 무엇이든 사실이라 여겨지는 것을 다 믿는다고 말해도 전혀 의미상 잘못이 없기 때문이다.

우리는 하나님의 존재와 그의 속성들을 믿는다. 그러나 이 경우 우리의 믿음은 엄밀한 의미에서 증언을 근거로 한 것이라 할 수가 없다. 그러나 만일 믿음이 진리에 대해 동의한다는 의미라면, 그 믿음의 본질과 또한 거기에 수반되는 요인들은 그 믿는 진리의 본질과는 다를 수밖에 없고, 특히 우리의 동의의 근거가 되는 증거의 본질과도 다를 수밖에 없다. 지구가 자전(自轉)한다든가, 덕이 선하다든가, 죄가 형벌을 받을 것이라든가, 신자에게 하나님이 구원을 약속하신다든가 하는 명제에 대해서는 누구든지 동의할 수가 있다. 이런 모든 경우들마다 동의가 나타나며, 그러므로 그것을 믿음이라 할 수 있다. 그러나 이처럼 똑같이 믿음이라는 말로 표현하기는 하지만, 그 마음의 상태는 모든 경우마다 다 동일한 것이 아니다.

사색적인 혹은 추상적인 진리에 대한 동의는 하나의 사색적인 행위이다. 도덕적 진리에 대한 동의는 도덕적인 행위이다. 그리고 우리 자신에게 주어진 약속에 대한 동의는 하나의 신뢰의 행위가 되는 것이다. 지구가 자전한다는 믿음은 그저 동의 이외에 아무것도 아니다. 덕이 선하다는 믿음은 본질상 하나의 도덕적인 판단이다. 그리고 약속에 대한 믿음은 하나의 신뢰의 행위이다. 혹, 신뢰는 약속된 그 진리에 대한 동의의 결과로 나오는 것이라고 이야기한다면, 그것을 단순한 분석의 결과로 인정할 수는 있을 것이다. 그러나 그렇게 구분한다 해도 결과는 달라질 것이 없다. 왜냐하면 그 두 가지는 서로 분리할 수가 없기 때문이며, 또한 성경이 그렇게 구분을 하지 않기 때문이다. 성경의 언어에서, 하나님의 약속에 대한 믿음이란 바로 그 약속을 믿고 의지하는 것을 의미한다. 그러므로 의지하는 것과는 전연 별개로 단순히 그 약속에 대해서 동의하는 것만으로 그친다면 그것은 축복과 전혀 관계가 없어지는 것이다.

그러나 여기서 중요한 사실은 진리에 대해 동의하는 우리의 행위의 본질은 그런 동의가 어떠한 유의 증거에 근거하고 있느냐에 따라서 수정된다는 점이다. 예를 들어서, 소경도 다른 사람들의 증언에 근거하여 색깔(色)이 존재한다는 것을 믿을 수가 있고, 귀머거리도 역시 다른 사람들의 증언을 기반으로 하여 소리의 아름다운 하모니를 믿을 수가 있을 것이다. 그러나 그들의 그런 믿음은 시각이나 청각의 작용을 누리는 사람들의 믿음과는 매우 다를 수밖에 없는 것이다. 프란시스 베이컨이나 아이작 뉴턴 같은 사람은 전세계적으로 명성이 나 있고 또한 그들의 저작들의 영향이 인정을 받기 때문에, 그런 명성과 그런 영향력이 그들이 지적으로 탁월하다는 아주 합리적인 확신의 근거가 될 수 있다. 그러나 그들의 저작들을 실제로 접하고 연구함으로써 얻어지는 확신은 그런 확신과는 근본적으로 성격이 다른 것이다.

　진실성이 있고 믿을 만한 판단을 지녔다고 여겨지는 사람들이 우리가 전연 알지 못하는 어떤 사람의 도덕성이 아주 탁월하다고 증언해 주면, 우리는 그 사람들의 증언을 그대로 믿게 된다. 그러나 우리가 몸소 그 사람의 도덕성을 보게 되면, 우리는 다른 이유에서, 다른 방식으로 그 사람의 도덕성을 믿게 되는 것이다. 그러므로, 일상적인 언어에서나 성경의 언어에서 "믿음"이라는 말로 표현되는 마음의 상태는 우리의 믿음이 근거를 두는 그 증거의 본질과 근본적으로 다른 것이다.

　어떤 사람은 순전히 다른 사람들의 증언을 토대로 하여 성경이 하나님의 말씀이며 그 속에 담겨진 사실들과 가르침들이 진리라고 믿는다. 기독교 국가에서 출생하여 어려서부터 부모에게 성경이 하나님의 계시라고 배워왔기 때문에, 그 진리에 대해서 그저 대략적으로 동의하게 된다. 그러나 그러면서도 자기 스스로 그 사실성의 증거를 점검해 보려는 마음은 없는 것이다.

　그런데 어떤 사람은 자기 스스로 문제를 검토해 보았기 때문에 믿는다. 그 사람은, 이적이나 예언의 성취나 복음의 성공적인 전파와 그 영향에 대해서는 그 기원이 하나님께 있다고 가정하지 않고서는 도무지 해명할 길이 없다는 사실을 분명히 알고 있는 것이다. 또 어떤 사람은 성경의 진리들이 자기들의 이성과 양심에 와 닿고, 또한 자기들의 내적인 경험과도 일치하기 때문에 그것을 믿는다. 이런 근거 위에 믿음을 세우는 사람들은 말씀을 기쁨으로 받기도 하고, 참된 그리스도인들의 모습과 아주 흡사한 여러 가지 일들을 하기도 하며, 벨릭스처럼 믿고 두려워 떨기도 한다.

악인이 마지막 임종 때에 가서 믿음의 이런 근거를 몸소 대하고 깜짝 놀라게 되는 경우도 많다. 평생토록 진리를 외면해오고 또 멸시해왔으며, 그리하여 성경의 권위에 대해서 수많은 반론을 계속 축적시켜온 사람이 갑자기 도저히 저항할 수 없는 어떤 힘에 의해서 성경을 믿게 되는 일이 자주 나타나는 것을 보게 된다. 양심이 일깨워져서 어떤 권위 앞에 완전히 굴복하여 진리를 인정하게 되는 것이다. 이 새롭게 나타나는 진리의 증거의 위엄 앞에서 과거에 가졌던 의심과 궤변이 깜짝 놀라며 물러가 버리는 것이다. 이제는 믿지 못한다는 것이 오히려 불가능한 일이다. 하나님이 계시다는 것이나, 그가 거룩하시고 공의하시다는 것이나, 또한 지옥이 있다는 것에 대해서 이제는 의심하고 싶어도 할 수가 없는 것이다.

이런 믿음은, 다른 사람들의 권위나 외형적인 증거나 논증에 근거하는 믿음과는 그 기원과 본질과 효과면에서 전연 다른 것이다. 이런 믿음은 대개 죽음이 임박했을 때에 충격적으로 드러나지만, 습관적으로 무관심하던 사람이 갑자기 그런 믿음을 갖게 되는 일도 자주 나타난다. 양심이 일깨워지고 각성하는 것이다. 전에는 부인하거나 무시해버리던 것들을 이제 사실로 느끼고 받아들이는 것이다. 그리하여 그 진리가 그들에게 엄청난 힘을 갖게 된다. 과거에 그 사람들에게 있던 평안이 깨어진다. 그 진리가 그들을 강제로 밀어붙여서 자기를 부인하게 하고 각종 신앙적 의무들을 이행하도록 하는 것이다. 그리고 때로는 이런 영향력이 곧 소멸되어, 양심이 습관적인 타성에 빠져 버리기도 한다.

그리고, 어떤 사람들의 경우에는 그런 상태가 생의 마지막까지 계속 이어지기도 한다. 그런 경우는 하나님의 은혜의 복음을 받아들이는 일은 없고, 속박과 두려움의 마음이 계속 일어나서 스스로 천국으로 향하는 길을 찾으려 애쓰게 되는 것이다. 이런 유의 믿음이 만들어내는 효과는 물론 성령의 열매와는 구체적으로 다르지만, 항상 사람의 눈으로 쉽게 분별되는 것이 아니다. 그러므로 외모로는 하나님의 자녀의 모습을 하고 있지만, 속으로는 오히려 복음에 대한 사랑과 신뢰의 기질과는 정반대되는 그런 영적 상태 속에 빠져 있는 사람들이 많은 것이다.

그런데, 지금까지 언급한 형태와는 전혀 다른 믿음이 있다. 성령께서 진리의 탁월함과 아름다움과 적절함을 드러내 보이심으로써 그것에 근거하는 믿음이 바로 그것이다. 이것을 가리켜 베드로는 하나님의 택하신 자들의 보배로운 믿음이라고 부른다. 이 믿음은 진리에 대한 영적인 인식에서 비롯되는 것이며, 또한 우리의 마음 속에 진리와 함께 또는 진리를 통해서 역사하시는 성령의 증거에서 비롯되는 것이다. 이 믿음에 대해서 성경은 아주 자주 언급하고 있다. 그리스도께서는 이렇게 말씀하셨다: "천지의 주재이신 아버지여, 이것을 지혜롭고 슬기 있는 자들에게는 숨기시고 어린 아이들에게는 나타내심을 감사하나이다"(눅 10:21). 외적인 계시는 지혜 있는 자들이게나 어린 아이들에게나 동등하게 주어진 것이다. 그런데 어린 아이들에게 내적 조명이 주어져서, 그것을 통하여 진리의 탁월함을 보게 되고, 그리하여 그것에 대해 기쁨으로 동의하게 되었다는 것이다.

그러므로 주님은 이렇게 덧붙여 말씀하신다: "아버지 외에는 아들이 누군지 아는 자가 없고 아들과 또 아들의 소원대로 계시를 받은 자 외에는 아버지가 누군지 아는 자가 없나이다"(눅 10:22). 베드로가 그리스도에 대해 신앙 고백을 했을 때에, 우리 주님은 그에게 "바요나 시몬아 네게 복이 있도다. 이를 네게 알게 한 이는 혈육이 아니요 하늘에 계신 내 아버지시니라"(마 16:17)라고 하셨다.

바울은 교회를 핍박하던 자였다. 그러나 하나님께서 그에게 그의 아들을 계시하시기를 기뻐하셨고, 그 결과 그는 과거에 파괴시키려 애썼던 그 믿음을 전하게 되었던 것이다. 전에도 그리스도에 대해 외적인 지식이 있었다. 그러나 다메섹으로 가는 길에 경험한 이 내적인 계시가 그의 성격 전체를 즉각적으로 변화시킨 것이다. 정황이 특수했을 뿐, 사도 바울의 회심에 무슨 이적적인 요소나 특별한 요소가 있었던 것은 아니다. 그는 모든 신자가 다 똑같이 하나님의 조명하심을 받는다고 말씀한다. 그는 말씀하기를, "어두운 데서 빛이 비취리라 하시던 그 하나님께서 예수 그리스도의 얼굴에 있는 하나님의 영광을 아는 빛을 우리 마음에 비취셨느니라"(고후 4:6)라고 한다. 또한 "이 세상 신이 믿지 아니하는 자들의 마음을 혼미케 하여 그리스도의 영광의 복음의 광채가 비취지 못하게 함이니 그리스도는 하나님의 형상이니라"라고도 말씀한다(고후 4:4).

고린도전서 2장에서 특히 이 문제에 대해서 깊이 말씀하는데, 거기서 그는 참된 하나님의 복음의 지혜는 인간의 지혜로는 발견할 수 없을 뿐 아니라 외적으로 계시되어도 하나님께서 우리에게 값없이 주신 것들을 알기 위해서는 성령의 역사가 필요하다는 것을 가르치는 것이다. "육에 속한 사람은 하나님의 성령의 일을 받지 아니하나니 저희에게는 미련하게 보임이요 또 깨닫지도 못하나니 이런 일은 영적으로라야 분변함이니라."

그리하여 사도는 독자들을 위하여 이렇게 기도한다: "너희 마음 눈을 밝히사 그의 부르심의 소망이 무엇이며 성도 안에서 그 기업의 영광의 풍성이 무엇이며 그의 힘의 강력으로 역사하심을 따라 믿는 우리에게 베푸신 능력의 지극히 크심이 어떤 것을 너희로 알게 하시기를 구하노라"(엡 1:18, 19).

또 다른 곳에서는 "너희로 하여금 모든 신령한 지혜와 총명에 하나님의 뜻을 아는 것으로 채우게 하시기"(골 1:9)를 구한다. 여기서 '신령한 총명'이란 곧 성령께서 마음에 역사하신 결과로 진리의 본질에 대해서 생기는 통찰을 뜻한다. 믿음이란 바로 이런 신령한 깨달음에 기초하는 것이기 때문에, 바울은 "내 말과 내 전도함이 지혜의 권하는 말로 하지 아니하고 다만 성령의 나타남과 능력으로 하여 너희 믿음이 사람의 지혜에 있지 아니하고 다만 하나님의 능력에 있게 하려 하였노라"(고전 2:4, 5)고 말한다. 그러므로 믿음을 가리켜 성령의 열매 가운데 하나요, 하나님의 선물이요, 성령의 역사하심의 결과라고 말씀하는 것이다(엡 2:8, 9; 골 2:12).

이러한 성경의 교훈들은 하나님의 백성의 경험과도 일치한다. 그들은 자기들의 믿음이 다른 사람의 증언에 근거하는 것도, 외적 증거에만 근거하는 것도 아니라는 것을 안다. 오히려 진리가 그들 자신에게 진실되고 선한 것으로 나타나며, 또한 그 진리의 능력을 느끼며 그 위로를 체험하기 때문에 그것을 믿는 것이다.

진리에 대한 신령한 깨달음에 기초한 믿음은 그 기원도 다른 만큼 또한 그 결과 역시 여타 다른 종류의 믿음과는 다른 것이다. 권위에 근거해서, 혹은 외적 증거를 기초하여 성경을 믿는 수많은 무리들 가운데서 성경의 계명과 경계들을 무시하는 자들이 얼마나 많은지 모른다. 그런 사람들이 진리를 믿지 않는다는 말은 어떤 의미에서는 사실이고, 어떤 의미에서는 사실이 아니다. 믿는 것은 사실이다. 그 반대의 사실을 인정하는 일은 그들의 의식 속에서 갈등을 일으킬 수밖에 없다. 그들에게서 나타나는 마음의 상태를 성경은 믿음이라고 부르는 것이다. 죽은 믿음도 어떤 의미에서 믿음인 것만은 사실이 아닌가.

또 어떤 경우는 이런 합리적인 신념이 다른 여러 가지 이유들과 결합하여, 복음을 듣는 자들에게서 흔히 나타나는 그런 신앙적 의무들에 대한 예의바른 관심을 만들어 내기도 하고 또한 전반적으로 예의있는 행실을 만들어 내기도 한다. 양심의 힘에 기초를 두는 믿음은 더 효과가 두드러지게 나타난다. 일시적인 순종과 기쁨, 혹은 죄를 깨달은 사람과 죽어가는 사람과 잃어버린 사람들에게서 나타나는 절망과 반대, 혹은 이미 앞에서 말한 바 있는 신앙적 열심이 나타나는 것이다.

그러나 하나님께서 선물로 주시는 믿음은 우리의 눈을 떠서 진리의 탁월함을 바라보는 데서 생기는 것인데, 그 믿음에는 기쁨과 사랑이 뒤따른다. 마치 아름다운 것을 지각할 때에 쾌감이 따르듯이, 이런 감정들이 그런 믿음에 즉각적으로 또한 필연적으로 뒤따르는 것이다. 그러므로 믿음이 사랑으로 역사한다고 말하는 것이다. 그리고 계시된 모든 진리가 지금 우리가 말하고 있는 그 믿음의 대상이 되기 때문에, 우리의 믿음의 강한 정도에 따라서, 각각의 진리가 마음에 적절한 효과를 만들어 내는 것이다. 하나님의 영광을 깨달음으로써 하나님의 존재와 그의 완전하심에 대한 믿음이 생기면, 당연히 사랑과 존숭과 신뢰가 생기며 하나님의 형상에 화합하고자 하는 열심이 생기기 마련이다.

그러므로 사도는 말씀하기를, "우리가 다 수건을 벗은 얼굴로 거울을 보는 것같이 주의 영광을 보매 저와 같은 형상으로 화하여 영광으로 영광에 이르니 곧 주의 영으로 말미암음이니라"(고후 3:18)라고 하는 것이다. 하나님의 공의하심을 깨달음으로써 하나님의 엄위하심에 대한 믿음이 생기면, 죄에 대한 형벌에 대한 의식과 아울러 두렵고 떨리는 마음이 생겨난다. 하나님의 신실하심과 권능을 깨달아서 하나님의 약속들에 대한 믿음이 생기고, 또한 그 약속들이 그의 계시된 모든 목적들과 일치하며 우리의 본성과 필연성에도 적절하다는 사실을 깨닫게 되면, 반드시 신뢰와 기쁨과 소망이 생기는 법이다.

바로 그 믿음 덕분에 아브라함은 본토를 떠나 낯선 땅으로 나아갔으며, 또한 모세는 그리스도를 위하여 능욕 받기를 애굽의 부귀와 보화보다 더 귀하게 여겼던 것이다. 또한 그것이 다윗의 믿음이었고, 사무엘의 믿음이었고, 모든 선지자들의 믿음이었다. "저희가 믿음으로 나라들을 이기기도 하며 의를 행하기도 하며 약속을 받기도 하며 사자들의 입을 막기도 하며 불의 세력을 멸하기도 하며 칼날을 피하기도 하며 연약한 가운데서 강하게 되기도 하며 전쟁에 용맹되어 이방 사람들의 진을 물리치기도" 했던 것이다(히 11:33-34).

이 믿음이야말로 모든 하나님의 백성들을 이끌어 스스로 이 땅의 나그네요 과객임을 고백하게 하며, 또한 기초가 든든한 성(城), 곧 하나님이 건축자가 되시사 직접 지으시는 그 성을 바라보게 하는 것이다. 이것이 바로 세상을 이기는 믿음이요, 그리스도께서 하나님의 우편에 앉아 계신 곳, 위를 바라보게 이끌어 주는 믿음이다. 이것이야말로 환난 중에서도 찬송하게 하며, 보이는 것을 보지 않고 보이지 않는 것들, 즉 일시적으로 지나가는 것들이 아니라 눈에 보이지 않는 영원한 것들을 보게 만들어 주는 믿음인 것이다.

그리스도에게서 비취는 하나님의 영광을 깨닫는 데서 일어나는 예수 그리스도에 대한 믿음, 그 영광을 아버지의 독생자의 영광이요 은혜와 진리가 충만한 영광으로 바라보는 믿음, 구속자가 우리의 본성을 입으셨음을 생각하며, 그를 여러 형제들 가운데 맏아들로, 우리의 죄를 위하여 죽으시고 우리의 의롭다 하심을 위하여 다시 사시사 하늘에 오르시고 지금 하나님의 우편에 앉아 계시며 거기서 영원히 사시사 우리를 위하여 친히 간구하시는 분으로 아는 그 믿음에 대해서 과연 무엇이라 말하겠는가?

사도는 말씀하기를, 그런 믿음은 반드시 사랑을 만들어 낸다고 한다. "예수를 너희가 보지 못하였으나 사랑하는도다. 이제도 보지 못하나 믿고 말할 수 없는 영광스러운 즐거움으로 기뻐하니"(벧전 1:8)라고 말씀하는 것이다. 영혼이 그리스도를 모든 면에서 구주로 기꺼이 영접한다. 그리고 자연히 그의 뜻에 복종하기를 원하게 되고, 그의 은혜의 그 한량 없는 풍성함을 다른 사람들에게 알려 주기를 원하게 되는 것이다.

또한, 하나님의 거룩하심과 자기 자신의 마음의 악함에 대한 올바른 깨달음에 기초한 믿음을 가지고 사람의 성품과 죄에 대한 형벌에 관하여 성경에 제시된 내용을 믿게 되면, 누구나 자기를 정죄하고 자기를 미워하며, 또한 의에 대하여 항상 주리고 목마름을 경험하게 된다는 것도, 이에 못지 않게 분명한 것이다. 그리하여 하나님의 말씀 속에 담겨 있는 모든 진리들에 대해서 다음과 같이 말할 수 있을 것이다.

이런 신령한 깨달음에 근거하여 그 진리들을 믿게 될 때에 비로소 그 진리가 마음에 적절한 영향을 발휘하게 되며, 결국 삶 전체에 영향을 발휘하게 된다는 것이다. 그런 믿음이 선한 열매들을 만들어내지 못하게 되는 일은 불가능한 일이다. 마치 태양이 아무런 열기도 내뿜지 않고 그저 빛만 비추는 일이 불가능하듯이 말이다. 이 믿음이야말로 모든 사랑과 모든 거룩한 삶의 살아 있는 머리가 된다. 이 믿음이 없이는 아무리 신앙의 모습이 있다 해도 그저 무기력한 형식이나, 노예와 같은 혹사와 같은 것이며, 아무리 잘 보아도 합리주의적인 충성 이외에 아무것도 아니다.

그러므로 우리는 믿음으로 살며, 믿음으로 행하며, 믿음으로 말미암아 거룩하게 되며, 믿음으로 말미암아 이기며, 믿음으로 말미암아 구원을 받는다고 말하는 것이다. 그리고 하나님의 백성의 위대한 특징은 그들이 믿는 자들이라는 점이다.

제2절 칭의와 연결되는 믿음

지금까지 말씀한 내용은 성경에 제시되어 있는 구원 얻는 믿음의 본질이 어떤 것인가를 보여주기 위한 것이었다. 구원 얻는 믿음이란 믿음이라는 단어로 표현할 수 있는 여타 모든 정신 활동과는 다른 것인데, 이는 주로 그것이 기초로 삼고 있는 증거의 본질 때문이다. 그러나 성경은 이 문제에 대해서 더욱 명확한 가르침을 제시하고 있다. 증거가 제시되고 성령께서 그 증거를 적용시킴으로써 하나님의 선언하시는 모든 사실들을 사실로 받아들이는 그런 믿음이 있다는 것을 물론 가르치지만, 동시에 성경은 하나님 앞에서 의로운 자로 인정받게 해 주는 그런 믿음의 구체적인 행위들이 무엇인가를 말씀해 준다. 우리가 의롭다 하심을 받는 것이 그리스도와 및 그의 중보 사역과 특별한 관계를 갖는 그런 믿음의 행위에 의해서 된다는 사실을 분명히 가르쳐 주는 것이다.

그리하여 성경은 그의 피를 믿는 믿음으로 말미암아 의롭다 하심을 받는다고 말씀한다(롬 3:25). 또한 하나님의 의가 예수 그리스도를 믿음으로 말미암아 미친다고도 말씀한다(롬 3:22). 이 표현이 자주 나타난다: "사람이 의롭게 되는 것은 율법의 행위에서 난 것이 아니요 오직 예수 그리스도를 믿음으로 말미암는 줄 아는 고로 우리도 그리스도 예수를 믿나니 이는 우리가 율법의 행위에서 아니고 그리스도를 믿음으로서 의롭다 함을 얻으려 함이라"(갈 2:16). "의는 율법에서 난 것이 아니요 오직 그리스도를 믿음으로 말미암는 것이니 곧 믿음으로 하나님께로서 난 의라"(빌 3:9).

이 구절들과 기타 비슷한 많은 구절들에서 그리스도께서 의롭다 함을 얻게 하는 믿음의 대상이심을 분명하게 진술하고 있다. 또한 칭의 또는 구원을 그리스도를 믿는 믿음과 연결시키는 여러 구절들에서도 동일한 가르침이 나타나고 있다. "누구든지 저를 믿는 자마다 멸망치 않고 영생을 얻게 하려 하심이니라"(요 3:16). "아들을 믿는 자는 영생이 있고"(요 3:36). "저를 믿는 사람들이 다 그 이름을 힘입어 죄사함을 받는다 하였느니라"(행 10:43). "주 예수를 믿으라 그리하면 너와 네 집이 구원을 얻으리라"(행 16:31).

하나님의 말씀에 주어진 칭의의 방법에 대한 모든 진술들 가운데 동일한 진리가 나타나는 것이다. 그리스도의 죽으심으로 말미암아, 그의 십자가의 피로 말미암아, 그리스도 안에 있는 구속으로 말미암아, 그리스도 자신의 희생으로 말미암아, 그가 우리 죄를 지심으로 말미암아, 그의 순종으로 말미암아, 또는 그의 의로 말미암아 우리가 의롭다 하심을 얻는다고 말씀한다. 이 모든 진술들은 중보자이신 그리스도께서 의롭다 하심을 얻게 하는 믿음의 특별한 대상이 되신다는 사실을 함축하고 있는 것이다. 사실, 하나님이 주신 모든 다른 말씀들을 믿지 않고서는 그의 아들에 대해서 주신 말씀을 믿는다는 것은 불가능한 일이다. 우리가 알고 깨닫는 한 그렇다.

또한 우리의 칭의와 연관되는 믿음이라는 특별한 행위는 예수 그리스도를 죄에서 구원하시는 구원자로 믿는 믿음인 것이다. 그리고 예수 그리스도를 믿으라는 명령의 의미는 곧 그를 신뢰하고 의지하라는 뜻이다. 예수께서 그리스도시라는 명제에 동의하라는 뜻만이 아니다. 천사들도 마귀도 그런 동의를 한다. 오히려 지식과 동의를 다 포함하는 신뢰를 표현하는 것이다. 그리스도께서 죄에 대한 속죄 제물이심을 믿는다는 것은 곧 그를 속죄 제물로 받아들이고 의지한다는 뜻이다.

이런 사실에서 볼 때에 구원을 받기 위해서 우리가 무엇을 해야 하느냐 하는 것이 분명해진다. 죄에 대한 감각 때문에, 또한 양심의 가책 때문에 마음이 괴롭고 무거울 때에, 고뇌에 찬 심령이 하나님의 의로우신 진노에서 벗어날 방법을 찾을 때에, 하나님의 아들의 입술에서 나오는 긍휼의 음성은 바로, "내게 오라, 나를 믿으라, 내게 굴복하여 구원을 받으라"라는 것이다. 이 음성을 따라서 그렇게 하기 전에는 아무것도 소용이 없다.

그리고 그리스도를 믿는 이 진심에서 우러나는 행위가 이루어지면, 우리가 그에게 영접을 받으며, 또한 그리스도께서는 우리를 죄의 권세와 정죄에서 구원해 내시는 것이다. 하나님의 영광을 계시해 주는 신적 조명의 수혜자가 될 때에, 하나님의 백성은 자기 자신의 무가치함에 대해, 예수 그리스도의 구원 계획에 대해서 아주 다양한 경험을 하게 된다. 그들이 사전에 가지고 있던 지식에 따라서, 그들의 특수한 마음의 상태에 따라서, 어떤 구체적인 진리가 특별히 그들의 주목을 끌게 되었느냐 하는 것에 따라서 달라지는 것이다. 이러한 다양성은 금방 받아들일 수 있다.

그러나 아들로 말미암지 않고는 아버지께로 올 자가 없으며, 그 아들을 믿는 믿음이 없이는 죄의 용서도 하나님께 나아감도 있을 수 없기 때문에, 인식의 정도에 차이가 있기는 하지만 새로움을 얻은 영혼이 은혜로 말미암아 처음 시행하는 활동의 대상은 어디까지나 그리스도와 그의 중보자로서의 사역인 것이다. 그리스도를 근거로 하지 않는 한, 아무리 하나님께 가까이 나아간다고 하더라도, 하나님의 은혜를 소망한다 하더라도, 아무리 양심의 평화가 있고 죄 용서를 확신한다 해도, 그 모든 것이 헛된 망상일 뿐이다. 그런 대제사장이 우리에게 계시므로 우리가 은혜의 보좌에 담대히 나아가는 것이며, 바로 이것이 그 보좌에 감히 가까이 나아가는 유일한 근거인 것이다. 예수 그리스도로 말미암지 않고서는 죄 용서도, 하나님께 가까이 나아감도, 평화도, 화목도 없다는 사실을 구속 계획 전체가 분명히 보여 주는 것이다. 그리고 이런 사상이 성경에 끊임없이 제시되기 때문에, 순전한 신앙적 체험이라면 반드시 성경에 제시된 사상과 일치해야 하는 것이다.

그러나, 죄인으로서 정말로 중요한 사실이 있다. 그것은 바로 하나님이 그에게 요구하시는 것이 무엇인가를 확실히 이해하여야 한다는 것이다. 은혜로우신 하나님이 구원 얻는 믿음의 본질을 그렇게 상세히 알려 주셨으므로 아무리 무식한 자라도 성경을 읽으면 거기서 생명에 이르는 길을 배우게 되는 것이다. 이러한 영혼의 행위를 그저 믿음이나 신앙이라는 용어로만 표현하는 것이 아니라, 여러 가지 다른 용어들을 통해서 동일한 의미를 표현하고 있다. 그 가운데 몇 가지만 살펴 보아도, 의롭다 함을 얻게 하는 믿음의 본질과 대상 그리고 역할이 즉시 드러나서 구원의 계획에 대해서 좀더 분명하게 알 수가 있다.

이 용어들 가운데 가장 포괄적이고 쉽게 알 수 있는 것은 바로 '영접한다', 혹은 '받아들인다'는 것이다. "영접하는 자 곧 그 이름을 믿는 자들에게는 하나님의 자녀가 되는 권세를 주셨느니라"(요 1:12). "그러므로 너희가 그리스도 예수를 주로 받았으니 그 안에서 행하라"(골 2:6). 그러므로 신자를 가리켜 "은혜와 의의 선물을 넘치게 받는 자"요(롬 5:17), 또한 "그 말을 받는 사람들"(행 2:41)로 묘사한다. 예수 그리스도를 영접한다는 것은 그가 자기 자신을 드러내시는 성격대로 그를 받아들이고 인정한다는 뜻이다. 곧, 그를 하나님의 아들로, 죄인의 구주로, 우리 죄를 속하는 화목제물로, 우리 영원을 위한 속량물로, 우리의 의로우신 주로 받아들이고 인정한다는 것이다. 그가 자기 백성에게 오셨으나, 그 백성이 그를 영접하지 않았다. 유대인들은 그를 메시야로, 하나님과 사람 사이의 유일한 중보자로, 의를 위한 율법의 마침으로 인정하지를 않았다. 그들은 거룩하신 그분을 부인했고, 그로 말미암는 생명을 거부한 것이다.

믿음의 본질과 대상 혹은 역할을 과연 어떻게 이보다 더 분명하게 제시할 수가 있었겠는가? 구원의 문제에 대해서 깊이 생각하는 영혼이라면 과연 무엇을 해야 할지에 대해서 의심의 여지가 없을 것이다. 예수 그리스도는 복음서에서 인간의 본성을 입으신 분으로서 죄 문제를 해결하고 영구한 의를 제공하시며 우리 대신 저주가 되사 율법의 저주에서 우리를 구속하시기 위해 아버지로부터 보내심을 받으신 하나님의 아들로 분명히 제시되고 있다. 그러므로 우리가 할 일은 이런 성격 그대로 그분을 받아들이는 것이다. 그러면 그렇게 그를 받아들이는 자들을 하나님의 자녀로 만드시는 것이다. 곧, 하나님의 사랑을 받는 대상으로, 그의 은혜를 누리는 주체로, 그의 나라를 유업으로 받는 후사(後嗣)들로 만드시는 것이다.

그러나 하나님을 바라보라는 명령이 나타나는 구절들에 나타나는 한 가지 용어는, 믿음의 본질을 이보다 더 간단하게 보여준다. "땅 끝의 모든 백성아, 나를 앙망하라. 그리하면 구원을 얻으리라"(사 45:22). 우리 주님은 "모세가 광야에서 뱀을 든 것 같이 인자도 들려야 하리니 이는 저를 믿는 자마다 영생을 얻게 하려 하심이니라"(요 3:14, 15)라는 말씀 속에서 그 용어를 자기 자신에게 그대로 적용시키시는 것을 볼 수 있다.

죽어가는 이스라엘 사람에게 희미한 눈길로라도 구리 뱀을 쳐다보라고 명령했는데, 그런 명령은 그 사람으로서는 너무나 분명한 것이었다. 그 사람은 쳐다보는 행위 자체는 아무런 덕성이 없다는 것을 잘 알고 있었다. 넓디넓은 지평선을 둘러 본다고 해서 무슨 효험이 있는 것이 아니질 않는가? 그 사람이 치료를 받은 것은 바라본 공로 때문이 아니라, 그 뱀이 하나님의 명령에 따라서 그 뱀이 거기 매달려 있었기 때문이요, 또한 하나님이 지정하신 치료의 방법에 그대로 복종하였기 때문에 구원을 받은 것이다.

그러므로 죄와 비참함을 깨달은 영혼으로서는 무엇을 해야 할지에 대해서 의심에 빠져 있을 이유가 도무지 없는 것이다. 그리스도께서 십자가에 달리신 자로서 분명하게 세우심을 받았다. 그리고 그를 바라보면 구원을 받으리라는 말씀이 주어져 있다. 과연 이보다 간단한 것이 또 어디 있단 말인가? 구주 예수님의 이 멋진 말씀을 좀더 지성적인 것으로 만들어 보려고 시도한다면, 그런 시도는 오히려 그저 지혜 없는 말로 주님의 교훈을 더 어둡게 만들 뿐 아무런 도움도 주지 못하고 말 것이 아니겠는가?

이 문제에 대하여 말씀하는 또 한 가지 충격적인 표현을 히브리서 6:18에서 보게 된다. 거기서는 신자를 가리켜 "앞에 있는 소망을 얻으려고 피하여 가는" 자들로 묘사하고 있다. 구약 시대에는 어떤 사람이 살인을 범하여 피의 보수자의 추적을 받을 때에, 도피성으로 도망하였다. 그리고 그 도피성은 밤낮으로 문이 열려 있었고, 그리로 나아가는 길에 방해 요소가 없었다. 이와 마찬가지로, 영혼이 죄를 깨닫고서 거기 그대로 있으면 멸망할 수밖에 없다는 것을 알고 예수 그리스도께로 도망하면, 그가 지정된 도피처가 되셔서 그 영혼에게 평안과 안정을 주시는 것이다. 그렇게 하면 보수자가 그를 손댈 수가 없다. 거기서 율법이 복수 행위를 금지하기 전에 먼저 그 영혼 주위를 막아서 보호하며 그에게 안전하다는 확신을 주는 것이다.

구원 얻는 믿음을 표현해 주는 또 한 가지 비근한 용어를 요한복음 6:35 같은 구절에서 볼 수 있다: "내게 오는 자는 결코 주리지 아니할 터이요 나를 믿는 자는 영원히 목마르지 아니하리라." "아버지께서 내게 주시는 자는 다 내게로 올 것이요 내게 오는 자는 내가 결코 내어 쫓지 아니하리라"(요 6:37). 여기서는 '오는 것'과 '믿는 것'이 동일한 사상을 나타내는 말로 서로 혼용되고 있음을 볼 수 있다. 그 다음 장에서도 마찬가지이다: "누구든지 목마르거든 내게로 와서 마시라. 나를 믿는 자는 성경에 이름과 같이 그 배에서 생수의 강이 흘러나리라"(요 7:37, 38).

그러므로 복음의 초청과 명령이 그 단어로 표현되는 경우가 자주 나타나는 것을 보게 된다. "수고하고 무거운 짐 진 자들아 다 내게로 오라. 내가 너희를 쉬게 하리라"(마 11:28). 그리고 성경의 마지막 책에서는 이렇게 말씀한다: "성령과 신부가 말씀하시기를 오라 하시는도다. 듣는 자도 오라 할 것이요, 목마른 자도 올 것이요, 또 원하는 자는 값없이 생명수를 받으라 하시더라"(계 22:17).

이 언어는 너무나 평범하기 때문에, 성령의 조명하심만으로도 그 의미를 분명하게 알 수 있다. 그러나 근심에 싸인 영혼은 "과연 그리스도께로 온다는 것이 무슨 뜻인가?"라고 물으면서 고개를 갸우뚱한다. 그리스도께서 우리에게서 그리 멀리 계시지 않다는 것은 확신하면서도, 이렇게 외칠 수밖에 없는 경우가 많다: "내가 어찌하면 하나님 발견할 곳을 알꼬? 그런데 내가 앞으로 가도 그가 아니 계시고 뒤로 가도 보이지 아니하며 그가 왼편에서 일하시나 내가 만날 수 없고 그가 오른편으로 돌이키시나 뵈올 수가 없구나!"(욥 23:3, 8, 9).

우리가 해야 할 일이 너무나 간단하기 때문에 오히려 속아 넘어가는 경우가 많은 것이다. 그렇게 큰 축복을 받으려면 그에 상응하는 무언가 큰일을 해야 하지 않겠는가 하고 생각하는 것이다. 그저 바라보고, 그저 영접하고, 탕자가 아버지께로 나아오듯, 또는 옛날 이스라엘 사람들이 백성의 죄를 속하는 역할을 했던 대제사장에게 나아오듯, 그렇게 오기만 하면 된다는 것은 도저히 믿어지지가 않는 것이다. 그러나 우리는 그렇게 우리의 믿는 도리의 대제사장께 나아와 죄를 고백하고 그의 피를 통하여 죄 용서함을 받아야 하며 그리고 하나님의 사랑을 확신하고 즐거워해야 하는 것이다.

아니면, 좀더 감동적으로 말하자면, 옛날 히브리 신자들이 제단에 나아와서 희생 제물의 머리에 안수하고 그 제물이 자기 대신 죽는 것을 보았던 것처럼, 두렵고 떠는 심령은 그의 화목 제물이신 그리스도께 나아와 그의 죽으심의 효능을 믿고서 하나님을 우러러 보며, "내 아버지여!"라고 말하는 것이다. 그러므로 그리스도께 나아온다는 것은 그리스도를 믿고 받아들이는 것을 의미한다. 곧 그의 직분과 하나님의 말씀에 나타나 있는 그의 목적들을 받아들이고, 그를 우리의 중보자요 제사장으로, 아버지 앞에서 우리의 대언자요, 우리의 구속자요 주님으로 받아들이는 것이다.

믿음을 표현하는 용어를 한 가지 더 들면, 복종하는 것이다. 이것은 주권적인 통치자이신 하나님의 뜻에 복종한다거나, 하나님과 모든 논쟁을 포기하며 우리 자신을 그의 손에 맡긴다는 의미에서의 복종은 아니다. 물론 이 모든 것이 신자의 의무이기는 하지만, 그것이 구원 얻는 믿음은 아니다. 여기서 말하는 복종이란 계시된 구원 계획에 복종하는 것을 의미한다. 우리 죄에 대한 온갖 변명들을 다 포기하는 것이요, 우리 자신의 의(義)에 의지하는 모든 것을 포기하며, 하나님이 우리를 의롭다 하시기 위하여 베푸시는 그 의(義)에 복종하는 것이다. 그런데 유대인들은 이것을 거부했고, 그리하여 불신앙 가운데서 멸망한 것이다(롬 10:3; 11:20). 구원받기 위해서는 바로 이것을 행해야 하는 것이다.

사람들은 자기의 죄책과 위험한 상태를 지각하게 되면, 여러 가지에 대해서 근심하고 걱정하게 된다. 그러나 그들로서 해야 할 일은 오로지 한 가지 뿐이다. 곧, 불경건한 자로서, 죄인으로서, 전적으로 무가치한 자로서 구원을 받는 일에 오직 그리스도께만 복종해야 하는 것이다. 자기 자신의 의의 옷을 벗어 던지고 자기의 벌거벗은 몸이 드러나도록 하여, 자기 자신의 의가 아니라 예수 그리스도를 믿는 믿음으로 말미암는 의의 옷을 입은 자로서 그리스도 안에서 발견되도록 해야 하는 것이다. 그러면 그들이 큰

무리와 함께 "흰 옷을 입고 손에 종려가지를 들고 보좌 앞과 어린 양 앞에 서서 큰 소리로 외쳐 가로되, 구원하심이 보좌에 앉으신 우리 하나님과 어린 양에게 있도다"(계 7:9, 10), "일찍 죽임을 당하사 각 족속과 방언과 백성과 나라 가운데서 사람들을 피로 사서 하나님께 드리시고 저희로 우리 하나님 앞에서 나라와 제사장을 삼으셨도다"(계 5:9, 10)라고 외칠 수 있게 되는 것이다.

구원을 얻으려면 어떻게 해야 하는가? 라는 질문에 대한 성경의 대답은 이렇다. 주 예수 그리스도를 믿으라는 것이다. 그리고 이 믿음의 본질과 대상과 역할을 제시하기 위하여 성경은 여러 가지 의미 깊은 용어와 표현들을 사용한다. 그리하여 우리 자신들과 우리의 공로를 부인하고 그리스도 안에서 발견되도록 하는 것이다. 오직 그리스도께서 행하시고 고난 당하신 일을 하나님 앞에 용납 받는 유일한 근거로 삼아 그것을 의지하도록 하는 것이다. 이렇게 믿는 자는 죽음에서 생명으로 옮겨진 바 되었다. 그들은 더 이상 정죄를 받지 않는다. 하나님과 화평을 누리며 그의 영광에 대한 소망을 갖고 즐거워하는 것이다. 이 믿음이 그들을 그리스도와 연합시켜서, 그들은 그의 죽으심뿐 아니라 그의 생명에도 참예하게 된다. 그리스도께 한량 없이 부어지셨던 성령께서 그를 통하여 그들에게도 부어지며, 성령께서 그들 속에서 역사하사 거룩한 열매들을 맺게 하시며 그리하여 하나님께 찬송과 영광이 되게 하시는 것이다.

제 7 장

회개

누구든 믿는 자는 구원을 얻으리라는 것을 성경이 분명하게 가르치지만, 또한 회개하지 않으면 우리 모두가 멸망할 것임을 그에 못지 않게 분명하게 가르치고 있다. 믿음과 회개는 모두 필수불가결한 은혜인 동시에, 또한 서로 불가분리의 관계를 맺고 있다. 회개는 예수 그리스도로 말미암아 죄로부터 하나님께로 돌이키는 것이요, 믿음은 하나님께로 돌아가기 위하여 예수 그리스도를 받아들이는 것을 의미한다. 회개는 신자의 행위요, 믿음은 회개하는 자의 행위이다. 그러므로 믿는 자는 누구든 다 회개하는 것이며, 회개하는 자는 누구든 다 믿는 것이다.

회개의 관념을 표현하는 데 일상적으로 사용되는 신약 성경의 단어가 지닌 주된 의미는 생각의 결과로 나타나는 마음의 변화라는 뜻이다. 이런 의미에서 하나님께는 회개라는 것이 없다고 말한다. 회개는 인간에게만 해당되는 행위이다. 이와 똑같은 의미에서 에서는 회개의 여지를 찾지 못했다고 말한다. 그는 아버지 야곱의 결정을 바꾸어 놓을 수가 없었기 때문이다. 일상적인 종교적 의미에서, 이 단어는 죄로부터 하나님께로 돌이키는 것을 뜻한다. 하나님의 말씀에 늘상 나타나는 회개의 모습이 바로 그것이다.

시편 기자는 말하기를, "내가 내 행위를 생각하고 주의 증거로 내 발을 돌이켰사오며"(시 119:59)라고 한다. "만일 악인이 그 행한 악을 떠나 법과 의를 행하면 그 영혼을 보전하리라"(겔 18:27). "악인은 그 길을, 불의한 자는 그 생각을 버리고 여호와께로 돌아오라. 그리하면 그가 긍휼히 여기시리라. 우리 하나님께로 나아오라. 그가 널리 사용하시리라"(사 55:7).

그리고 솔로몬은 성전을 봉헌하면서 드리는 기도에서 이렇게 말씀한다: "저희가 사로잡혀 간 땅에서 스스로 깨닫고 그 사로잡은 자의 땅에서 돌이켜 주께 간구하기를 우리가 범죄하여 패역을 행하며 악을 지었나이다 하며 자기를 사로잡아 간 적국의 땅에서 온 마음과 뜻으로 주께 돌아와서 … 주께 기도하거든 주는 계신 곳 하늘에서 저희 기도와 간구를 들으시고 저희의 일을 돌아 보옵시며"(왕상 8:47-49).

그러므로 회개란 죄로부터 하나님께로 돌이키는 것이다. 그러나 구원과는 관계가 없는 회개가 있기 때문에, 우리로서는 성경을 살펴서 생명에 이르는 회개의 특징들을 배우는 것이 합당할 것이다.

죄에 대한 깨달음이 회개의 본질적인 부분이라는 사실에 대해서는 이미 살펴 본 바 있으므로 이 문제에 대해 길게 논의할 필요는 없을 것이다. 그러나 성경에 그 문제가 아주 두드러지게 나타나 있고 그리스도인의 경험 속에서도 큰 자리를 차지하고 있으므로, 이처럼 죄에서 돌이킨다는 사실의 본질을 조심스럽게 공부하여야 마땅할 것이다.

이 문제와 관련해서 성경에서 분명히 가르치고 있는 한 가지 일반적인 진리가 있다. 그것은 진정한 회개는 하나님을 올바로 바라보는 데서 샘솟아 나온다는 사실이다. 그리스도인이라면 누구나 욥기의 언어를 확신을 가지고 취해서 사용할 수 있을 것이다: "내가 주께 대하여 귀로 듣기만 하였삽더니 이제는 눈으로 주를 뵈옵나이다. 그러므로 내가 스스로 한하고 티끌과 재 가운데서 회개하나이다"(욥 42:5, 6).

하나님의 공의를 발견하면 양심이 일깨워지고, 또한 심판과 맹렬한 진노를 두려움으로 바라보게 되기도 한다. 이것은 모든 사람을 합당한 대로 판단하시는 재판장이신 하나님의 성품의 공의하심을 분명하게 깨달은 데서 나타나는 자연스럽고 합리적인 결과이다. 따라서, 성경에는 이런 깨달음의 효과의 실례들이 많이 기록되어 있다. 시편 기자는 말하기를, "두려움과 떨림이 내게 이르고 황공함이 나를 덮었도다"(시 55:5)라고 한다. "내가 소시부터 곤란을 당하여 죽게 되었사오며 주의 두렵게 하심을 당할 때에 황망하였나이다. 주의 진노가 내게 넘치고 주의 두렵게 하심이 나를 끊었나이다"(시 88:15, 16). "주의 진노로 인하여 내 살에 성한 곳이 없사오며 나의 죄로 인하여 내 뼈에 평안함이 없나이다"(시 38:3).

이런 두려움의 감정이 하나님의 백성의 경험 속에 너무나 비근하게 나타나기 때문에, 초기의 성경 기자들은 양심의 두려움을 회개의 두드러진 부분으로 제시하고 있다. 그러나 이 문제에 대해서 두 가지를 염두에 두어야 할 것이다. 그 첫째는 도저히 참을 수 없는 절망스런 고뇌에서 하나님의 진노하심에 대해 고요히 깨닫게 되는 것에 이르기까지 그 두려움이 나타나는 정도가 경우마다 다르다는 사실이다. 그리고 둘째는 이 양심의 두려움에는 아무런 차별이 없다는 사실이다. 의인이나 불의한 자나 다 경험한다는 말이다. 다윗의 회개에서 그런 두려움이 있었는가 하면, 유다에게서도 나타난다. 시온의 죄인들도 두려워하는 경우가 많다. 그러나 또한 외식하는 자들에게도 두려움이 나타나는 것이다. 그러므로 이런 두려워하는 감정 그 자체를 사모할 것은 아니다. 왜냐하면 두려움 그 자체가 선한 것은 아무것도 없기 때문이다.

회개하기를 거부하고 긍휼하심을 받아들이기를 거부하는 자들이 두려워하는 것은 지극히 합리적인 일이다. 그러나 불신앙이나 하나님의 약속에 대한 불신에서 나오는 두려움에는 합리적인 점이 아무것도 없다. 그런데, 하나님의 백성들은 구속의 계획에 대해서 무언가 분명하게 깨닫기 전에 죄책과 위험성을 지각하게 되는 경우가 자주 있다. 그리하여 사실상 그들이 회심할 때에 갖는 느낌 속에는 주로 하나님의 진노에 대한 두려움이 크게 들어 있는 경우를 많이 보게 되는 것이다.

하나님의 거룩하심에 대한 깨달음은 경외감을 갖게 만든다. 하늘의 천사들도 거룩하신 하나님 앞에서 얼굴을 가리우고 머리를 숙여 경배하는 것으로 나타나는 것이다. 그런데 하나님의 무한하신 순결함을 발견하게 되면 이런 비슷한 느낌이 사람의 마음 속에서 우러나오게 되는 것이다. 그 사람의 마음의 상태가 어떠하든 경외감이 우러나오지 못하는 법이 없는 것이다. 그러나 이런 경외감은 사랑과 뒤섞여서 찬양으로 표출될 수도 있고, 아니면 미움과 공존하여 망령된 말로 표현될 수도 있다. 그저 경외심만 나타나고 (또는 최소한 이것이 가장 두드러진 감정이라 할 수 있다), 영혼이 티끌 속에 엎드리는 경우가 대부분이다. 이런 감정의 도덕적 성격은 오로지 하나님의 무한하신 순결함을 생각하며 그 순결함을 더 많이 더 끊임없이 발견하려는 열심을 갖게 되느냐, 아니면 그것으로 인해서 불편한 마음이 생겨나서 오히려 그것을 바라보지 않고 우리의 어두운 상태 속에 그대로 편안히 있는 상태에 빠지느냐 하는 것을 관찰함으로써 결정할 수가 있다.

그 다음으로, 하나님의 거룩하심을 이렇게 발견하게 되면 우리 자신의 무가치함에 대한 느낌이 생기기 마련이다. 하나님의 빛 속에서 빛을 보는 것이다. 하나님의 탁월하심에 대해 인지함으로써 우리 자신의 추함을 배우게 되는 것이다. 다른 사람이 보기에 추한 모습이 드러나면 반드시 수치심이 느껴지기 마련이듯이, 회개에서도 그와 같은 감정이 반드시 따라 일어나는 것을 보게 된다. 그리하여 에스라는 회개의 기도 가운데서 이렇게 아뢴다: "나의 하나님이여 내가 부끄러워 낯이 뜨뜻하여 감히 나의 하나님을 향하여 얼굴을 들지 못하오니 이는 우리 죄악이 많아 정수리에 넘치고 우리 허물이 커서 하늘에 미침이니이다"(스 9:6). 다니엘 역시 같은 느낌을 이렇게 표현한다: "주여, 공의는 주께로 돌아가고 수욕은 우리 얼굴로 돌아옴이 오늘날과 같아서"(단 9:7). 그리고 하나님은 그의 백성의 돌아옴을 말씀하시고 그들이 죄 사함을 얻었음을 선언하시면서 이렇게 말씀하신다: "이는 내가 네 모든 행한 일을 용서한 후에 너로 기억하고 놀라고 부끄러워서 다시는 입을 열지 못하게 하려 함이니라 나 주 여호와의 말이니라"(겔 16:62, 63).

다른 사람에 대해 생각할 때에 무가치함을 의식하면 수치심이 생기듯이, 우리 자신에 대해서 생각하면서 우리의 무가치함을 의식하면, 자신을 혐오하는 감정이 생겨난다. 그러므로 자기 혐오도 진정한 회개의 본질 속에 포함되어 있는 것이다. 앞에서 이미 인용한 바대로 족장 욥은 고난을 당하면서 아주 강한 어조로 자기 자신을 혐오하며 먼지와 티끌을 쓰고 회개한다. 다른 구절에서 그 하나님의 특별한 종은 이렇게 말씀한다: "나는 미천하오니 무엇이라 주께 대답하리이까? 손으로 내 입을 가릴 뿐이로소이다"(욥 40:4). 또한 선지자는 백성의 회개를 말씀하면서 이르기를, "거기서 너희의 길과 스스로 더럽힌 모든 행위를 기억하고 이미 행한 모든 악을 인하여 스스로 미워하리라"(겔 20:43)라고 한다.

우리의 회개의 성격을 결정지어 주는 것은 이런 자기 혐오의 느낌의 강도(强度)가 아니라, 그러한 느낌의 본질이다. 그런 자기 혐오의 본질은 모든 진정한 회개자에게서 똑같이 나타난다. 물론 그 강도는 경우마다 다 다르지만 말이다. 그러나 진정한 회개의 경우, 언제나 자기가 다른 사람과 같지 않다고 하나님께 감사하는 그런 식의 자기 안일감이 죄에 대한 까달음으로 인하여 파괴되어 버린다. 그리하여 하나님 앞에서 자기를 낮추게 되고 마땅히 있어야 할 위치를 잘 잡도록 만들어 주는 것이다.

여호와께서는, "무릇 마음이 가난하고 심령에 통회하며 나의 말을 인하여 떠는 자 그 사람은 내가 권고하려니와"(사 66:2)라고 말씀하셨다. 이러한 심정으로 하나님은 자기의 거소(居所)에 거하시는 것이다: "지존무상하며 영원히 거하며 거룩하다 이름하는 자가 이 같이 말씀하시되, 내가 높고 거룩한 곳에 거하며 또한 통회하고 마음이 겸손한 자와 함께 거하나니 이는 겸손한 자의 영을 소성케 하며 통회하는 자의 마음을 소성케 하려 함이라"(사 57:15).

우리의 무가치함을 겸손히 자각하는 것, 그래서 진정한 회한과 스스로를 낮추는 일이 일어나는 것이 회개에 필수적인 요소가 된다. 대부분의 사람들은 스스로 죄인들임을 기꺼이 인정하면서도 자기들의 죄책을 가볍게 생각하며, 자기들이 대체로 선하다고 생각한다. 그러면서 인간처럼 연약한 존재들에게는 하나님의 율법이 너무 지나친 것을 요구하는 것이고, 그 요구에 부응하지 못하는 것에 대해서 가혹하게 형벌한다는 것은 공정하지 못하다는 식으로 생각하는 것이다.

회개는 이렇듯 스스로를 의롭다고 여기는 사고를 완전히 깨뜨리는 것이다. 도저히 용서받을 수 없는 죄과가 자기에게 있음을 의식하고서 영혼이 하나님 앞에 완전히 엎드리는 것이다. 자신을 정죄하며, 또한 하나님을 까다로운 주인으로 취급하는 것이 아니라 오히려 하나님의 모든 요구와 판단이 의로움을 인정하는 것이다. 다윗의 심정이 바로 그러했다: "내가 주께만 범죄하여 주의 목전에 악을 행하였사오니 주께서 말씀하실 때에 의로우시다 하고 판단하실 때에 순전하시다 하리이다"(시 51:4). 에스라 역시 동일한 심정을 이렇게 표현하고 있다: "이스라엘의 하나님 여호와여 주는 의롭도소이다. 우리가 남아 피한 것이 오늘날과 같사옵거늘 도리어 주께 범죄하였사오니 이로 인하여 주 앞에 한 사람도 감히 서지 못하겠나이다"(스 9:15).

또한 느헤미야도 동일한 의미로 이렇게 말씀하고 있다: "우리의 당한 모든 일에 주는 공의로우시니 우리는 악을 행하였사오나 주는 진실히 행하셨음이니이다"(느 9:33). 그러므로 이처럼 자기를 정죄하고 낮추는 진정한 통회의 심정이 없이는 진정한 회개란 있을 수가 없는 것이다.

성경이 그렇게 강조하고 있는 죄의 고백은 바로 이러한 내적인 죄책감의 외적인 표현이다. 속으로 은밀하게 우리 자신을 정죄하는 것으로 다 되는 것이 아니다. 하나님은 우리의 죄에 대하여 충실하게 그리고 정직하게 고백할 것을 요구하신다. 그리고 그렇게 하고자 하는 마음이 속에서부터 솟아오르는 것이다. 회개하는 자가 자기의 죄과에 대해 변명할 마음이 없듯이, 또한 그 죄과를 숨기려는 마음도 없다. 오히려 정반대로, 그 영혼은 모든 것을 다 인정하며 스스로 수치를 당하며 하나님을 의롭다 인정하기를 원하는 것이다.

그리하여 성경에서 회개를 다루는 내용 가운데 하나님의 백성이 입으로 하는 고백을 기록하고 있는 부분이 굉장히 많은 것을 보게 된다. 시편 기자는 이렇게 고백하고 있다: "내가 토설치 아니할 때에 종일 신음하므로 내 뼈가 쇠하였도다. 주의 손이 주야로 나를 누르시오니 내 진액이 화하여 여름 가뭄에 마름 같이 되었나이다. 내가 이르기를 내 허물을 여호와께 자복하리라 하고 주께 내 죄를 아뢰고 내 죄악을 숨기지 아니하였더니 곧 주께서 내 죄의 악을 사하셨나이다"(시 32:3-5).

자기의 죄과를 숨기려 애쓰는 동안은 마음의 평안이 없었다. 하나님의 손이 계속해서 그를 무겁게 짓누르고 있었던 것이다. 그러나 자기의 범죄를 시인하자 죄 사함을 얻은 것이다. 그러므로 지혜자는 이렇게 말씀한다: "자기의 죄를 숨기는 자는 형통치 못하나 죄를 자복하고 버리는 자는 불쌍히 여김을 받으리라"(잠 28:13).

신약 성경 역시 이 문제에 대해서 분명히 말씀하고 있다: "만일 우리가 죄 없다 하면 스스로 속이고 또 진리가 우리 속에 있지 아니할 것이요 만일 우리가 우리 죄를 자백하면 저는 미쁘시고 의로우사 우리 죄를 사하시며 모든 불의에서 우리를 깨끗게 하실 것이요"(요일 1:8-9).

이런 고백은 우리가 죄를 범한 당사자에게 행해져야 한다. 동료에게 죄를 범했으면 그들에게 고백해야 한다. 교회를 상대로 죄를 범했으면, 교회에게 고백해야 마땅하다. 그리고 하나님께 대하여 죄를 범했으면, 우리의 고백은 마땅히 하나님을 향하여 이루어져야 한다. 구약 성경은 이웃에게 행한 상해(傷害)를 보상할 것을 명령하는 가운데 그렇게 상해를 당한 당사자에게 그 상해를 범한 사실을 시인할 것을 명령하였다. 그리고 신약 성경에서도 우리의 허물을 서로 고백할 것을 말씀하고 있다(약 5:16).

그러나 우리의 죄의 대다수가 하나님께 대하여 범한 것이므로, 우리의 고백은 구체적으로 하나님을 향하여 이루어져야 하는 것이다. 또한 사람을 상대로 죄를 범했을 경우도, 사실상 더 높은 의미에서 보면 하나님께 대하여 범죄한 것이다. 그러므로 하나님 앞에서 죄를 범했다는 자각이 이웃이나 동료에게 죄를 범했다는 자각을 훨씬 능가하는 것이다. 그리하여 다윗은 지극히 잔혹한 방식으로 이웃에게 죄를 범하였으면서도, 자기의 죄를 하나님께 대하여 저지른 엄청난 죄악으로 인식하였고, 그리하여 이렇게 고백하였다: "내가 주께만 범죄하여 주의 목전에 악을 행하였사오니"(시 51:4).

그리하여 통회하는 고백에 대한 성경의 기록을 보면, 항상 하나님께 고백을 하는 것을 보게 되는 것이다. 느헤미야는 이렇게 고백한다: "이제 종이 주의 종 이스라엘 자손을 위하여 주야로 기도하오며 이스라엘 자손의 주 앞에 범죄함을 자복하오니 주는 귀를 기울이시며 눈을 여시사 종의 기도를 들으시옵소서. 나와 나의 아비 집이 범죄하여 주를 향하여 심히 악을 행하여 주의 종 모세에게 주께서 명하신 계명과 율례와 규례를 지키지 아니하였나이다"(느 1:6-7).

과연 다니엘과 에스라와 느헤미야의 놀라운 기도들의 — 이 기도들은 지극히 순전한 회개의 고백의 기록들이다 — 상당 부분이 죄를 고백하는 데 할애되고 있는데, 이러한 사실은 회개를 적절히 행하는 데 있어서 그런 고백이 얼마나 중요한 자리를 차지하는지를 여실히 보여준다. 그러므로, 마음이 움직여서 자의로, 충실하게, 겸손히, 하나님 앞에서 자기의 죄를 인정하지 않는 한, 진정으로 회개했다는 만족할 만한 증거가 있다 할 수가 없는 것이다.

생명에 이르는 경건한 슬픔에 대해서 마음으로 아무것도 알지 못하는 그런 사람들에게서도 후회의 표현이 입술을 통해서 나오는 경우도 있다. 그리하여 가룟 유다는 주님을 배반해 놓고 함께 공모한 자들에게 가서 말하기를, "내가 무죄한 피를 팔고 죄를 범하였도다"(마 27:4)라고 하고, 나가서 스스로 목을 매어 죽었다. 그러나 이런 고백은 상한 심령에서부터 흘러 나오는 순전한 죄의 인정과는 매우 달라서, 훨씬 더 충실하고, 자의적이며 죄 용서에 대한 확신도 훨씬 더 강한 법이다.

진정한 회개에는 죄 의식, 자기 혐오, 자기 정죄, 슬픔, 고백 등이 있다는 것이 성경의 분명한 가르침이지만, 그럼에도 불구하고 인간의 언어가 참으로 빈곤하기 때문에 진정하게 회개하지 않는 자들도 똑같은 용어들을 사용해서 자기들의 행위들을 나타내기도 하는 것이다. 가룟 유다도 회개했다고 말씀한다. 그리고 그의 회개에 죄책감, 슬픔, 자기 혐오, 그리고 고백의 모습이 나타나는 것도 사실이다. 그러나 그에게 있어서 그런 모든 것들은 진정 뉘우칠 줄 모르는 후회가 작용한 것 이외에 아무것도 아니다. 회개는 하지 않으면서도 후회가 생겨서 그것 때문에 사람들이 절망에 빠지고, 꺼지지 않는 불을 오히려 부채질하게 되는 것이다.

세상적인 슬픔에서 비롯되는 행위나, 하나님께로부터 오는 슬픔에서 비롯되는 행위나 모두 동일한 용어로 묘사할 수밖에 없지만, 사실상 그 두 가지는 서로 본질적으로 전혀 다른 것이다. 진정으로 회개하는 자의 행위에는 소망의 빛과 사랑의 빛이 배어 있어서, 그로 인하여 그 회개의 행위가 아주 특별한 성격을 띠게 되고 또한 절망 가운데서 후회하는 자나 혹은 그저 양심의 가책 때문에 괴로워하는 자들에게서 나오는 행위와는 분명히 다른 어떤 결과들이 나오게 되는 것이다.

하나님의 공의하심과 거룩하심을 바라보기 때문에 거기서부터 죄에 대한 자각이 생기고 그 죄를 범했다는 사실에 대한 슬픔이 생겨나는 것은 물론, 그 극한 악에서 구원을 받고 하나님의 형상에 화합하는 지극한 복된 상태에 있고자 하는 순전하고도 강렬한 열망이 생겨나는 것이다. 불경건한 자의 거짓된 회개에는 양심이 작용하여 두려움을 일으키는 현상이 있다. 그러나 경건한 자의 진정한 회개는 양심이 작용하여 사랑을 불러일으키는 것이다.

불경건한 자의 슬픔은 악인의 슬픔이지만, 경건한 자의 슬픔은 어린 아이의 슬픔인 것이다. 전자는 절망으로 이어지며 하나님을 대적하는 데로 이어진다. 그러나 후자는 소망과 하나님의 긍휼하심을 바라는 열망으로 이어진다. 둘 다 순종으로 이어질 수도 있다. 그러나 전자의 순종은 노예적인 것이며, 후자의 순종은 자녀가 드리는 순종이다. 전자의 경우는 그저 후회에 불과하고, 후자의 경우가 진정한 회개인 것이다.

진정한 회개와 그저 단순한 죄의 각성과 후회를 가장 분명하게 구분해 주는 것은, 진정한 회개는 하나님의 긍휼을 깨닫는 데서 솟아나온다는 사실이다. 불경건한 자의 회개에는 소망이 없다. 양심의 빛과 하나님의 법의 빛을 통해서 자기들의 죄가 엄청나게 크다는 것을 볼 수는 있다. 하나님의 공의하심을 깨닫고 두려움에 떨 수도 있고, 하나님의 무한한 거룩하심을 바라보고, 또한 자기 자신의 추악함을 바라보고 겸손해지고 부끄러워할 수도 있다. 그러나 죄를 용서하는 하나님의 긍휼하심에 대한 각성도, 하나님의 사랑에 대한 깨달음도 없다. 그러므로 하나님을 향하여 돌아서기는커녕 오히려 하나님께로부터 돌아선다. 아담의 모범을 따라서 하나님의 임재로부터 자기 자신을 숨기려 하는 것이다. 그리고 하나님의 임재가 너무나 끔찍해서 때때로 무덤의 어두움 속에 자신을 숨기기도 하고 바위와 산들을 불러 자기를 가려 달라고 외치기도 한다. 이것이 바로 사망을 이루는 슬픔이다.

그러나 하나님께로 진정 돌이키는 자들의 경우에는 정도의 차이는 있으나 언제나 하나님의 긍휼하심에 대한 명확한 깨달음이 있는 법이다. 때로는 그것이 너무 희미해서, "그가 나를 죽이실지라도 나는 그를 신뢰하리라"(욥 13:15 난외주)라거나, "주께서 혹시 마음과 뜻을 돌이키시고 그 뒤에 복을 끼치실는지 누가 알겠느냐?"(욜 2:14)라고 하거나, 아니면 다윗의 말처럼 "만일 내가 여호와 앞에서 은혜를 얻으면 도로 나를 인도하사 내게 그 궤와 그 계신 데를 보이시리라. 그러나 저가 말씀하시기를 내가 너를 기뻐하지 아니한다 하시면 종이 여기 있사오니 선히 여기시는 대로 내게 행하시옵소서 하리라"(삼하 15:25, 26)라는 식으로 이야기할 수도 있다. 그러나 이 정도만으로도 두려움에서 벗어나 소망을 가지며, 반역의 상태에서 떠나 굴복의 상태로 가기에 족한 것이다.

그 소망이 절망 가운데 빠지지 않도록 영혼을 구원하고 하나님을 대적하여 그에게서 돌아서지 않도록 막아주지만, 때로는 그 소망이라는 것이 그저 하나님이 긍휼하시다는 확신뿐이고, 그 긍휼하심이 어떤 방식으로 시행되는지에 대해서나 우리 자신이 과연 그 긍휼을 받겠느냐 하는 데 대해서는 분명한 깨달음이 없는 경우도 있다. 그러나 그러면서도 그 영혼은 하나님이 "자비롭고 은혜롭고 노하기를 더디하고 인자와 진실이 많은 하나님"이심을 믿는다(출 34:6). 또한 시편 기자의 다음과 같은 말씀을 받아들일 용기를 갖는다: "주는 선하사 사유하기를 즐기시며 주께 부르짖는 자에게 인자함이 후하심이니이다"(시 86:5).

그러므로 성경에 나타난 회개의 모든 사례들에서 우리는 하나님의 선하심을 인식하는 것이 영혼이 하나님께로 돌아오는 데 작용하는 큰 원리가 된다는 것을 알게 되는 것이다. 그러므로 느헤미야는 말하기를, "오직 주는 사유하시는 하나님이시라. 은혜로우시며 긍휼히 여기시며 더디 노하시며 인자가 풍부하시므로 저희를 버리지 아니하셨나이다"(느 9:17)라고 한다. 그리고 선지자는 백성들에게 회개를 촉구하면서 회개를 해야 할 큰 동기로서 다음과 같은 것을 생각하라고 말씀한다: "너희는 옷을 찢지 말고 마음을 찢고 너희 하나님 여호와께로 돌아올지어다. 그는 은혜로우시며 자비로우시며 노하기를 더디하시며 인애가 크시사 뜻을 돌이켜 재앙을 내리지 아니하시나니"(욜 2:13).

그러나, 죄를 용서하시는 하나님의 긍휼에 대한 확신은 반드시 하나님의 목적에 대한 계시에 기초하는 법이고 또한 죄를 용서하는 목적에 대한 계시는 반드시 예수 그리스도의 중보를 통하지 않고는 죄 용서의 목적에 대한 계시도 있을 수가 없으므로, 구원 계획을 바라보는 영혼의 시각이 때때로 아무리 희미하다 할지라도, 하나님의 긍휼하심을 기대한다면 그런 기대는 반드시 구주의 중보 사역과 관련되어 있기 마련인 것이다. 하나님이 의로우시면서 동시에 죄인을 의롭다 하시는 일이 어떻게 가능한지를 모르면서도, 하나님이 자비하신 분이시며 또한 속량물을 찾으셨고 그리하여 우리를 구덩이에 빠져 들어가는 데서 구원해 내실 수 있으시다는 것을 깨닫게 되는 것이다.

그러나 복음의 빛을 받은 상태에서는 영혼이 하나님의 긍휼하심과 죄 용서의 가능성을 예수 그리스도 안에서 바라보는 일이 훨씬 더 분명하게 이루어지는 것이다. 하나님이 사람들의 범죄를 그들에게 돌리지 아니하시고 자신을 세상과 화목하시는 분으로 계시하신 것은 바로 예수 그리스도 안에서 되는 것이다. 그가 우리를 위하여 속죄 제물이 되셨기 때문에 우리가 그의 안에서 하나님의 의가 될 수 있는 것이다. 복음적인 소망은, 우리가 죄를 지었으나 의로우신 예수 그리스도께서 우리 죄를 위한 화목 제물이 되시고 아버지께 대언자가 되신다는 확신에 근거한다. 이런 소망이야말로 영혼을 하나님께로 돌이키는 데 효력을 발생하는 것이다.

죄의 극한 비열함을 드러내며 동시에 그리스도로 말미암아 그에게 나아오는 자에게 값없이 용서하시겠다는 하나님의 의도를 드러내어 죄인의 굳은 마음을 깨뜨리는 것은 바로, 자기의 독생자를 주시기까지 사랑하셔서 그 독생자를 믿는 자는 누구든지 멸망치 않고 영생을 얻게 하시는 데서 나타나는 하나님의 지극한 사랑이다. 그러므로 죄인을 반역의 상태에서 돌아서게 만들고 다시금 굴복케 하고 순종케 만드는 것은 율법의 위협이 아니요 하나님의 사랑의 깨달음이다.

이것이 없는 회개는 모두가 율법적이요 노예적인 것이다. 바로나 가룟 유다의 회개가 그랬고, 또한 수많은 사람들이 양심의 일깨움을 받고 진노에 대한 두려움이 생겨 이전에 짓던 죄에서 돌이키기는 하지만 천국으로 향하는 길을 잘못 들어서 거기에 매여 그리로 걸어갈 수밖에 없는 상태에 처하는 것이다. 양심과 또한 하나님의 공의에 대한 깨달음이 만들어내는 회개란 고작해야 이런 것밖에 안된다. 피어오르는 불꽃을 가슴에 안을 수가 없는 것처럼 화목하지 않으시는 하나님께로 다가갈 수는 없는 것이다. 하나님의 사랑에 대한 자각, 혹은 하나님의 긍휼하심에 대한 소망이야말로 신뢰와 사랑으로 그에게 돌이키는 데 필수적인 요인인 것이다.

사실 하나님의 긍휼하심을 믿으면서도 회개에 이르기는 커녕 오히려 계속해서 죄 가운데 있게 되는 경우가 있다. 그러나 그런 식의 믿음은 무식에서 일어나는 믿음으로서 하나님의 성품에 대한 그릇된 인식에 근거하는 것이다. 하나님의 거룩하심과 공의하심에 대해 아무것도 모르며, 그리하여 죄를 불운(不運)으로 혹은 하찮은 일로 여기는 사람으로서는 하나님이 그렇게 극심하게 불법한 행위를 꼬집어서 벌하시지 않으실 것이라는 식으로 믿기가 쉽다. 그런 사람들에게는 하나님의 긍휼하심이란 아주 당연한 일로 보이기 마련이다. 그 긍휼하심이 모든 사람에게 무제한적으로 베풀어지며 회개하는 자나 회개치 않는 자나 상관 없이 모든 죄들을 다 가려 줄 것이라는 식으로 생각하는 것이다. 하나님이 용서하지 않으실 이유가 없다고 생각하기 때문에 그들은 쉽게 하나님의 긍휼하심에 대해 소망을 갖게 되는 것이다.

그러나 하나님이 완전무결하게 순결하셔서 죄를 그냥 묵과하실 수가 없으시다는 사실이나 그가 공의하셔서 범죄자를 그냥 내버려 두실 수가 없으시다는 사실이나 하나님의 율법이 엄격하며 그의 형벌이 무시무시하다는 사실에 대해 눈을 뜨게 되면, 권세와 능력을 의심할 수가 없고 또한 피할 수도 없는 그 하나님의 심판을 바라보게 되고 또한 양심이 일깨워져서 그 양심의 제재를 함께 받게 되면, 그렇게 긍휼하심에 대해 기대하고 바라는 것이 거미줄처럼 약하디 약한 것임을 알게 된다. 그런 바람과 기대들은 한 순간에 사라져 버리고 만다. 그리하여 전에는 그렇게 확신했던 죄의 용서의 가능성이 이제는 믿기가 어렵게 되어 버리는 것이다. 그리하여 하나님이 긍휼이 풍성하시고 사하시기를 기뻐하신다는 확신을 주는 말씀들이 성경에 그렇게 무수하게 나타나는 것이다.

그렇기 때문에 하나님의 본성적인 탁월하심에 속하는 여러 가지 속성들과 전혀 모순을 일으키지 않는 상태에서 그 긍휼이 시행될 수 있는 방법이 또한 분명하게 제시되어 있는 것이다. 그렇기 때문에 초청과 약속들이 있고, 심지어 하나님의 맹세까지도 제시되어 있어서 회개하는 죄인의 심령에 소망을 갖도록 만들어 주는 것이다. 의원(醫院)이 필요한 것은 온전한 사람이 아니라 병든 사람이다. 그러므로 관심도 없고 죄 용서의 필요성도 느끼지 못하는 그런 사람을 위해서가 아니라, 긍휼을 바라나 자기 자신에게는 그 긍휼하심을 받을 여지가 없다고 생각하며 괴로워 하는 그런 사람들을 위해서 이런 확신에 찬 말씀들이 주어져 있는 것이다.

그러므로, 회개에서 진정으로 작용하는 것은 무지와 무관심에서 비롯되는 긍휼하심에 대한 허망한 기대나 바람이 아니라, 하나님의 약속에 기초하고 믿음으로 품에 안는 그런 소망이다. 그 소망은 무지한 소망이 아니라, 진리를 깨달은 소망이다. 그런 소망을 갖는 영혼은 죄 용서를 받는 길에 무언가 어려움이 있다는 것을 알며 또한 하나님의 긍휼하심이 시종여일하게 시행되는 방법에 대해서도 무언가를 아는 것이다. 그런 소망은 자동적으로 생기는 것이 아니고, 쉽게 얻어지는 것도 아니다. 죄에 대한 자각이나 양심의 증거나 하나님의 거룩하심이나 그의 율법의 존귀함 등 모든 사실들을 볼 때에 도무지 죄의 용서를 합리적으로 기대할 수 없는 것처럼 보이는 것이다.

그러므로, 성경의 선언들이 이 문제에 대해서 그렇게도 선명하게 나타나 있지만, 양심의 일깨움을 받은 죄인으로서는 그런 선언들은 다른 사람들의 경우에는 해당될지 모르지만 자기 자신에 대해서는 도무지 적용될 수가 없다는 식의 느낌을 갖는 경우가 자주 생기는 것을 보게 된다. 그러다가 하나님의 선하심이 그에게 드러나서 모든 어려움을 뛰어넘는 하나님의 사랑을 보게 되면, 그 영혼은 어둠과 폭풍우 속에서 헤매는 난파된 배의 선장이 날이 밝아오는 것을 보면서 기뻐하며 환호하는 것 이상으로 하나님의 긍휼하심을 깨달은 사실에 대해 크게 기뻐하게 된다. 그것은 그저 단순한 기쁨이 아니다. 경이(驚異)와 감사와 사랑이 그의 영혼을 사로잡으며, 또한 그를 구속하신 하나님께 헌신하는 삶을 살고자 하는 목적이 그 사람을 가득 채우게 된다. 바로 이러한 소망이 영혼에게 새 생명을 주며, 또한 죄를 섬기는 데서 하나님을 섬기는 데로 돌아서도록 만드는 것이다.

하나님의 긍휼하심에 대한 소망이 이처럼 중요하기 때문에, 성경은 하나님의 사랑을 죄인들에게 계시하여 그들을 배도(背道)의 자리에서 돌이키도록 만들고자 하는 큰 의도를 갖고 있다. 그리하여 성경은 이 중요한 문제에 대한 교훈으로 가득 차 있는 것이다. 회개하라고 명령한다는 사실은 하나님 편에서 용서하실 준비가 되어 계시다는 사실을 암시한다. 하나님을 예배하는 각종 제도들은 하나님이 그에게 돌아오는 자들을 기꺼이 영접하신다는 사실을 암시하고 있다. 성경에 죄를 용서함 받은 경우들이 기록되어 남아 있는 이유는 바로 하나님이 사람들을 용서하셔서 그를 경외하게 만드신다는 사실을 보여주기 위함이다. 그리고 같은 의도로 하나님은 그의 긍휼하심과 오래 참으심과 사랑에 대한 선언들을 성경에 그렇게 무수하게 기록하신 것이다.

그리고 무엇보다도 하나님은 이 목적을 위하여 그의 아들을 우리의 죄를 대신할 화목 제물로 세우셨고 그리하여 우리로 하여금 자신이 긍휼하신 분이시며 동시에 의로우신 분이심을 보도록 하신 것이다. 복음을 듣는 모든 사람들에게, 심지어 주홍 같은 죄, 진홍 같이 붉은 죄를 지은 자들에게 그 긍휼하심이 베풀어진다. 그러므로 그 긍휼하심이 베풀어지는 것을 자의적으로 악하게 거부하지 않으면 누구든지 그 은택을 잃어버리지 않는 것이다. 자기에게는 죄 용서 따위가 필요없다는 식으로 부주의하게 생각하거나, 아니면 죄 용서를 받는 유일한 성경의 조건을 받아들이기를 불신앙적으로 거부하든가 하지 않으면, 누구든 그 긍휼하심의 은택을 받는 것이다.

그러므로 생명에 이르는 회개는 돌아서는 것이다. 두려움과 양심의 거리낌 때문에 죄에서 도망하는 것이 아니라 그 죄를 악하고 혐오스런 것으로 알고 진정한 뉘우침과 겸손, 그리고 고백과 함께 그 죄를 버리는 것이다. 그리고 하나님께로 돌아와서 그의 계명에 순종하는 삶을 살기로 결단하는 것이다. 하나님은 선하셔서 용서하시기를 기뻐하시는 분이시기 때문이다.

이러한 변화의 순수성을 판단할 수 있는 방법은 두 가지밖에 없다. 그 하나는 우리의 내적 경험을 하나님의 말씀과 비교하는 것이고, 또 하나는 우리에게 일어난 변화의 결과들을 관찰하는 것이다. 사람은 누구나 자기 자신의 느낌을 의식하기 마련이므로, 주의를 기울여 비교해 보면 대체로 그 느낌의 성격을 분간할 수가 있다. 하나님의 공의하심과 거룩하심을 바라보아서 그것 때문에 자기 자신의 죄성과 악한 상태를 깨닫게 되었는지, 아니면 억지로 스스로 안일한 상태를 포기할 수밖에 없었고 그리하여 자기의 성품과 행실이 부적합하다는 느낌을 받게 되어 결국 하나님 앞에서 자기의 죄책과 부패함을 부끄러움과 슬픔으로 고백하게 되었는지 스스로 알 수 있는 것이다. 예수 그리스도 안에 나타난 하나님의 긍휼하심을 깨달아서 그의 사랑을 염원하며 그의 영광을 위하여 살고자 하는 확고한 결심으로 하늘 아버지께로 돌아가고자 하는 마음을 가지게 되었는지도 알 수가 있다. 이런 것들이야말로 진정한 회개에서 나타나는 행위들이다. 그러므로 이런 것들을 스스로 의식한다면, 그 사람은 자신이 사망에서 생명으로 옮겨지고 있음을 알 수가 있는 것이다.

그러나 진정 자기 자신을 안다는 것이 모든 일 가운데 가장 어려운 일이므로, 또한 이례적으로 아주 강한 느낌이 생기는 경우가 아니면 느낌이 생기더라도 그 느낌의 진정한 본질을 파악해 내기가 매우 어렵기 때문에,

마음에 어떤 변화가 일어날 때에 그 성격을 가장 확실하게 테스트할 수 있는 방법은 바로 그 변화로 말미암아 나타나는 영구한 효과들을 살피는 것이다. "그 열매로 그들을 알지니라"라는 말씀은 다른 사람은 물론 우리 자신들을 판단하는 데도 적용할 수 있는 올바른 방법이 되는 것이다.

그러므로 우리가 내적으로 어떤 경험을 했든지 간에, 어떤 기쁨 혹은 슬픔을 느꼈든지간에, 회개에 합당한 열매를 맺지 않는 이상 우리의 그런 경험들은 아무런 유익이 없는 것이다. 사사로운 상해를 입혔을 경우 그것에 대한 고백과 변상이 이루어지지 않거나, 다른 사람들의 눈에 띄는 외형적인 죄들뿐만 아니라 마음 속에 감추어져 있는 죄들까지도 버리게 되지 않는 한, 하나님을 섬기는 방향으로, 또한 우리 자신을 위해서 사는 것이 아니라 우리를 사랑하셔서 자기 자신을 주신 그분을 위하여 사는 방향으로 우리의 삶이 바뀌지 않는 한, 우리의 회개는 진정한 회개가 아니요 따라서 다시금 회개해야 마땅한 것이다.

회개의 의무만큼 그 필요성이 분명하며 또한 하나님의 말씀 속에서 거듭거듭 강조되는 의무도 없을 것이다. 사람이 잘못을 저지르면 그것에 대해 미안한 마음이 생기고 그리하여 악에서 돌아서게 되는 것이 정상이라는 것은 인간의 본성 그 자체가 가르쳐 주는 사실이다. 누군가가 자기에게 어떤 잘못을 했을 경우 사람은 그렇게 잘못을 범한 사람으로서는 그렇게 해야 하는 것이 마땅하다고 생각한다. 특히 부모는 자식이 불순종하여 잘못을 범할 경우 그 자식이 돌이키고 용서를 구하기를 고대한다. 자식이라면 당연히 진정하게 죄송한 마음을 갖고 부모를 향한 진지한 애정으로 순종하여야 마땅하다고 생각하는 것이다. 그러므로 오직 의를 요구하시는 하나님이 모든 사람을 명하여 회개하라고 하신다고 해서 놀랄 필요가 전혀 없는 것이다.

복음에 제시되어 있는 구원은 죄인들이 누리는 구원이지만 동시에 죄로부터 구원받는 것이기도 하다. 복음이 약속하는 천국이란 거룩한 천국이다. 하나님 우편에서 흘러 나오는 희락의 강(江)은 순결한 생명수로 가득 차 있는 것이다. 그러므로 어느 누구도 회개를 통하여 자기 죄를 버리지 않으면 구원을 받을 수가 없다. 이것 자체가 구원의 큰 부분이 되는 것이다. 죄를 사랑하고 죄를 섬기는 데서 하나님을 사랑하고 그를 섬기는 데로 전환하는 내적인 변화야말로 그리스도의 죽으심의 큰 목적인 것이다. 그리스도는 교회를 위하여 자기 자신을 주셨으니, 이는 "물로 씻어 말씀으로 깨끗하게 하사 거룩하게 하시고 자기 앞에 영광스러운 교회로 세우사 티나 주름잡힌 것이나 이런 것들이 없이 거룩하고 흠이 없게 하려 하심이니라"(엡 5:25-27). 그러므로 회개 없는 죄인의 구원은 모순인 것이다.

그러므로 전도 설교에 있어서 회개는 아주 중요한 주제가 된다. 우리 구주께서도 처음 복음을 전파하시면서, "회개하라 천국이 가까왔느니라"(마 4:17)고 말씀하셨다. 그리고 갈릴리 지방에서 복음을 전하시면서도, "때가 찼고 하나님의 나라가 가까왔으니 회개하고 복음을 믿으라"(막 1:15)고 말씀하셨다. 또한 사도들에게 주신 지상 명령도, "그의 이름으로 죄 사함을 얻게 하는 회개가 예루살렘으로부터 시작하여 모든 족속에게 전파"되어야 한다는 것이었다(눅 24:47). 제자들은 이 지상 명령을 시행하기 위하여 나아가서, "너희가 회개하고 돌이켜 너희 죄 없이함을 받으라. 이 같이 하면 유쾌하게 되는 날이 주 앞으로부터 이를 것이라"(행 3:19)고 외쳤다.

바울은 아그립바 왕에게 자기의 설교한 과정을 이야기하면서 말하기를, 자기는 "먼저 다메섹에와 또 예루살렘에 있는 사람과 유대 온 땅과 이방인에게까지 회개하고 하나님께로 돌아가서 회개에 합당한 일을 행하라 선전하"였다고 하였다(행 26:20). 또한 그는 에베소의 장로들을 불러서, 그가 "유익한 것은 무엇이든지 공중 앞에서나 각 집에서나 꺼림이 없이 너희에게 전하여 가르치고 유대인과 헬라인들에게 하나님께 대한 회개와 우리 주 예수 그리스도께 대한 믿음을 증거한" 사실(행 20:20-21)을 말씀했다.

그러므로, 회개는 복음을 듣는 모든 사람들이 이행해야 할 즉각적이며 절실하고도 중대한 의무이다. 죄를 버리고 예수 그리스도로 말미암아 하나님께로 돌아와야 한다. 이 의무를 무시한다면, 그것은 구원을 거부하는 것이 된다. 이미 살펴 보았듯이, 회개치 아니하면 멸망할 수밖에 없기 때문이다. 이처럼 회개가 없어서는 안 될 중요한 요소이기 때문에 하나님은 죄의 악함과 그의 율법의 조건들뿐 아니라 그의 무한하신 사랑과 긍휼하심을 그렇게도 분명하게 계시하시며, 자기에게로 돌이켜서 살라고 촉구하심은 물론 자기가 "여호와 여호와요 자비롭고 은혜롭고 노하기를 더디하고 인자와 진실이 많은 하나님"이심(출 34:6)을 확신시켜 주시는 것이다.

이러한 회개에의 부름은 보통 요람에서 무덤에 이르기까지 계속해서 사람을 따른다. 어린 아기의 귀에 울리는 첫 소리 가운데 하나가 그것이다. 죽어가는 죄인의 희미해져가는 청각에 마지막으로 울리는 소리도 그것이다. 이 세상의 모든 것들이 하나님의 긍휼하심의 음성을 전하고 있다. 모든 기쁨과 모든 슬픔이 생명의 근원이신 하나님께로 돌아오라고 촉구하고 있다. 무덤에 관을 묻는 일 하나하나도, 교회들 하나하나마다, 성경의 페이지 하나하나마다 모두가 회개하라는 훈계요 회개하라는 부름이다. 심각한 생각이 들 때마다, 불길한 예감이 들 때마다, "돌이켜라. 어째서 죽음을 자초하려 하느냐?"라는 하나님의 음성이 들리는 것이다. 사람들은 이런 모든 훈계들을 다 들으면서도 억지로 죽음으로 향하여 나아간다. 그리하여 결국 멸망하고 만다. 왜? 그들이 고의적으로 구원을 거부하기 때문인 것이다.

구속의 신비 가운데 하나는 바로 긍휼의 경륜 아래서는 모든 의무가 다 은혜라는 사실이다. 회개가 우리가 행해야 할 의무이지만, 그것은 동시에 하나님의 선물이다. 성경을 왜곡시켜서 스스로 멸망에 이르는 자들은 이러한 진리들을 대하고서 그것을 하나님의 정하신 때를 기다린다는 핑계로 회개를 뒤로 미룬다거나 회개치 않는 굳은 마음에 대한 죄책을 변명하기를 즐겨 한다. 그러나 자기들에게 하나님이 요구하시는 그 일의 위대함을 느끼는 자들은 그 진리 안에서 즐거워하며 또한 자기의 의무를 다하도록 새로운 에너지를 불러일으켜서 자기의 구원을 신실하게 이루어가는 것이다. 왜냐하면 그들 속에서 역사하시되 자기의 기쁘신 뜻을 위하여 그들로 소원을 두고 행하게 하시는 분이 바로 하나님이시기 때문이다(빌 2:12-13).

제 8 장

신앙의 외적 표명

제1절 신앙의 공적인 표명의 본질과 그 필요성

신앙(religion)은 대개 영혼이 하나님과 나누는 은밀한 교제와, 사람의 눈으로는 볼 수 없는 찬양과 감사와 신뢰와 복종의 행위에 있다. 이 신앙에 대해서는 다른 사람으로서는 도저히 간섭할 수가 없다. 겉으로 드러나는 행실을 규제하고, 그리스도인에게 겸손히 행하고 자비를 베푸는 행실을 하도록 만드는 동기들을 부여하면, 그런 일들을 통해서 그 신앙의 은밀한 것들이 겉으로 드러나기 마련이다. 그러나 다른 사람들의 주목을 끌고자 하는 목적으로 그런 외적인 것들을 드러내는 행위는 우리 주님이 그 옛날 바리새인들을 정죄하셨던 그 범죄를 재현하는 것이나 마찬가지이다. 주님은 구제할 때에도 은밀한 중에 하라고 말씀하셨다. 기도할 때에도 은밀한 중에 기도해야 한다. 금식을 할 때에도 사람들에게 금식한다는 표를 보여서는 안 되고, 오직 은밀한 가운데 보시는 아버지를 향해서 해야 하는 것이다.

이런 말씀들 가운데서 그리스도께서는 그저 외식을 정죄하시는 그 이상을 행하신다. 곧, 사람들에게 보이고자 하는 의도로 신앙적 의무들을 행해서는 안 된다는 것을 말씀하시는 동시에, 참된 신앙은 겉으로 나서지 않으며(unobtrusive) 속으로 숨는 법(retiring)이라는 것을 가르치시는 것이다. 그런 신앙은 대낮에 사람의 눈에 띄기를 피한다. 남이 보지 않는 가운데서 나타나는 거룩이며, 엄숙이며, 은밀한 즐거움이다. 그것은 마치 신앙이 남에게 떠벌이는 데 있기라도 한 것처럼 행동하며 그런 것에 큰 기쁨을 느끼는 사람들이 겉으로 허세를 부리며 화려하게 드러내는 이런저런 종교적 감정과는 정면으로 배치되는 것이다.

신앙이 이처럼 속으로 숨는 성격이 있고 또한 대개의 경우 그 본질이 하나님과 나누는 은밀한 교제에 있는 것이 사실이지만, 그럼에도 불구하고 신앙은 사회적이며 공적인 면을 지니고 있기 때문에 참된 그리스도인으로서는 아무리 자신이 그리스도인임을 속으로 숨기고 싶어도 그렇게 할 수가 없는 것이다. 그러나 믿음이 약한 사람이나 신앙을 표현함으로써 얻어지는 갖가지 비난을 두려워 하는 사람들이 일시적으로 자신의 신앙을 숨기려고 애를 쓰는 예가 많다.

신앙적 정서를 드러내는 것이 신뢰와 존경을 얻는 일종의 보증이 되는 그런 신앙적인 사회 속에서만 살아온 사람들로서는 신앙을 숨기고 싶은 유혹이 어떤 것인지를 잘 알 수가 없다. 그런 사람들은 다른 그리스도인이 당하는 큰 시련을 알지 못한다. 실천적인 신앙을 드러내 보이면 부모 형제나 동료가 미움과 조롱을 보내며, 경건한 모습을 드러내 보이면 언제나 극심한 조롱과 함께 엄청난 시련을 당하게 되는 것이다. 하나님의 백성들 가운데 상당 부분이 정도의 차이는 있으나 이런 시련을 견디도록 부르심을 받고 있다. 그러니 그들로서는 과연 자신의 신앙을 알리지 않으면 신앙 생활을 할 수가 없는 것인지를 묻고 싶은 마음이 자주 드는 것이 어쩌면 당연한 일이다.

신앙이 은밀한 것이라면, 어째서 그것을 비밀리에 숨겨두어서는 안된단 말인가? 이 질문에 대한 답변은 간단 명료하다. 사람들 앞에서 그리스도를 고백하는 일이 구원에 필수적인 일이라고 성경이 선언하고 있는 것이다. 주님은 말씀하시기를, "누구든지 사람 앞에서 나를 시인하면 나도 하늘에 계신 내 아버지 앞에서 저를 시인할 것이요 누구든지 사람 앞에서 나를 부인하면 나도 하늘에 계신 내 아버지 앞에서 저를 부인하리라"(마 10:32-33)고 하셨다.

또 다른 곳에서 말씀하시기를, "누구든지 이 음란하고 죄 많은 세대에서 나와 내 말을 부끄러워하면 인자도 아버지의 영광으로 거룩한 천사들과 함께 올 때에 그 사람을 부끄러워하리라"(막 8:38)고 하셨다.

사도 바울 역시 디모데에게 보낸 편지 가운데서 이렇게 말씀한다: "그러므로 네가 우리 주의 증거와 또는 주를 위하여 갇힌 자된 나를 부끄러워 말고 오직 하나님의 능력을 좇아 복음과 함께 고난을 받으라"(딤후 1:8); "참으면 또한 함께 왕 노릇할 것이요 우리가 주를 부인하면 주도 우리를 부인하실 것이라"(딤후 2:12).

뿐만 아니라 구원의 조건을 가르치면서 한층 더 분명하게 말씀한다: "네가 만일 네 입으로 예수를 주로 시인하며 또 하나님께서 그를 죽은 자 가운데서 살리신 것을 네 마음에 믿으면 구원을 얻으리니 사람이 마음으로 믿어 의에 이르고 입으로 시인하여 구원에 이르느니라"(롬 10:9-10).

또한 세례의 필요성을 말씀하는 모든 구절에서도 동일한 진리가 나타나고 있다. 세례를 받는다는 것은 복음을 공적으로 표현하는 것을 뜻하는 것이다. 그러므로 우리 주님은 사도들에게 주시는 명령 가운데서, "믿고 세례를 받는 사람은 구원을 얻을 것이요"(막 16:16)라고 말씀하셨다.

오순절 날 백성들이 자기들이 그리스도를 거부한 죄를 지었음을 깨닫고 어떻게 하면 좋을지를 묻자, 베드로는 대답하기를, "너희가 회개하여 각각 예수 그리스도의 이름으로 세례를 받으라"(행 2:38)고 하였다. 각자 집에 돌아가서 하나님 앞에 회개하는 것만으로는 안 되는 일이었다. 그리스도를 공적으로 시인하고 자기들이 그를 믿는다는 사실을 대중 앞에서 드러내야만 했던 것이다.

그러므로 제자도의 조건으로 이보다 더 분명하게 제시된 것은 없다. 우리가 그리스도를 시인하지 않으면, 그가 우리를 시인하지 않으실 것이다. 우리가 그를 우리의 구주로 인정하지 않으면, 그가 우리를 그의 제자로 인정하지 않으실 것이다. 우리가 기꺼이 그와 함께 굴욕과 죄인들의 반대를 함께 나누지 않으면, 그가 아버지께로부터 받으신 그 영광 가운데 함께 있을 수가 없을 것이다.

그리스도를 우리의 왕으로 모시며 관계를 맺고 있다면, 그의 권위에 대한 공적인 시인이 불가피하다. 이 세상 나라에서는 충성에 대한 인정이 없이는 시민의 권리를 받을 수가 없다. 마찬가지로 그리스도의 나라에서도 그의 권위를 시인하지 않으면 결국 그를 배척하는 것이나 마찬가지이다. 그리스도를 주(主)로 고백하기를 거부함으로써 자기들이 그리스도의 백성이 아님을 선포하는 것이다.

성경에서 교회를 가정과 비교하는 예가 자주 있다. 그렇다면, 아버지의 집에 살고 있는 자녀가 자기 부모를 인정하지 않는다는 것이 말이 되는가? 어머니의 사랑을 받으면서도 어머니를 자기 어머니로 인정하지 않는다는 것이 있을 수 있는 일인가? 길거리에서 어머니를 만나고도 아는 체도 하지 않고 지나치면서 밤에 슬며시 들어와서 어머니가 차려 주는 식탁을 받고 어머니의 보호를 받는다면 그것이 과연 온당한 자식의 태도이겠는가? 온전한 자식이라면 누구도 서슴지 않고 자기 부모를 시인하는 것이 정상이다. 마찬가지로 우리 아버지이신 하나님을 시인하기를 두려워하거나 부끄러워하고 그를 존귀히 여기고 순종할 의무를 인정치 않는다면, 우리가 하나님의 자녀가 아니라는 것이 분명한 것이다.

더 나아가서 그리스도인은 그리스도를 예배하는 자들이라는 점을 생각해야 한다. 사도 바울은 고린도 교인들을 가리켜 주 예수의 이름을 부르는 자들이라고 칭한다. 그리고 처음부터 예루살렘과 다메섹에서 그리스도인들은 그리스도의 이름을 부르는 자들이라 칭해졌다(행 9:14, 21). 그런데 그들이 자기의 하나님을 시인하기를 부끄러워하고 두려워한다면, 도대체 무슨 예배자들의 모습이 그렇단 말인가? 그러므로 그리스도와 온갖 관계(왕으로서, 하나님의 가정의 머리로서, 예배의 대상 등으로서 맺는 관계들)를 맺고 있는 그리스도인으로서는 반드시 사람들 앞에서 그를 시인해야만 하는 것이다. 그런데 우리는 이런 모든 관계를 맺는다고 하면서도 실제로는 그를 거부하고 있다. 그리스도를 공적으로 시인하고 고백하는 일이나 그를 믿는 우리의 신앙의 사실을 인정하는 일을 소홀히 하거나 거부하고 있는 것이다.

예수 그리스도를 믿는 신앙의 본질을 잠시만 생각해 보아도, 은밀한 그리스도인으로 남아 있는다는 것이 불가능하다는 사실이 납득이 될 것이다. 마음만이 아니라 외적인 품행 전체가 그 신앙에 의해서 이루어져야 한다. 세상이 용납하는 많는 일들을 그 신앙이 금하고 있다. 또한 세상이 금하나 오히려 그 신앙이 격려하는 것들도 많다. 그러므로 그 신앙의 계명에 순종하면 필연적으로 그 신앙이 공개될 수밖에 없다. 왜냐하면 그렇게 순종하는 것이 선(線)을 그어서 세상 사람과 그 신앙을 좇는 제자를 구분하게 되기 때문이다. 그렇기 때문에 하나님의 백성들을 가리켜 성도(聖徒)라 칭하는 것이다. 그들은 구분된 자들이요, 다른 사람들에게서 분리된 자들이요, 하나님께 드려진 자들이라는 뜻이다. 이렇게 주위에 있는 사람들과의 구별된 성격이 사라지면, 그들을 가리켜 성도라 할 수가 없다. 내적인 기질과 외적인 품행에서 그들의 그 구별된 성격이 드러나지 않으면, 그들은 그리스도인이 아닌 것이다.

"산 위에 있는 동네가 숨기우지 못할 것이요." 자기를 부인하고 자기 십자가를 지고 날마다 그리스도를 따르는 자들은, 위엣 것을 사모하는 자들은, 믿음으로 행하고 보는 것으로 하지 아니하는 자들은, 하나님을 위하여 살고 자기를 지켜 세상에서 흠이 없이 사는 자들은 세상에 속하여 정신과 삶의 원리와 목표가 모두 세상적인 그런 사람들과 눈에 띄게 다르지 않을 수가 없는 것이다.

뿐만 아니라 그런 차이가 있으면, 그리스도인 쪽에서는 그런 차이가 생긴 원인에 대해서 인정하지 않을 수가 없는 것이다. 자기의 품행을 정당화하기 위해서는 그리스도의 권위에 호소할 수밖에 없고, 따라서 그리스도를 고백하지 않고서는 그리스도인으로서 살 수가 없는 것이다.

이처럼 복음이 요구하는 일반적인 기질과 품행이 있는가 하면, 또한 그리스도께서 요구하시는 구체적인 의무들도 많은데, 그 의무들을 이행하려면 그를 믿는 신앙을 공적으로 시인하지 않을 수가 없다. 눈에 보이는 모임체로 그의 교회를 조직한다는 것은 바로 그리스도의 권위를 인정하고 그의 계명에 대한 순종을 시인하는 자들을 구별짓는 것이다. 그리스도께서 제자들에게 주신 지상 명령은 온 세상으로 나아가 그의 복음을 전하고 제자들을 삼으며 그의 이름으로 세례를 주고 그들을 구별된 모임체 속으로 모아들이며, 공예배와 권징을 위하여 직분자들을 지명하라는 것이었다.

이 모든 사실은 그리스도를 따르는 자들이 세상 앞에서 그를 머리로 인정하고 그를 주요 또한 구주로 고백하는 하나의 몸체를 구성하는 일을 상정하는 것이다. 주님이신 그리스도께서 기독교로 하여금 이렇듯 가시적이고 조직화된 형태를 취하게 하셨다면, 거기에 속한 사람이 과연 어떻게 자신이 그리스도인이라는 사실을 은밀하게 숨길 수가 있겠는가? 신자들은 누구나 교회에 속하고, 형제된 그리스도인들과 함께 모여 공적으로 예배하며 그들과 연합하여 구주의 죽으심을 기념할 것을 주님이 특별히 명하셨다. 그리스도인이 그리스도께 순종하는 자들이라면, 그리고 이렇듯 그를 공적으로 인정하는 외적인 행위가 순종에 포함된다면, 그렇게 공적으로 그리스도를 인정하지 않는 사람은 누구든지 그리스도인일 수가 없는 것이다.

하나님의 말씀이 명하는 의무들 가운데는, 바른 감정이 일어날 때에 그 감정 자체가 우리를 강권하여 이행하도록 하지 않는 것이 거의 없다. 죄를 버리라고 하고, 하나님을 섬기라고 하며, 형제를 사랑하라고 하고, 나 자신보다 다른 사람들을 위해 살라고 하고, 항상 기도하라고 하고, 공예배에 함께 참석하라는 명령들이 성경에 있지만, 이런 것들은 굳이 그런 명령이 없더라도 마음이 새로워지면 누구든지 본능적으로 기꺼이 행하는 것들이다. 외적인 명령이 그 실행 과정을 인도하고 규제한다.

그러나 순종하고자 하는 동기는 권위와만 관계되는 것이 아니다. 이와 비슷하게, 그리스도를 공적으로 인정하고 고백하는 일이 성경에서 필수적인 의무로 제시되어 있기는 하지만, 그런 일은 동시에 모든 그리스도인의 마음에서 자발적으로 우러나는 행위인 것이다. 신하가 자기가 사랑하는 군주를 인정하라는 명령을 받지 않는다면, 자녀가 자기가 존경하는 부모를 인정하라는 명령을 받을 필요가 없다면, 신자로서는 더더욱 자기가 믿고 고백하는 구주를 억지로 인정하라는 명령을 받을 필요가 없을 것이다. 그는 구주를 아버지의 영광의 광채로 인정하고 있으며 또한 구주의 구속에 은혜를 받고 있으며 천국에서 성도와 및 천사들과 함께 그를 예배하고 섬기기를 고대하고 있으므로 그런 명령이 구태여 필요 없을 것이다.

그렇다고 해서 신자는 한 번도 예수님을 부끄러워 하는 적이 없으며, 어떠한 시련의 상황 속에서라도 절대로 그의 진리를 시인하거나 그의 이름을 부르기를 두려워하지 않는다는 뜻은 아니다. 베드로도 한 때 주님을 부인했었다. 그러나 이와 마찬가지로 분명한 사실은 그리스도를 올바로 바라보며 그를 향하여 올바른 감정을 갖고 있는 사람은 누구나 습관적으로 공개적으로 기꺼이 그를 하나님이요 구주로 시인한다는 것이다. 그는 그리스도를 위하여 받는 능욕을 애굽의 모든 보화보다 더 큰 재물로 여길 것이요, 잠시 죄의 쾌락을 누리기보다는 하나님의 백성과 함께 환난을 당하기를 선택할 것이다.

지금 살펴 보고 있는 이 의무의 본질은 어렵지 않게 이해할 수 있다. 그리스도를 고백한다는 것은 그의 성품과 그의 주장들을 인정한다는 것을 의미한다. 그것은 곧 예수께서 그리스도시라는 것을 인정하는 것이다. 그것은 그가 가르치신 가르침들이 진리임을 받아들이는 것이다. 그것은 그를 우리의 주요 구주로 인정하고 그에게 충성을 다한다는 표시이다. 그러므로 이런 고백과 시인은 반드시 공개적이어야 한다. 사람들 앞에서 행해져야 하고, 입으로 발설되어야 한다. 그저 행실을 통해서 추측하도록 하는 정도로는 안되는 것이다.

또한 기억해야 할 것은 그런 공적인 시인이 그저 이교도 신앙이나 이슬람 신앙과는 구별되어 그리스도인이라는 이름을 취한다는 의미만이 아니라는 점이다. 사람들이 그리스도의 성품을 잘못 취하거나 잘못 나타내는 예가 많은데, 그 때에 그런 잘못된 견해들을 시인하는 것이 그에게 요구되는 고백은 아니다. 그리스도를 그저 선한 사람으로 혹은 영감 있는 스승 정도로 인정하는 것은, 사실상 하나님의 아들이시며 죄를 위한 화목 제물이시며 유일한 중보자시며 산자와 죽은 자들을 주관하시는 주(主)이신 그의 진정한 품성을 부인하는 것이다.

그리고 복음을 그저 도덕적인 문제들을 다루는 하나의 강령쯤으로 인정하는 것은 사실상 하나님의 은혜의 계시로서의 복음을 거부하는 것이다. 우리가 해야 할 고백은 그리스도를 그의 진정한 품성대로 공적으로 시인하는 것이며 그의 복음을 그 진정한 본질대로 인정하는 그런 고백이다. 인간의 교만에 거슬리는 모든 것은 복음에서 제하여 내고 그 나머지 부분을 인정하는 그런 식의 고백이 아니다. 우리가 해야 할 일은 유대인에게는 거리끼는 것이요 헬라인에게는 미련한 것인 바로 그것을 인정하고 고백하는 수치를 취하는 것이다. 사람들에게 멸시를 당하고 버린 바 되신 구주를 믿는 우리의 믿음과 신뢰를 시인하는 것이다. 인간의 이성으로는 절대로 발견하거나 파악할 수 없는 그런 진리들을 인정하는 것이다.

이런 공적인 고백을 행하는 몇 가지 방법들이 있다. 이미 지적했듯이, 그리스도의 명령들을 순종하는 일 자체가 하나의 고백이다. 그러므로 순종이 고백의 한 형태다. 그리스도를 따르는 자들로서 순종하는 자들은 반드시 다른 사람들과 구별되는 면모를 그 순종을 통해서 드러내기 마련인 것이다. 또한 그리스도인들에게는 진리를 인정하고, 부인하는 자들을 대항하여 진리를 수호하고, 영향력을 발휘할 수 있는 자들에게 진리를 증거하고 권면하며, 온유함과 두려움으로 자기들에게 있는 소망의 이유를 설명해야 할 상황이 수시로 생긴다. 그러나 그런 공적인 고백을 행하는 가장 중요한 방법은 세례와 성찬의 두 가지 성례에 참여하는 것이다. 하나님의 말씀에 이 제도들이 굉장히 두드러지게 나타나기 때문에, 그리스도인이라면 누구나 그 성례들의 본질에 대해서, 또한 성례와 관련한 각자의 의무에 대해서 분명한 사상을 가져야 마땅한 것이다.

제2절 세례와 성찬. 그 본질과 의도, 그리고 효력

물론 다른 중요한 목적들도 있겠지만, 세례와 성찬(이 부분의 논의에서 저자는 아직 성례에 참여하지 않은 사람들을 염두에 두고 있다. 그는 복음을 받아들이는 모든 사람들에게, 특히 젊은 청년들에게, 공적으로 자기들의 믿음을 개별적으로 시인하여야 할 의무가 있음을 강조한다. 본 책자가 본래 미국 주일학교 연합회에서 청년들을 위하여 출간된 것임을 기억하라. — 편집자주)은 복음에 대한 우리의 믿음을 공적으로 시인하고 고백하는 하나의 방편으로 제정된 것이라는 것이 성경에서 분명히 나타나고 있다. 어느 종교든 지정한 의식에 공적으로 참여한다는 것 자체가 본질적으로 그 종교를 믿는다는 하나의 표명이다. 사도는 이 점을 근거로, 고린도 교인들 중에 이교의 신전에 들어가 우상에게 바치는 제사에 참여하는 행위를 우상 숭배로 책망하고 있다. "나는 지혜 있는 자들에게 말함과 같이 하노니 너희는 내 이르는 말을 스스로 판단하라"(고전 10:15).

그렇다면, 기독교의 성례에 참여한다면 그것은 그리스도인의 예배의 행위가 아니겠는가? 유대인의 희생 제사에 참여한다면 그것은 유대인의 예배 행위가 아닌가? 이와 마찬가지로, 이교도의 의식에 참여한다면 그것은 과연 이교도들의 예배의 행위가 아닌가? 이것이 고린도전서 10:15-21에 나타나는 사도 바울의 논증의 흐름이다. 복음의 성례에 함께 참여한다는 것은 그 행위의 본질로 볼 때에 그리스도를 믿는 신앙을 외적으로 표명하는 것이 되는 것이다. 성례에 참여함으로써 예배의 대상이신 분과는 물론 함께 예배하는 형제들과 교제 가운데 있게 되는 것이다. 우리가 수가 많지만, 한 떡이요 한 몸이다. 왜냐하면 우리 모두가 한 떡에 참예하는 자들이기 때문이다. 그리하여 사도는 이렇게 덧붙이고 있다: "너희가 주의 잔과 귀신의 잔을 겸하여 마시지 못하고 주의 상과 귀신의 상에 겸하여 참예치 못하리라"(고전 10:21).

그리스도와 교제 가운데 있으면서 동시에 사단과 교제하는 일은 불가능한 일이다. 그러므로 그리스도의 성례에 참예하면서 또한 귀신의 제사에 참예한다는 것은 그야말로 엄청난 모순이 아닐 수 없다. 이 모든 것은 곧 그리스도인의 성례에 참예한다는 것은 바로 기독교 신앙을 표명하는 것이라는 사실에 근거하는 것이다. 그리스도께서는 사도들에게 나아가 제자들을 삼고 세례를 주라는 등의 명령을 하셨는데, 그 때에 주님은 세례는 그 세례를 받는 사람이 이제 그리스도의 제자가 되었음을 나타내는 하나의 표지이며, 또한 그리스도를 따르는 자들이 그 세례를 통해서 자기가 그리스도와의 관계를 시인하도록 하고자 하는 의도를 가지고 계셨음이 분명하다. 이 사실은 "누구 누구의 이름으로 세례를 준다"는 관용 어법에서 아주 두드러지게 드러나는 사상이다.

그러므로 사도 바울은 고린도 교인들에게 "바울의 이름으로 너희가 세례를 받았느뇨?"(고전 1:13)라는 질문을 던져서, 그들이 바울 자신의 제자들도 아니요 바울 자신을 따르는 자들도 아니라는 사실을 상기시키는 것을 보게 된다. 이 문제에 대해서는 길게 시간을 소비할 필요가 없다. 복음의 성례에 참예하는 것이 세상 앞에서 그리스도를 고백하는 지정된 방법이라는 것은 보편적으로 다 인정하는 것이기 때문이다.

그리스도를 고백하고 또한 그를 고백하되 이런 지정된 방식을 따라 해야 한다는 것이 그리스도인 각자에게 주어진 의무이기 때문에, 이러한 성례들의 본질과 의도에 대해서 좀더 구체적으로 살펴 볼 필요가 있다. 교회에서는 이 제도들을 가리켜 성례(聖禮: '쎄크라멘트', sacrament)라고 부르는 것이 오랜 동안 관례로 내려 왔다. 그러나 이 용어 자체에서는 별 의미를 끌어낼 것이 없다. 왜냐하면 이 용어가 성경에 나타나는 용어도 아니고, 또한 고대의 저자들이 이 용어를 아주 포괄적인 뜻으로 사용해 왔기 때문이다. 거룩하게 구별한다는 뜻을 지닌 단어에서 파생되어 왔기 때문에 무엇이든지 성스럽다고 여겨지는 것은 전부 쎄크라멘트라고 불렸다. 로마 교회에서는 어떤 소송의 판결을 위하여 대 사제에게 공탁한 금액을 가리켜 쎄크라멘트라고 불렀다. 또한 군인이 군대의 의무를 위하여 스스로 구별하는 의미로 행하는 맹세도 쎄크라멘트라고 칭했다.

또한 라틴 교회에서는 (여기서 우리가 그 용어를 차용했지만) 이 용어를 신비와 같은 의미를 갖는 동의어로 사용했다. 그리하여 의미가 감추어진 어떤 사물을 쎄크라멘트라고 했을 뿐 아니라, 좀더 넓은 의미로 인간의 이성으로는 도무지 발견할 수 없는 것도 쎄크라멘트라고 칭했다. 이런 의미로 보면, 복음 그 자체도, 이방인들을 부르시는 일도, 미래에 있을 유대인들의 회심도 모두 쎄크라멘트이다. 이렇게 폭넓은 의미를 지니고 있는 단어에서 기독교 성례의 본질을 배울 수는 없을 것이다. 오히려 반대로, 성례의 기독교적 의미는 성경이 그 규례들에 대해서 무엇을 가르치느냐 하는 것에 따라서 결정되어야 마땅할 것이다.

첫째로, 그것들은 인간이 만들어낸 제도가 아니라 신적(神的)으로 지정된 의식들이다. 승천하시기 직전 그리스도께서는 이렇게 말씀하셨다: "그러므로 너희는 가서 모든 족속으로 제자를 삼아 아버지와 아들과 성령의 이름으로 세례를 주고 내가 너희에게 분부한 모든 것을 가르쳐 지키게 하라. 볼지어다, 내가 세상 끝날까지 너희와 항상 함께 있으리라"(마 28:19-20). 그러므로 세례의 의식은 그리스도께서 제정하신 것이요, 그 의식은 제자들이 일어나는 한 세상 끝날까지 계속되는 것이다. 그리고 붙잡히시기 전 날 밤, 주님은 성찬을 제정하시면서, "이를 행하여 나를 기념하라"(눅 22:19)고 말씀하시고, 그가 오시기까지 그 일을 계속 행하라고 당부하셨다. 신약 성경은 그리스도의 지시를 따라서 사도들이 스스로 모범을 보이고 또한 교훈을 통해서 이 규례들을 준수할 것을 성도들에게 당부한 증거들을 풍부하게 제시해 주고 있다. 그러므로 신적으로 영구하게 준수하도록 지정된 것이 아니면 기독교적 의미에서 성례가 될 수 없는 것이다.

둘째로, 성경은 성례들이 영적 축복의 표징들이라고 가르친다. 성례는 외형적인 의미 깊은 행위들을 통해서 내적인 영적 은혜를 표시하도록 하는 의도를 가진 것이다. 복음에서 제시하는 큰 축복은 그리스도와의 연합이요 또한 그 결과 그리스도의 공로와 영에 참여하는 것이요 그로 말미암아 죄의 정죄와 오염에서 벗어나는 것이다. 세례와 성찬이 바로 이 축복을 표시하는 의도를 갖고 있는 것이다. 그러므로, "누구든지 그리스도와 합하여 세례를 받은 자는 그리스도로 옷 입었느니라"(갈 3:27)라고 말씀하는데, 이는 바로 그리스도와의 연합을 의미하는 것이다. 신자들이 다 "세례를 받아 한 몸이 되었다"고 하는데(고전 12:13), 이는 곧 세례를 통해서 한 몸을 구성한다는 뜻인데, 오직 그들의 머리가 되시는 그 분과의 연합의 결과로 그렇게 한 몸이 되는 것이다.

사도 바울은 "무릇 그리스도 예수와 합하여 세례를 받은 우리는 그의 죽으심과 합하여 세례받은 줄을 알지 못하느뇨?"(롬 6:3)라고 묻는데, 이는 성도가 그리스도의 죽음에 있어서도 그와 연합한다는 것을 말씀하는 것이다. 세례는 이렇게 그리스도와의 연합이라는 큰 축복을 의미하며 또한 그 연합의 결과로 주어지는 죄 용서와 성화(聖化)를 의미하므로, 또한 은 혜 언약의 이 두 가지 큰 축복들을 상징하는 것이라 하겠다. 그리하여 오 순절 날 베드로는 백성들에게 외치기를, "너희가 회개하여 각각 예수 그리스도의 이름으로 세례를 받고 죄사함을 얻으라"(행 2:38)고 하였다. 그리고 아나니아는 바울에게, "일어나 주의 이름을 불러 세례를 받고 너의 죄를 씻으라"(행 22:16)라고 하였다. 이와 유사한 여러 구절들에서 세례와 죄사함의 연관 관계가 매우 분명하게 나타나 있는 것을 보게 된다.

뿐만 아니라 세례가 성화를 의미한다는 사실 또한 이에 못지 않게 분명히 드러나 있다. 위에서 세례를 그리스도와의 연합을 뜻하며 죄에 대하여 죽고 하나님에 대하여 삶을 의미하는 것으로 선포하고 있는 갈라디아서와 로마서의 여러 구절을 인용하였거니와 거기서도 이러한 사실을 분명히 가르치고 있다. 또한 디도서에서는 "중생의 씻음"(딛 3:5)이라고 부르며, 에베소서에서는 그리스도께서 "물로 씻어 말씀으로 깨끗하게 하사" 그의 교회를 거룩하게 하신다고 말씀한다(엡 5:26). 세례가 이 위대한 진리들에 적절히 부합된다는 사실은 구태여 설명할 필요조차 없다. 물은 정결케하는 수단으로 늘 쓰이는 것이다. 성경에서는 죄책과 죄의 오염을 더러운 것으로 표현하며 따라서 그리스도의 피와 그리스도의 영으로 씻어내야 할 대상으로 말씀한다. 그런데 세례를 통해서 이 이중적으로 정결케 하는 일을 상징적으로 표현하는 것이다.

주의 성찬(聖餐: Lord's Supper)은 동일한 진리의 다른 면을 드러내 준다. 떡이 그리스도의 몸을 나타내며 포도주가 그의 피를 나타낸다는 것은 우리 주님께서 몸소 분명하게 선언하신 사실이다. 그는 분명히 "이것은 내 몸이요," "이것은 내 피니라"라고 말씀하셨다. 떡과 포도주에 참예함으로써 그것들이 상징하는 그것에 또한 참예한다는 것이 분명하게 나타나 있는 것이다. "우리가 축복하는 바 축복의 잔은 그리스도의 피에 참예함이 아니며 우리가 떼는 떡은 그리스도의 몸에 참예함이 아니냐? 떡이 하나요 많은 우리가 한 몸이니 이는 우리가 다 한 떡에 참예함이라"(고전 10:16-17).

앞에서 세례와 관련하여 인용한 구절에서처럼, 여기서도 신자들이 한 몸이 되었음을 선포하고 있는데, 여기서는 성찬에 참예하는 것이 주 예수와의 연합을 나타내는 것이기 때문이다. 그러므로 이 규례들은 방법은 다르지만 결국 동일한 큰 진리를 드러내는 것이다. 세례와 성찬은 성도와 그리스도의 연합, 그리고 그의 중보와 죽으심에서 비롯되는 은택에 참예함을 나타내는 신적으로 지정된 상징들인 것이다.

그러나 이 성례들이 그저 표지(標識: sign)에 지나지 않는다고 생각한다면, 그것은 큰 잘못이다. 그것들은 인장(印章)과도 같다. 그것들은 그리스도께서 신자들에게 은혜의 언약에 속한 축복들을 누릴 것을 보증하기 위하여 몸소 지정하신 것이다. 사람들 사이에도 어떤 사안에 대하여 확인하고 확증하는 목적으로 인장을 사용한다. 관련 당사자에게 현재의 문서가 진짜이며 또한 그 내용이 확실하다는 것을 인장을 통해서 확신시켜 주는 것이다. 마찬가지로, 하나님께서도 우리의 연약함에 맞추셔서, 신자들에게 죄사함과 정결케 함을 그저 약속만 하시지 않고 이런 규례들을 지정하셔서 그의 약속에 대하여 인(印)을 치시는 것이다.

노아에게 그저 땅이 다시는 홍수로 인하여 멸망하지 않으리라고 약속만 하셨어도 충분히 그 약속을 의지할 바탕이 마련되었을 것이지만, 하나님은 무지개를 지정하셔서 그의 언약의 영원한 확증으로 삼는 것이 적절하다고 여기셨다. 그리하여 시대시대마다 무지개가 나타나는 것을 볼 때마다 사람들은 그것이 해가 다시 나타나리라는 표지임은 물론 하나님의 약속의 확실성을 드러내는 하나님 자신이 지정한 보증물임을 느끼게 된 것이다. 이와 비슷하게 하나님은 그의 백성들에게 그의 약속의 불변함을 보다 풍성하게 보여주시기 위하여 이렇게 인을 치심으로써 그의 약속을 확증하신 것이다. 이를 통해서 신자들은 지금 언약의 축복들에 대한 표지를 분명히 받고 있는 것처럼, 장차 축복들 그 자체를 분명히 받으리라는 것을 확신하게 되는 것이다.

이 규례들이 하나님의 약속들을 확증하고자 하는 의도로 주어진 것이라는 사실은 할례가 믿음의 의를 인치는 것이었다는 사도 바울의 말씀에서도 분명히 드러난다. 즉, 할례는 아브라함과 그의 후손들에게, 하나님이 그의 말씀을 믿는 모든 자들을 의로운 자로 인정하시리라는 사실을 확신시켜 주기 위하여 주어진 것이라는 것이다.

사도 바울이 세례를 동일한 원리로 취급한다는 사실이 골로새서 2:11-12에서 분명히 드러난다. 곧, 세례와 할례를 서로 비슷한 의미를 지니는 것으로 말씀하는 것이다. 또한 성찬에 대해서 주님은 "이 잔은 내 피로 세운 새 언약이니"(고전 11:25)라고 말씀하셨는데, 이는 곧 그의 피로 말미암아 새 언약을 비준하신다는 뜻이다. 잔은 그 피를 상징하는 지정된 기념물이며, 따라서 동시에 새 언약 그 자체의 기념물이며 또한 확증이다. 그것은 하나님이 그 언약의 축복들을 모든 신자들에게 약속하셨다는 확증이 되는 것이다.

그러므로 세례와 성찬은, 그리스도께서 죽으셨고 그의 죽으심이 죄에 대한 화목 제물로 받아들여졌으며 또한 하나님이 믿는 모든 자들에게 자신을 위하여 죄사함과 성화와 영생을 주시리라는 사실을 확증하는 눈에 보이는 보증물인 것이다.

그런데, 성례들이 하나님 편에서 인을 치시는 것이라면, 그리스도인들 편에서 그 성례에 참예한다는 것은 그리스도를 섬기는 데에 헌신하겠다는 하나의 자발적인 약속인 셈이다. 복음은 언약의 형태로 제시된다. 그리스도께서도 친히 그렇게 부르신다. 그러나 언약이란 쌍방 간의 약정(約定)을 내포하는 것이다. 하나님은 그의 백성들에게 죄사함과 구원을 약속하신다. 그리고 하나님의 백성들은 하나님이 주시는 능력 가운데서 믿음과 순종을 약속한다. 그리고 성례가 바로 이 언약을 인치는 것이다. 하나님은 그의 약속을 이행하시도록 스스로를 그 약속에 얽어 매신다. 그리고 그의 백성들은 그 성례를 받음으로 말미암아 그를 신뢰하고 섬기도록 자신을 얽어 매는 것이다.

로마서 6:3, 4에서는 신자들이 세례를 받음으로 그리스도와 함께 장사

되었는데 그가 죽은 자 가운데서 살아나심과 같이 그들 또한 새 생명 가운데서 행하게 된다고 말씀하는데, 이러한 묘사 속에 이와 같은 사상이 내포되어 있는 것이다. 이러한 사상은 또한 세례 시에 선포하는 관용 문구에도 내포되어 있다. 아버지와 아들과 성령의 이름으로 세례를 받는다는 것은, 곧 우리 자신을 아버지요 구속자요 거룩케 하시는 자이신 하나님께 자발적으로 드린다는 것을 의미하기 때문이다. 기독교 성례에 참여하는 것이 곧 복음을 겉으로 고백하는 일도 포함하는 것으로 말씀하는 모든 구절에서도 똑같은 사상을 가르치고 있다 하겠다. 왜냐하면 복음은 축복의 약속인 동시에 의무를 부과하는 것이기도 하기 때문이다.

성례들의 이런 면 때문에 쎄크라멘트라는 이름이 그렇게 널리 그것들에게 붙여졌을 것이다. 군인이 군대의 봉사를 위하여 자신을 구별하여 드리는 맹세를 가리켜 쎄크라멘트라고 한 것처럼, 신자가 그리스도를 섬기기 위하여 자신을 매어 드리는 예식 역시 얼마든지 동일한 말로 표현할 수가 있을 것이기 때문이다. 그러므로 하나님의 백성을 가리켜 얼마든지 쎄크라멘탈 호스트(sacramental host: '성례에 참예하는 당사자')라고 부를 수가 있다. 왜냐하면, 군인들이 쎄크라멘트를 통해서 자신을 국가에게 드리듯이 그들 역시 쎄크라멘트를 통해서 하나님의 영광을 위하여 살겠다고 엄숙하게 자신을 구별하여 드린 사람들이기 때문이다.

세례와 성찬은 영구히 지키도록 신적으로 지정된 규례로서, 그리스도를 따르는 자들을 세상과 구별짓고, 복음의 진리들을 드러내며, 신자들에게 하나님의 약속들을 인치며, 또한 그들을 하나님과의 언약 속으로 이끌도록 하는 의도를 지니고 있다는 사실에서 한 가지 흥미있는 의문이 제기된다. 곧, 성례들이 무슨 유익이 있을까? 성례에서 우리가 합당하게 기대할 유익들은 어떤 것들일까? 하는 것이다.

이 질문에 대해서 대다수의 복음적인 그리스도인들은 답변하기를, 성례는 효력있는 은혜의 수단이라고 한다. 성례들이 상징하여 나타내는 그 은혜들을 그저 겉으로 나타내기만 하는 것이 아니라, 성례에 합당하게 참예하는 자들에게는 그 은혜들이 실제로 주어진다는 것이다. 성례란 그리스도와 그가 주시는 은택들을 세우며 또한 신자들에게 자신이 받는 유익에 대해 확신을 주기 위하여 신적으로 지정된 것이므로, 그것은 신자의 믿음을 확증하며 감사와 사랑을 북돋우며 또한 인내와 기쁨의 샘을 터뜨리는 강력한 영향력을 발휘하는 것이다.

그러나 하나님의 말씀 그 자체가 진리로서 신자의 영혼을 거룩하게 하는 도덕적 영향력을 지니고 있을 뿐 아니라 성령의 나타남이 있을 때에는 그 말씀이 하나의 신적인 효력있는 능력이 되기도 하듯이, 성례도 진리를 생생하게 드러냄으로써 영향력을 발휘할 뿐 아니라 그것들이 상징하는 그것을 전달함으로써 은혜의 효력있는 표징(signs)이 되기도 하는 것이다.

이 문제에 대하여 성경에 나타나는 강한 언어나 하나님의 백성들의 경험을 볼 때에, 이런 정도의 풍성한 의미가 거기에 담겨 있는 것으로 보아야 마땅할 것이다. 믿음으로 그리스도인이 물세례에서 그리스도의 피와 영의 정결케 하는 능력의 생생한 상징을 바라보며, 또한 떡과 포도주에서 구주의 죽으심의 기념물을 보며, 또한 그것들이 모든 신자들의 구원을 보증해주는 보증물로 지정된 것임을 안다면, 그는 그리스도의 은혜의 지정된 상징물들을 받음으로써 그리스도를 받는 것이며, 죄사함을 새롭게 받는 것이며, 하나님과의 교제 속에 들어가는 것이며, 그 영혼이 성령으로 충만하게 되는 것이다. 그러므로 성례에 참여하는 동안 신자들은 새로운 힘을 얻고 믿음을 확인하며 목적을 더 확실하게 하며 마음이 기쁨과 사랑으로 충만하게 되는 것이다.

성례의 효력의 문제란 참으로 실제적으로 중요한 주제이기 때문에, 성경이 이 주제에 대해서 가르치는 내용을 좀더 구체적으로 살펴 보는 일이 필요할 것이다. 세례를 가리켜 "중생의 씻음"(딛 3:5)이라고 부르며, 또한 우리를 그리스도와 연합하게 하며(갈 3:27) 그리스도의 죽으심과 살으심에 참예케 하며(롬 6:4-5) 우리 죄를 씻어내며(행 22:16) 영혼을 구원하는 것(벧전 3:21)이라고 한다. 성찬에서 떡과 포도주를 가리켜 그리스도의 몸과 피라고 한다. 이런 상징물에 참예하는 것을 가리켜 그리스도와의 연합을 이루고 그의 죽으심의 공로에 참여함을 얻게 한다고 말씀하고 있는 것이다(고전 10:16-17).

이 구절들과 또한 이와 유사한 구절들은 제한적인 의미로 이해하거나 아니면 무제한적인 의미로 이해하거나 해야 한다. 그리고 제한적인 의미로 이해해야 한다면, 그 제한도 아무렇게나 부여해서는 안 되고 반드시 성경 그 자체를 근거로 해야 한다. 이 구절들 자체에서도 아무런 제한이 나타나지 않으며 성경 다른 곳에서도 그런 제한을 가르치지 않는다고 해서, 성례가 어떻게 참여하든 상관 없이 언제나 그런 은택들을 제공한다고 말할 수는 없을 것이다. 성경이 이 구절들에 대해서 부과하는 제한은 바로 믿음이 필수적으로 있어야 한다는 사실이다. 성경의 가르침은 성례에 참여하는 모든 사람이 효력을 얻는다는 것이 아니라 오직 믿는 자들, 성례들이 상징하는 바 그 은혜를 이미 누리고 있는 자들이 성례의 효력을 누리게 된다는 것이다.

이미 은혜를 소유하고 있는데 어떻게 그 은혜를 받는다는 말을 할 수가 있느냐고 묻는다면, 이 사실을 기억해야 할 것이다. 곧, 그리스도의 피로 뿌림을 받은 사람은 그 피 뿌림을 자주 반복해서 누릴 필요가 있으며, 성령을 받은 사람은 성령을 다시 받을 필요가 있고, 그리스도를 영접한 사람도 날마다 그를 영접하여 그를 향하여 살도록 되어야 할 필요가 있다는 것이다.

문제의 구절들을 방금 말씀한 그런 조건 하에서 이해해야 한다는 사실을 성경이 가르치고 있다는 것은 너무나 분명하다. 그렇게 이해하지 않으면, 그 구절들은 누구든지 세례를 받는 자는 다 하나님의 자녀요 성령으로 새로워지며 그리스도와 연합하며 그의 죽으심이 제시하는 구원의 은택들을 누리는 자가 된다는 것을 가르치는 것이 되고 말 것이다. 그러나 그럴 수는 없다.

첫째로 새로움을 받고 성령을 받은 사람은 성령의 열매들을 — 사랑, 온유, 양선, 충성 등을 — 맺는다는 것이 성경의 풍성한 가르침이기 때문이다. 그런 열매들이 없으면, 성령도 그 사람에게 계시지 않는 것이다. 그러나 이 열매들은 외형적인 성례에 참여하는 모든 자들에게 획일적으로 나타나지를 않는다. 마술사 시몬은 세례를 받았으면서도 여전히 불법과 죄속에 매여 있었다는 것은 잘 아는 사실이다. 사도 바울의 서신서를 보면, 갈라디아와 고린도 지방의 수많은 세례 받은 자들이 그리스도의 십자가의 원수들이었음을 알게 된다. 일상적인 생활 속에서 보더라도, 세례를 받고 성찬에 참여하는 많은 사람들이 기질과 삶에 있어서 세상의 다른 사람들과 다를 바 없다는 사실을 잘 알 수 있다.

그러므로, 하나님은 그의 나라를 실질적으로 경영해 가시는 가운데, 성례가 언제나 어떠한 경우에나 은택을 베푼다는 그런 해석과 상반되도록 일을 행하시는 것이다. 세례와 성찬에 참여하도록 시대마다 교회가 세례와 성찬에 참여하도록 허용한 많은 불경한 무리들에게까지 그런 은택이 베풀어지는 것으로 본다면, 그것은 결국 마음을 새롭게 하는 일과 성령의 역사하심을 아무것도 아닌 것으로 취급하는 것이 되는 것이다.

두번째로, 이 해석은 성경이 다른 곳에서 가르치는 성례의 본질과 반대되는 것이다. 그런 규례들이 그것에 참여한 자들에게 획일적으로 하나님이 베푸시는 은혜를 전달해 준다는 생각은 유대인들의 거짓 가르침 가운데 하나로서 사도 바울은 이에 대해서 그렇게 심각하게 반박했음을 보게 된다. "할례의 공효가 크기 때문에 할례 받은 사람은 그 누구도 지옥에 들어가지 않는다"는 것이 그 당시 형식주의자들의 파괴적인 사고였다.

이런 가르침에 반대하여, 사도는 할례는 율법을 지키는 자에게만 유익을 끼치며 율법을 범하면 할례가 무할례가 된다는 사실을 확실히 가르쳤다. "네가 율법을 행한즉 할례가 유익하나 만일 율법을 범한즉 네 할례가 무할례가 되었느니라. 그런즉 무할례자가 율법의 제도를 지키면 그 무할례를 할례와 같이 여길 것이 아니냐? 또한 본래 무할례자가 율법을 온전히 지키면 의문과 할례를 가지고 율법을 범하는 너를 판단치 아니하겠느냐? 대저 표면적 유대인이 유대인이 아니요 표면적 육신의 할례가 할례가 아니라 오직 이면적 유대인이 유대인이며 할례는 마음에 할지니 신령에 있고 의문에 있지 아니한 것이라"(롬 2:25-29).

이것은 성례의 본질과 효력에 대한 아주 분명한 진술이 아닐 수 없다.

성례 그 자체에 효력이 있는 것이 아니다. 성례의 가치는 그것과 연계되어 있는 언약의 조건이 있느냐, 아니면 그 조건을 이행하느냐에 달려 있는 것이다. 만일 유대인이 율법을 지키면, 그들이 받은 할례가 그들이 하나님과 맺은 언약의 모든 축복들을 누리게 해 줄 것이었다. 그러나 율법을 범하면, 그들의 할례는 아무런 소용이 없었다. 그러므로 외형적인 할례가 사람을 유대인으로 만들어 주는 것이 아니라, 그 외형적인 할례가 상징하는 바 마음의 할례가 참 유대인으로 만들어 주는 것이었다.

이와 마찬가지로, 외형적으로 세례를 받는다고 해서 그것 때문에 사람이 그리스도인이 되는 것이 아니라, 외형적인 물 세례가 상징하는 바 성령의 세례를 받음으로써 그리스도인이 되는 것이다. 물세례와 성령 세례가 반드시 함께 연결되는 것은 아니다. 성령 세례가 없으면, 물세례는 아무 소용이 없어지는 것이다. 그리고 구약의 경륜에 나타난 성례를 신약의 경륜에 속한 성례에 적용시킬 권리가 어디 있느냐는 의문을 갖지 않도록 하기 위해서, 동일한 가르침이 신약의 성례에 대해서도 주어지는 것을 보게 된다. 사도 베드로는 말씀하기를, 우리가 구원을 받는 것은 보통 물이 아니라 세례의 물을 통해서 되는 것이며, 그저 외형적인 세례만이 아니라 마음이 하나님께로 순전하게 돌아섬으로써, 즉 세례가 상징하는 바 내적인 변화를 통해서 구원받는 것이라고 한다(벧전 3:21).

이 구절은 교리적 의미로 볼 때에 방금 인용한 할례에 관한 구절과 정확히 맞아 떨어지는 것이다. 그러므로 할례나 세례나 그것이 상징하는 바 은혜를 항상 전달해 주는 것이 아니며, 그것들이 표현하는 영적 변화가 없이는 할례도 세례도 아무런 가치가 없는 것이다. 마찬가지로 성찬과 관련해서 사도는, 외형적인 성찬의 행위가 반드시 그리스도의 죽으심의 은택을 누리는 데로 이어지는 것이 절대로 아니고, 오히려 떡과 잔을 함부로 합당치 않게 먹고 마시는 자는 스스로 죄와 심판을 먹고 마시는 것이라고 가르치는 것을 보게 된다(고전 11:27-32).

외형적으로 의식에 참여하면 반드시 영적 축복을 얻게 되며 종교적인 예식을 거부하지 않고 받아들이기만 하면 하나님의 축복을 얻을 수 있다는 식의 가르침만큼 성경에 나타나는 신앙적 정신과 반대되는 것은 없을 것이다. 세례를 받고, 팔일만에 할례를 받고, 지극히 순결하고 가장 사도적인 교회에 속하여 있고, 복음의 외형적인 규정들에 대해서 흠이 없으면서도, 여전히 하나님의 은혜 바깥에 있고 하나님의 임재를 누릴 준비가 되어 있지 않는 경우가 얼마든지 있을 수 있다.

우리가 구원을 받은 것은 의로운 행위를 통해서도, 더구나 의식들을 준수함으로써도 아니다. 오직 그리스도의 의로우심과 성령의 새롭게 함을 통해서만 구원을 받는 것이다. 외형적으로 그리스도인인 체하는 자가 그리스도인이 아니요, 내적으로 그리스도인인 자가 그리스도인이며, 구원에 이르는 세례는 마음과 영에 행해지는 세례지, 겉으로 나타나는 의문(儀文)에 속한 세례가 아닌 것이다.

세번째로, 성례가 은혜를 받지 못하는 자들에게 은혜를 전달해 주기 위한 의도를 지닌 것이 아니라는 사실이 분명히 드러난다. 왜냐하면 성경은 믿음과 회개를 몸소 표명하는 자들에게 성례에 참여할 자격을 줄 것을 가르치기 때문이다. 사도들이 처음 복음을 전하기 시작할 때에 "그 말씀을 받는 사람들이 세례를 받았다"고 보도하고 있다(행 2:41). 내시가 세례를 받기를 원하자, 빌립은 그에게, "네가 마음을 온전히 하여 믿으면 가하니라"(행 8:37 난외주)라고 말했다. 고넬료는 세례를 받음으로써 성령을 받은 것이 아니었다. 세례를 받기 전에 그가 이미 성령을 받은 상태였음을 베드로가 증언하고 있다. 그는 "이 사람들이 우리와 같이 성령을 받았으니 누가 능히 물로 세례 줌을 금하리요?"라고 반문하였다(행 10:47). 바울 역시 세례를 받기 전에 회개하는 신자였다. 그러므로 사람들이 세례를 받을 때에는 언제나 스스로 그리스도인임을 표명했던 것이다. 성례에 참여하도록 허락을 받는 것으로써 그리스도인이 되는 것이 아니다. 그렇게 허락을 받음으로써 그들이 그리스도인임과 그리스도인의 자격을 갖추었음을 인정받는 것이다. 그러므로 성례로 인침을 받는 사람들 쪽에서 반드시 신앙을 표명하도록 하는 것이 시대마다 변함없는 관례로 시행되어 온 것이다. 그러나 믿음은 마음이 새로워진 상태에서 시행되는 것이며, 따라서 믿음은 중생을 전제로 하고 세례는 믿음을 전제로 하는 것인데, 그렇다면 성경의 가르침은 물론 교회의 가르침을 통해서도 세례는 마음의 새로워짐을 전제로 하는 것이 되는 것이다.

마지막으로, 하나님은 성례를 전혀 받지 않은 사람들에게 영적 축복을 베푸심으로써, 성례와 영적 축복을 서로 불가분리의 관계로 연결시키는 그런 가르침의 오류를 친히 증거하신다. 아브라함은 할례 받기 이전에 의롭다 하심을 받았다. 고넬료는 세례 받기 이전부터 벌써 의로운 사람이요 하나님께 합당한 사람이요 성령을 받은 자였다. 회개하는 강도는 물로 세례를 받은 일이 없었음에도 불구하고 낙원에 들어가도록 허락을 받았다.

성경이 이처럼 성례에 합당하게 참예할 자들에게 중생의 증거를 요구한다면, 외적 증표를 받는 사람들 중에 내적 은혜를 받지 못하는 자들이 많고 또한 반대로 외적 증표가 없으면서도 내적 은혜를 받는 사람들이 많다는 것을 성경이 가르치고 있다면, 그렇다면 그것은 이 성례들이 죄사함과 성화를 전달해 주는 방도가 아니고, 회개하는 신자에게 주어진 그 축복들을 겉으로 나타내 주는 증표요 인침이라는 것을 가르치는 것이 되며, 동시에 성례가 오직 그런 신자에게만 유효한 은혜의 수단이라는 것을 가르치는 것이 되는 것이다.

그러므로, 우리의 구원을 세례와 성찬과 연관짓는 성경 구절들을 성경의 명확한 가르침과 일치하여 이해하기 위해서는 엄밀하게 문자 그대로만 이해해서는 안된다는 것이 너무도 분명해진다. 또한 동시에 그 구절들을 왜곡시켜서 본래의 자연적인 의미와는 다른 어떤 의미로 취해서도 안 된다. 즉, 보편적으로 받아들여지는 해석의 법칙이 정당한 것으로 인정하고 또 요구하는 것 이외에 어떤 다른 의미로 받아들여서도 안 된다는 뜻이다.

어떤 선언이나 행위가 믿음과 순종을 표명하는 지정된 수단일 경우, 그런 선언을 하거나 그런 행위를 하면 그것이 바로 믿는 자에게 약속된 축복을 누리는 것인 것처럼 말하는 것은 사람들의 일상적인 어법에나 성경의 어법에나 얼마든지 이해할 수 있는 것이다. 예를 들어서, 누구든지 "예수 그리스도께서 육체로 오신 것을 시인하는 영마다 구원에 이르느니라"

(요일 4:2)고도 말씀하고, 또한 "입으로 시인하여 구원에 이르느니라"(롬 10:10)고도 말씀한다. 이렇게 말씀하는 것은 바로 그렇게 시인한다는 것이 믿음이 있다는 것을 의미하기 때문이다. 진실하지 못하고 무관심하며 마음이 없는 고백을 통해서도 구원을 얻을 수 있다고 생각하는 사람이 어디 있겠는가? 그렇기 때문에 주의 이름을 부르는 자는 구원을 얻으리라고도 말씀하는 것이다. 주의 이름을 부른다는 말 속에 그를 믿고 신뢰한다는 뜻이 포함되어 있기 때문이다.

이와 마찬가지로, 세례를 받음으로 구원을 받는다고도 말씀한다. 왜냐하면 세례가 믿음을 전제로 하기 때문이다. 성경이 주의 이름을 부르는 일이나 주를 고백하는 일을 구원과 연관짓는다는 사실을 잘 이해하면, 성경이 구원을 성례와 연관짓는다는 사실을 어렵지 않게 이해할 수가 있다. 성경이 자신을 해명하는 것을 그대로 받아들여서 그렇게 해석하게 되면, 이런 문제는 아무런 어려움 없이 이해할 수가 있을 것이다.

또한 성경의 용례에 따르면, 외형적인 상징을 말하면서 그것이 뜻하는 사물의 이름과 속성을 지칭하는 경우가 있다. 그러므로 할례를 하나님의 언약이라고 부른다. 왜냐하면 그것이 그 언약의 상징이기 때문이다. 그리스도께서는 잔을 가리켜 새 언약이라고 부르신다. 포도주를 가리켜 자신의 피라고 말씀하시고 떡을 가리켜 그의 몸이라고 말씀하셨다. 그러므로 포도주를 마시는 사람을 가리켜 그의 피를 받았다고 말씀하시며, 또한 그 피로 값주고 사신 바된 은택들을 받았다고 말씀하시는 것이다.

또한 여기서 기억할 것은, 성례는 인치는 것이라는 사실과 또한 어떤 의식에 효력이 있는 것이 아니고 그 의식을 통해서 이루어지는 약정 자체에 효력이 있음에도 불구하고, 흔히 약정을 매듭짓는 의식에 효력을 부여하는 것이 상례라는 사실이다. 임직 의식을 통해서 어떤 사람을 직책에 취임시킨다고들 말하지만, 실제로 임직 의식은 그저 임직의 사실을 공적으로 선포하고 확증하는 역할을 하는 것뿐이다. 심지어 아주 엄밀한 법적인 언어에서도, 어떤 증서에 서명과 인장을 찍으면 그것이 어떤 사물에 대한 권리를 양도해 주는 것이라고 말한다. 그러나 사실상 그 증서는 본래의 소유자의 목적을 증명해 주는 것에 불과하다. 그 목적이 권리를 양도하는 것이다. 그 증서를 소유하고 있는 사람이 본래의 소유자가 의도한 사람이 아닌 다른 사람이라는 것이 입증되면, 그 증서는 무효가 되어 버린다. A라는 사람이 B라는 사람의 아들이라는 전제 하에 증서를 작성하여 어떤 부동산을 A에게 양도했을 경우, A가 B의 아들이 아니라는 것이 입증되면 그 증서는 아무런 효용 가치가 없게 되는 것이다.

복음의 축복들은 회개하는 신자들을 위한 것으로 선포되고 있으며, 성례는 이런 축복이 전달된다는 것을 인정하는 외적인 수단이다. 그러므로 믿는다고 입으로 표명한 사실에 진정으로 합한 사람들에게는 성례가 이 축복들을 전달해 주고 누리게 해 주지만, 그 이외의 사람들에게는 그런 은택이 전혀 전달되지 않는 것이다. 불신자가 성례에 참예할 경우는, 마치 남의 이름을 도용하여 거짓으로 재산권을 차지하려는 사람들처럼, 아무런 축복을 얻을 수가 없는 것이다.

그러므로, 이 문제에 대한 성경의 가르침에는 통상적인 개신교의 가르침 ― 즉, 성례 그 자체에는 고유한 효력이 없고 믿는 자들에게만 유효한 은혜의 수단이 되며 성령께서 신자들에게 성례를 통해서 축복들을 전달해 준다는 것 ― 과 일치하지 않는 것이 전혀 없는 것이다.

제3절 성례에 수반되는 의무. 성례의 적절한 수행을 위한 자격 조건

모든 그리스도인들은 세례와 성찬에 참여해야 할 의무를 지니는데, 이 의무는 성례의 본질과 의도에서부터 분명히 드러난다. 이 성례가 그리스도께서 친히 지정하신 제도라는 것을 이미 살펴 보았다. 그리스도께서는 그를 따르는 모든 자들이 세례를 받을 것과 또한 지정된 방식으로 그의 죽으심을 기념할 것을 명령하셨다. 그리스도께 대한 순종이 필수적이므로, 이 성례에 참여하는 일 역시 필수적인 것이다. 그러나 성례에 참여하는 일이 필수적이라는 것은 적극적인 명령에서 비롯되는 사실이지만, 여기에는 조건이 있다. 그 명령들이 모든 상황에 전부 다 해당되는 것이 아니기 때문이다. 믿음과 회개가 없이 죄인이 구원을 받는다는 것은 불가능하다. 그러나 죄인이 성례가 없이 구원을 받는 일은 불가능한 것이 아니다.

우리가 하나님께 대한 우리의 순종의 일부로서 안식일을 지켜야 하지만, 필연적인 상황이나 긍휼의 상황이 요구할 경우에는 그 날에 순전한 마음으로 일을 할 수가 있다. 이와 마찬가지로 우리가 주의 성찬을 받는 것이 순종의 행위의 일부이기는 하지만 악한 마음이나 불순종의 마음에서 참여하는 것이 아닌 한 성찬에 빠질 수도 있는 것이다. 그러나, 이 문제에 대한 그리스도의 명령이 분명하기 때문에, 그 명령이 부과하는 의무 역시 아주 강력한 성격을 지니고 있는 것이다.

둘째로, 사람들 앞에서 그리스도를 고백하는 것은 필수적인 의무라는 것과 성례야말로 그런 고백을 행하는 지정된 수단이라는 것은 이미 살펴 본 바 있다. 그러므로 성례에 참석하는 것 또한 필수적인 의무가 된다. 국가에 있어서도 개인이 국가에 대해 충성을 인정하는 특정한 방식을 법으로 규정해 놓았을 경우, 우리로서는 그 방식을 무시할 수가 없다. 뿐만 아니라, 지정된 방식과는 전연 다른 방식을 채택하여 충성을 인정하려 해서도 안 되고, 우리의 다른 행실로 국가에 대한 우리의 충성을 보이려 해서도 안 된다. 국가의 시민으로 인정받기를 바라면, 국가에서 지정한 형식으로 우리 자신의 충성을 인정해야 하는 것이다. 마찬가지로 그리스도께서 그를 따르는 자들로 하여금 특정한 방식으로 그를 인정하도록 지정해 놓으셨다면, 그의 명령에 대해 의도적으로 또한 악한 마음으로 순종하기를 거부하는 행위는 곧 그리스도께 대한 우리의 충성을 부인하는 것이요, 따라서 그의 나라의 은택을 저버리는 행위인 것이다.

또한 성례가 은혜 언약을 인치는 것이므로 이런 인치는 것을 거부하는 행위는 곧 그 언약 자체를 거부하는 행위가 된다. 그러나 그렇다고 해서 성례가 그런 의미에서 필수불가결한 조건이라는 뜻도 아니고, 아무리 언약의 조건들을 이행한다 할지라도 그 성례의 인침이 없는 사람은 그 언약의 혜택에서 제외된다는 뜻도 아니다. 사람들 사이에서 어떤 계약을 행할 때에는 서명에 대한 지정된 증인의 수가 부족하거나 인장이 찍혀 있지 않다거나, 심지어 문서상의 작은 실수까지도 용납되지 않고, 그런 일이 있을 경우 계약이 취소되기까지 한다.

그러나 하나님의 경영에 있어서는 이런 일은 벌어질 수가 없다. 기술적인 형식상의 절차 문제로 공의가 무시되는 일이란 있을 수가 없는 것이다. 사도 바울은 분명히 가르치기를, 율법을 어기면 할례가 무할례가 되며 반대로 사람이 율법을 지키면 그의 무할례가 할례로 인정을 받게 된다고 한다. 그러므로 복음이 요구하는 믿음과 회개와 순종이 있으면 그 사람은 구원의 보장을 받는 것이다. 그러나 어느 누구도 자기에게 믿음과 회개가 있다고 해서 그리스도의 명령을 순종하기를 소홀히 할 권리가 있는 것은 아니다.

구원의 본질적인 조건들은 구약의 경륜에서나 신약의 경륜에서나 동일하다. 구약의 경륜에서 누군가가 아브라함의 믿음을 가졌다면, 그는 아브라함에게 약속된 축복들을 받을 자격이 있었다. 그러나 할례가 그 믿음을 표현하는 지정된 수단이었고 또한 하나님과의 언약을 받아들이는 지정된 조건이었으므로, 다음과 같은 선언이 명확하게 행해진 것이다: "할례를 받지 아니한 남자 곧 그 양피를 베지 아니한 자는 백성 중에서 끊어지리니 그가 내 언약을 배반하였음이니라"(창 17:14).

그렇다면, 세례와 성찬을 의도적으로 악의를 갖고 소홀히 여기는 자들도 마찬가지로 교회가 그리스도와 맺은 언약을 어기는 것이 아니겠는가? 내용이 중요하지 형식이 무엇이 그리 중요하겠느냐? 라는 식의 말은 우리로서는 합당치 못하다. 옛날 이스라엘 사람들이 하나님을 향하여 회개하고 약속된 메시야를 믿으면 그들의 죄가 사함을 받았다는 것은 우리 모두가 아는 사실이다. 그러나 지정된 희생물을 제단에 가져옴으로써 그러한 믿음을 표현하지 않으면, 그는 사함을 받지 못했다. 하나님은 죄를 용서하시는 방식이 그렇게 드러나고 분명히 인식되도록 하는 것이 옳다고 보신 것이다.

이와 마찬가지로, 지금은 하나님이 구원의 방법이 세례와 성찬의 규례를 통해서 공적으로 인정되고 세워지기를 원하시는 것이다. 그러므로, 과거 이스라엘 사람들의 경우 할례나 희생 제사를 거부하면 그것이 하나님의 언약을 거부하는 행위가 되었듯이, 오늘날 우리도 세례와 성찬을 무시하면 똑같이 하나님의 언약을 거부하는 행위가 되는 것이다.

이 문제를 결혼 계약을 실례로 들어서 설명할 수도 있을 것이다. 결혼 언약의 골자는 쌍방이 결혼에 대해 동의하는 데 있다. 그러나 개화된 나라에서는 그런 쌍방 간의 동의가 반드시 공적으로 표명되어야만 결혼의 정당성이 성립되도록 되어 있다. 마찬가지로, 하나님과의 언약의 골자는 우리의 회개와 믿음에 있다. 그러나 세례와 성찬이라는 하나님이 지정하신 수단을 통해서 그 언약을 공적으로 인정하고 표명하도록 되어 있는 것이다. 결혼 언약에서 공적으로 인정받는 의례를 전혀 무시할 수가 없는 것처럼, 세례와 성찬도 무시할 수가 없는 것이다.

유대인은 믿음과 순종이 없이 할례와 희생 제사만 있어도 구원의 효과를 얻을 수 있다고 상상했는데, 그것은 정말 치명적인 왜곡이 아닐 수 없었다. 그런데, 그런 내적인 은혜가 없이도 세례와 성찬에만 참여하면 하나님의 호의를 얻을 수 있다는 식으로 생각하는 것도 그와 똑같이 엄청난 착각인 것이다. 그러나 한 가지 극단을 피하려다가 반대쪽의 극단에 빠져서는 안 된다. 옛날 이스라엘 사람의 경우에 믿음이 없는 희생 제사는 여호와께 가증스러운 것이었다. 그러나 그럼에도 불구하고 하나님의 지정에 따라서 희생 제사는 여전히 필요했다. 이와 마찬가지로, 기독교의 성례도 그것들이 표시하는 내적 은혜가 없으면 공허한 형식 이외에 아무것도 아니지만, 그럼에도 불구하고 하나님의 지정에 따라서 그 성례들은 반드시 있어야 하는 필수적인 것이다.

그러나 그리스도인은 누구든 권위에 눌려서 억지로 그리스도의 명령에 순종할 필요가 없다. 복음의 진리와 축복이 세례와 성찬의 규례를 영원히 시행하는 것을 통해서 표명하고 기념해야 한다는 것이 구주의 뜻이라는 사실만으로도 그에게는 충분하다. 혹시 그 규례들을 지키는 데에서 별 의미를 찾지 못하고 그 가치를 전혀 체험하지 못한다 할지라도, 그는 기꺼이 주님의 명령에 순종하여 성례에 참여할 것이다.

그리고 성경을 통해서나 체험을 통해서 그 규례들이 신자들에게 하나님의 축복을 전달해 주는 통로가 된다는 사실을, 그 규례들이 은혜의 근원이요 지극히 순결한 영적 즐거움의 근원이 된다는 사실을, 또한 그 규례들이 그리스도와 연합된 교제 속으로 이끌어 주며 다른 모든 형제들과의 거룩한 교제 속으로 이끌어 준다는 사실을 알게 되면, 더더욱 기꺼이 성례에 참여하게 될 것이다. 이러한 신적인 제도들을 소홀히 한다는 것은 하나님의 명령을 어기는 것이요 그의 언약을 어기는 것일 뿐 아니라 하나님의 상에서 음식을 나누기를 거부하는 것이요 또한 하나님이 우리의 영혼의 생명을 위하여 예비하신 은혜들을 거부하는 것이 된다는 것을 잘 알고 있는 것이다.

성례가 그토록 중요한 은혜의 수단이며 또한 성례에 참여할 것을 하나님의 말씀이 그렇게도 분명하게 제시하고 있다면, 이 성례에 참여하는 의무를 합당하게 이행하는 자격이 어떤 것들인지를 살펴 보는 일이 중요할 것이다.

이 문제를 살펴 나갈 때에 혼동하지 말아야 할 것은, 성례에 참여할 자격이 있다고 스스로 여기고 거기에 참여하는 사람들에게 교회가 요구할 권리가 있는 자격 기준과, 또한 성례에 참석하는 사람들이 자신에게서 찾아야 할 자격 기준이 서로 다르다는 점이다. 교회가 개인의 마음을 판단할 수가 없다. 교회는 다만 신빙성 있는 신앙의 표명만을 자격으로 요구할 뿐이다. 교회의 의무는 복음의 본질을 그 약속과 명령과 함께 설명하고 구원의 제시를 받아들인다고 입으로 표명하는 자들이 담당해야 할 섬김의 본질이 무엇인지를 분명하게 진술하는 것이다. 그런 설명과 진술을 듣고서, 하나님의 긍휼하심을 받아들이기로 선언하며 하나님의 계명대로 순종하는 삶을 살기로 작정한다고 선언하면, 교회는 그런 고백들이 신실하지 못하다는 분명한 증거가 없는 한 그 사람을 성례에 참여시키게 된다.

교회가 이를 행하는 것은 그 사람들이 진정한 그리스도인들이라고 판단하기 때문이 아니라, 그들이 교회가 요구할 권한이 있는 자격 기준을 갖추었기 때문이다. 구약의 경륜에 있어서도 제사장은 어떤 사람이 제물을 바치는 행위를 할 때에 그 사람에게 믿음과 회개의 모습이 나타나지 않는다고 스스로 판단하여 그 사람을 제단에 접근하지 못하도록 금지시키는 예는 없었다. 그 사람의 영적 상태에 대해서는 오직 마음을 살피시는 하나님만이 판단하시는 것이다. 이와 마찬가지로 복음의 경륜에 있어서도 사도들은 사람이 필요한 신앙을 고백하면 진실성을 의심할 만한 분명한 가시적인 증거가 없는 한 모두 세례를 베풀었고 또한 성찬에 참여시킨 것을 보게 된다.

교회의 회원을 출교시킬 만한 충분한 사유가 된다고 여겨지는 문제가 발생할 경우는, 물론 당사자를 성례에서 제외시킬 충분한 사유로 인정을 받았다. 여기서 기억해야 할 중요한 사실은 교회가 신자들을 받아들여서 성례에 참여시키지만, 그렇다고 해서 성례에 참석한 모든 자들이 전부 진정한 그리스도인이라고 여기는 것은 아니라는 점이다. 신자들의 내적 진실성에 대해서는 교회가 판단할 수가 없고, 오직 주님만이 판단하실 것이다.

많은 이들이 교회가 성례에 자기들을 참석시키는 것을 보고서 그것이 곧 교회의 목사나 교회의 동료들이 자기들의 고백의 진실성을 믿는 것이라고 생각하여 자기 자신의 영적 상태에 대해서 그릇된 판단을 하는 것이 사실이다. 그들로서는 당연히 자기 자신에 대해 좋게 생각할 것이다. 경험 많은 그리스도인들이 자기들의 영적 상태에 대해서 호의적으로 판단한다고 생각할 것이니 자기에 대해서 좋게 생각할 것이 당연하지 않겠는가? 그러나, 여기서 반드시 기억해야 할 것은 마음을 판단하는 것이 교회의 임무가 아니라는 사실이다. 성경이 요구하는 자격 조건을 외적으로 갖추고 있는 한 모두 받아들이는 것이 교회의 임무인 것이다.

그러나, 교회의 임무가 신자에게 믿음과 회개에 대한 믿을 만한 표명을 요구하는 데 한정되어 있지만, 성례에 참여하기를 원하는 자들의 편에서도 자기들이 성례에 참여할 자격이 과연 있는지를 살펴야 할 의무가 있는 것이다. 이 자격 조건에는 여러 가지가 있겠지만 결국 지식과 경건성으로 압축될 수 있을 것이다.

만일 성경이 성례 그 자체가 고유한 효능이 있다고 가르치고 물세례가 죄를 씻어내는 능력이 있다고 가르치며 또한 떡과 포도주가 영적 생명을 유지시켜 주는 힘이 있다고 가르친다면, 무지한 자들과 무관심한 자들에게, 혹은 죽어가는 자들에게 성례를 집행할 수도 있을 것이다. 그러나 말씀과 성례의 효능이 그것들 자체에 있는 것도 아니요 그것들을 집행하는 자들에게 있는 것도 아니요 진리를 드러내시고 적용하시는 성령님께 있다는 사실을 배우고 있다면, 성례를 이해하여야만 성례가 유익이 된다는 것이 너무도 분명해질 것이다. 하나님이 진리로 말미암아 그의 백성들을 거룩하게 하신다는 것이야말로 성경에서 가장 중요한 가르침 가운데 하나인 것이다.

그러나 아무리 진리라 할지라도 그것을 이해하지 못하는 사람에게는 진리일 수가 없다. 무식쟁이에게 수학 공식을 아무리 설명해도, 그에게는 아무 의미가 없다. 그 사람에게는 아무런 사상도 전달할 수가 없고 아무런 효력도 발생할 수가 없는 것이다. 아니면, 그런 사람에게 하나님이 우리의 죄를 위한 화목 제물로 그의 아들을 세우셨으므로 우리가 그의 피를 믿으면 구원을 얻는다는 사실을 이야기해 주어도, 그 사람이 그 말의 뜻을 이해하지 못한다면, 전혀 듣지 않는 것과 마찬가지가 되는 것이다.

그러므로 우리는 의사소통을 할 수 없는 언어로 복음을 전하지 않는다. 힌두 사람들에게 히브리어 성경을 보내지 않고, 호텐토트 족 사람들에게 헬라어 성경을 보내지 않는 법이다. 진리를 깨닫고 이해하지 못하면, 정신에 전달되지도 않을 뿐더러 정신에 작용할 수도 없는 것이다. 이와 마찬가지로, 성례에 참석하는 사람이 그 의미를 이해하지 못하면, 그 사람에게 성례는 그저 무의미한 의식에 지나지 않게 되어 버리는 것이다. 그리하여 아무런 반응을 보이지 않든지, 성례에 대하여 그릇된 생각과 사상을 갖게 되든지 둘 중의 한 가지 결과가 나올 것이다.

이처럼 성례의 의미를 아는 일이 불필요하다고 생각하게 되면, 성경을 그저 주문처럼 암송할 문구쯤으로 격하시키게 되고 성례를 마술적인 의식으로 변질시켜 버리게 된다. "하나님은 영이시니 예배하는 자가 영으로 …

예배할지니라"(요 4:24)고 말씀하는데, 이는 곧, 진정으로, 마음 속으로 예배해야 한다는 뜻인 동시에 지적으로(intelligenlty) 예배해야 한다는 뜻인 것이다. 그러므로 성례에 적합하게 참여하기 위해서는 성례가 과연 무엇을 나타내며 어떤 유익을 주며 또한 어떤 의무를 부과하는지를 아는 일이 반드시 필요한 것이다. 성례를 이렇게 이해하여 복음의 진리들과 약속들이 성례에 분명하게 드러나는 것을 보며 또한 성례가 사람들 앞에서 그리스도를 고백하는 지정된 수단이며 동시에 하나님의 은혜 언약을 마음 속에 확정짓는 수단임을 알게 되면, 성례가 외적 표징이 되는 바 영적 축복들을 정말로 얻게 되는 것이다.

성례를 적절히 이해하는 데 필요한 지식에는 복음의 본질적인 교리 전부에 대한 지식이 포함된다. 아버지와 아들과 성령의 이름으로 세례를 받을 때에, 그 거룩한 하나님의 이름들이 그 사람의 마음 속에 무언가 확실한 관념을 불러일으키지 아니하면, 그 이름들이 신격의 이름들임을 알지 못하면, 그 사람은 세례를 받는 의미가 무엇인지를 알 수가 없을 것이다. 여호와를 시인하는 것도 아니고, 그를 언약의 하나님이시며 구속자요 거룩케 하시는 분으로 받아들이는 것도 아니다.

세례란 그리스도와의 연합과 또한 그리스도로 말미암아 우리가 죄책과 죄의 권세에서 구원 받았음을 의미하며 인치는 목적으로 주어진 것이므로, 우리 자신이 죄인임을 알지 못하면, 또한 우리가 그리스도와 연합해야 할 필요성을 알지 못하면, 또한 그의 피와 성령으로 죄사함을 받고 새로워져야 할 필요성을 알지 못하면, 우리에게는 세례가 그 의미를 완전히 상실해 버리고 만다. 그러므로 하나님과, 죄와 속죄, 그리고 중생에 관한 진리에 대해 아는 것이야말로 세례에 참여하는 데 필수적인 것이다.

그리고 성찬은 그리스도의 죽으심을 기념하기 위하여 마련된 것이므로, 그가 누구셨으며 왜 죽으셨으며 그의 죽으심이 우리에게 무슨 유익을 주는지를 알지 못하면, 성찬에 합당하게 참여할 자격이 없는 것이다. 애정이란 반드시 적절한 대상이 있기 마련이다. 사랑한다면 무언가를 사랑하는 것이요, 두려워한다 해도 무언가를 두려워하는 것이요, 또한 바란다면 무언가를 바라는 것이다. 그러므로 믿음이든 사랑이든 후회든 소망이든 감사든 거기에 합당한 대상이 마음 속에 존재하지 않으면 존재할 수가 없다. 그리고 그런 믿음 혹은 사랑 등과 같은 행위의 본질은 그 행위를 불러일으키는 대상의 본질에 따라 좌우되는 것이다. 그 행위들이 진리에 의해서 불러일으켜진다면, 그 행위들은 옳고 좋은 것이다. 그리고 그 진리를 영적으로 분별하는 능력에 비례해서 그런 신앙적 감정들의 순결함과 강도(强度)가 결정되는 것이다. 그러므로 지식은 신앙에 필수적인 요소인 것이다.

그러나 그렇다고 해서 지식과 학식(learning)이 같은 의미를 지닌 것으로 생각하거나, 모든 지식이 외부에서 얻어지는 것으로, 곧 이해력을 매개로 하여 얻어지는 것으로 생각해서는 안 된다. 사실 전혀 그렇지 않다. 우리의 지식의 대부분은 우리 자신의 의식이나 내적 경험에서 얻어진다. 똑같은 외적인 계시를 두 사람의 똑같이 지성 있는 사람에게 제시할 때에, 한 사람은 하나님의 성령으로 말미암아 진리와 화합하는 느낌을 갖게 되고 또 다른 사람은 그런 느낌이 전혀 없을 수가 있는데, 이 때에 전자의 사람은 후자의 사람이 전혀 갖지 못한 지식을 갖게 될 것이다. 계시된 사실들의 본질 속을 들여다 보게 되고, 그 사실들의 진실성과 가치를 파악하게 되는데, 이런 일은 전적으로 그의 가슴 속에서 일어나는 일인 것이다.

이 두 사람은 학식에 있어서는 서로 같은 수준이지만, 지식에 있어서는 서로 굉장히 달라질 것이다. 그렇기 때문에 하나님의 백성 가운데 무식한 자들이 많이 배운 사람들보다도 신앙적 진리에 대해서 훨씬 더 많은 지식을 갖는 경우를 자주 보게 되는 것이다. 신앙적 진리의 본질에 대해서도 더 바른 견해들을 가질 뿐 아니라, 그 진리를 표현하는 말씀들이 마음 속에 신앙적 감정의 진정한 대상들에 대해서 훨씬 더 분명한 사상을 갖도록 만드는 것이다.

그러나 하나님이 새로운 진리들을 계시하시지 않고 그의 말씀으로 그 백성들을 거룩하게 하시므로, 이러한 내적인 영적 지식을 자라게 하기 위해서는 반드시 외적인 가르침이 있어야 한다. 그러므로 성경에 계시된 진리들에 대해서 무지하다는 것은 올바른 신앙적 감정의 존재와, 또는 다시 말해서 신앙 그 자체와 모순되는 것이므로, 진리들에 대해 무지하면 그 진리들을 세우고 확증시켜주는 성례들에 바르게 참여하는 것과도 모순되는 것이다.

성례에 합당하게 참여할 수 있는 또 다른 조건들은 성례의 본질에 대한 견해에서 자연히 파생되는 것들이다. 성례란 신앙을 공중 앞에 표명하고 고백하는 수단들이므로, 그 신앙의 고백이 담고 있는 내용을 믿어야 하고 또한 그 고백이 우리의 모습이어야 하는 것은 당연한 일일 것이다. 이 고백의 골자는 우리가 그리스도인이라는 것이요, 우리가 그리스도를 죄인들의 구속자로 믿는다는 것이요, 우리가 복음에 제시된 구원의 조건들을 받아들이고 그 명령에 순종하는 삶을 살기를 목적한다는 것이다. 우리에게 이런 믿음이 없다면, 죄를 청산하고 하나님을 위하여 살기를 목적하지 않는다면, 우리가 행하는 신앙의 표명은 거짓된 것일 수밖에 없고, 따라서 우리의 그런 행위는 하나님 앞에서 합당치 못한 것이 될 수밖에 없다.

또한, 성례를 은혜 언약을 인치는 것으로 볼 때에도, 성례에 참여하기 위해서는 방금 언급한 그 조건들이 필요하다는 것이 분명히 드러난다. 그 언약은 죄에서 구원하는 문제에 관계되는 것이다. 그 언약 속에서 하나님은 우리에게 구원을 베푸시기로 약속하시며, 우리는 또한 하나님의 긍휼하심을 그것이 베풀어지는 조건에 따라서 받아들이기로 약속하는 것이다. 하나님은 우리의 하나님이 되시겠다고 약속하시며, 우리는 하나님의 백성이 되기로 약속하는 것이다. 그렇다면, 죄를 사랑하며 죄를 버리지 않기로 결심하고 있는 사람이 어떻게 하나님과 이런 엄숙한 약속을 행할 수가 있겠는가? 죄 사함을 받을 필요가 있다는 것도 알지 못하며, 거룩하고자 하는 열심도 없고, 과거의 불법한 삶에 대한 후회도 없는 사람들이 과연 어떻게 죄 사함과 거룩하게 함과 영원한 생명을 조건으로 하여 하나님과 언약을 맺을 수가 있겠는가?

성찬에 대해서 우리는 그것이 그리스도의 죽으심을 기념하기 위하여 특별히 제정된 것임을 배워서 알고 있다. 그리스도의 죽으심을 기념하여 성찬에 참여하면, 그것은 곧 그리스도께서 죽으셨음을 인정하고 고백하는 것은 물론 그가 자기에 대해 주장하신 모든 내용에 합당하신 분이심을 고백하는 것이요, 또한 그의 죽으심이 성경에서 말씀하는 그 은택들을 베푸는 것이요, 또한 우리로서는 성찬에 참여함으로써 그의 죽으심이라는 참으로 위대한 사건을 영구히 기념하는 데 수종드는 것이라는 사실을 고백하는 것이 된다.

그러므로 이 의무를 올바로 수행하기 위해서는, 그리스도께서 우리를 사랑하사 자기 자신을 우리를 위해서 주신 사실에 대한 의무감을 정당하게 가져야 마땅한 것이다. 그러기 위해서는 그리스도의 탁월하심과 또한 우리가 그에게서 받은 축복의 가치에 비례해서 거기에 합당한 사랑과 경외를 그에게 돌려야 마땅하다. 또한 우리의 주시요 또한 구주로서 악인의 손에 십자가에 달리사 죽임을 당하신 그분을 소유할 준비가 되어 있어야 하고 또한 그리스도를 그런 분으로서 순종하고 신뢰할 준비가 되어 있어야 하는 것이다.

그러므로 성례를 어떤 각도에서 보든지, 그리스도를 공적으로 고백하는 수단으로 보든, 영적 축복의 표징이요 인침으로 보든, 아니면 구속의 역사를 기념하는 것으로 보든, 그 성례의 본질에 대한 적절한 지식과, 성례가 상징하고 확증하는 그 진리들에 대한 믿음과, 그 진리들을 진정으로 믿을 때에 필수적으로 나타나게 되어 있는 회개와 감사와 사랑이 없다면, 그 누구도 성례에 올바르게 합당하게 참여할 수가 없는 것이다. 이런 지식과 믿음과 사랑이 있다면, 성례에 참여할 합당한 자격 요건을 갖추는 것이 된다. 그러나 그런 것들이 없이 참여한다면 그것은 거짓 고백과 불성실한 약속들을 하고 참여하는 것밖에 아무것도 아닐 것이다.

그러나, 이런 자격 조건이 없다고 해서, 그리스도의 명령에 복종하고 세례를 받고 그의 죽으심을 기념할 의무에서 완전히 해방되었다는 식으로 생각해서는 안 된다. 예배가 요구하는 경외와 믿음과 사랑이 없다 할지라도, 우리는 분명 하나님을 예배해야 할 의무를 지고 있다. 그러므로 그런 일을 하기에 적합하지 않다고 변명하면서 그리스도께서 지정하신 그 성례들에 참여하지 않고 빠지는 것이 정당한 것이 아니다. 신앙을 공적으로 고백하고 표명할 책임을 지기가 두렵다면, 성전에서 드리는 공예배에 참석할 때마다 사실 그런 고백을 하는 것이라는 사실을 기억해야 할 것이다.

아무런 준비도 되어 있지 않은 상태에서 성찬상에 가까이 가는 것이 하나님을 욕되게 하는 것이라는 생각이 든다면, 믿음과 회개와 순종이 없는 상태로 기도하고 복음을 들어도 그 때마다 하나님을 욕되게 하는 것이라는 사실을 기억해야 한다. 반쪽짜리 신앙 생활에다 어떤 일관성을 갖다 붙이려고 하는 시도 자체가 헛된 것이다. 만일 하나님의 백성에 속해 있다고 주장하는 모든 사람들을 전부 다 거부하고 그 사람들의 행위를 전부 다 거부한다면, 거기까지는 일관성이 있다고 할 수 있을 것이다.

그러나 그 사람들의 한 가지 행위는 받아들이고 다른 행위는 거부하는 일은 있을 수가 없다. 하나님께 드리는 예배에 참석한다고 해서 그것을 근거로 나는 회개한 사람이며 믿는 사람이라고 고백할 수는 없다. 그리고 성례에 참여하지 않는다고 해서 그것을 근거로 스스로 회개치 않고 믿지 않는 사람이라고 주장할 수도 없는 것이다. 그런 일관성 없는 주장을 한다고 해서 그것으로 인해서 중립적인 위치에 서 있게 되는 것이 아닌 것이다. 그들에게 있어서 안전하며 합당한 유일한 길은 회개하고 믿는 것이다. 그렇게 하면 그 다음에 합당한 예배자들이 되며 합당한 성례 참여자가 되는 것이다.

하나님의 뜻을 행하며 그의 은혜를 구하고자 하는 진정한 열심을 가지고 하나님의 전에 드나든다면, 똑같은 마음 자세를 가지고 그의 모든 명령들에 순종해야 마땅할 것이다. 그리스도를 기쁘시게 하고 그의 뜻에 순종하고 그리스도의 죽으심에 대한 감사를 표현하기 위하여 주의 만찬에 나아온다면, 기꺼이 그렇게 하도록 할 것이다. 인생의 날이 있는 만큼, 강건함도 있을 것이다.

이 문제 전체를 다시 정리하자면, 다음과 같은 사실들이 분명하다. 곧, 그리스도를 공적으로 고백하는 일이 제자에게는 필수불가결한 조건이며, 그렇게 고백하는 일은 그리스도께서 지정하신 성례들에 참여함으로써 이루어지며, 또한 이 성례들은 영적 축복의 표징이요 인침일 뿐 아니라 성령으로 말미암아 신자에게 효력있는 은혜의 수단이 되며, 따라서 성례에 참여하는 일이야말로 필수불가결한 의무로서 하나님께 합당히 예배하는 데 필요한 조건과 동일한 조건을 요하며, 그러므로 결국 그리스도를 섬기며 존귀하게 하기를 진심으로 바라고 또한 그가 베푸시는 구원에 참예하기를 바라는 모든 자들로서는 그리스도의 뜻에 순종하여 성례에 참여하는 일이야말로 반드시 감당해야 할 의무라는 것이다.

제 9 장

거룩한 삶

제1절 참된 신앙의 본질

회심에 흔히 따라붙는 여러 가지 동요를 이미 체험했고, 또한 하나님이 자기를 받으시리라는 소망에서 흘러나오는 평화를 느껴본 사람은 자연히 이제는 갈등이 지나갔고 승리를 얻었으며 신앙의 역사(役事)를 다 이루었다는 식으로 상상하게 된다. 그리고는 그런 상상이 이내 사라져 버린다. 출생이 인생의 전부가 아니다. 마찬가지로 회심이 신앙의 전부가 아닌 것이다. 젊은 어머니는 너무나 기쁨에 가득 찬 나머지 자기 앞에 놓인 사명이 얼마나 귀중한지를 잠시 잊을 수도 있다. 그러나 품에 안은 갓난 아기를 바라보며 그 귀여운 모습과 그 생기발랄한 본능적인 움직임을 볼 때에 그 아기가 전적으로 자기에게 의존하고 있다는 느낌을 갖게 된다. 한 시간만 돌보지 않고 내버려 두어도 아기가 죽을 수도 있다.

마찬가지로, 어린 그리스도인은 물론 처음에는 이제 할 일을 다 완수했다는 식으로 생각하게도 되지만, 자기의 영적 생명이 너무나 가냘프기 때문에 끊임없이 보살피고 영양분을 주어야만 된다는 것을 이내 깨닫게 된다. 새 생명으로 거듭나자마자 그냥 버려두면, 버림을 당한 갓난 아기처럼 그 영적 생명도 곧바로 확실하게 파멸해 버리고 말 것이다.

이 문제에 대하여 저질러지는 또 한 가지 실수는 신앙이란 변덕스러운 것으로 흥분의 상태와 무감각의 상태가 서로 교차하는 것이라는 식으로 생각하는 사람들이 주로 범한다. 이런 망상 속에 있는 사람들은 어떤 특정한 때에만 신앙을 발휘하는 것이다. 몇달 동안을 무관심 속에 편안하게 살다가, 마음에 감동이나 기쁨을 느껴도 그 다음 얼마 지나면 그런 것들이 다시 사라질 것이라고 생각하여 그저 그런 상태로 지나가는 것이다. 그러나 생명은 어떤 형태든 그런 식으로 간헐적인 것이 아니다. 식물이든 동물이든 그런 식으로 간헐적으로 사는 것은 하나도 없다. 또한 건강한 사람이 경련을 일으키고 다시 졸도하며 졸도했다가 다시 경련을 일으키는 법도 없다. 신앙도 마찬가지다. 순전한 신앙이라면 절대로 그런 식으로 유지되지를 않는 것이다. 물론 변화는 있다. 건강한 때가 있고 병든 때가 있고, 원기 왕성한 때가 있고 무기력한 상태가 있는 법이다. 그러나 과연 신앙이라는 이름에 합당하다면, 그것은 꾸준히 이어지며 활력이 있고 전진하는 법이지, 그런 식의 발작이 정기적으로 이어지는 것은 아닌 것이다.

또한 이보다 더 비근하게 나타나는 오류는, 신앙을 내적인 섬김으로보다는 겉으로 나타나는 어떤 행위로 보는 것이다. 종교 집회에 참석하기 때문에 자기는 신앙이 있다는 식으로 생각하는 사람들이 참 많다. 그들은 공예배에 정기적으로 참석하고 겉으로 신앙의 모양을 보이기만 해도 그리스도인이라고 칭하기에 부족함이 없다고 생각하는 것이다.

그러나 성경은 신앙이란 새로운 영적 삶이라고 가르친다. 그러므로 신앙의 시작을 가리켜 새로운 출생(거듭 남, 또는 신생)이라고 하며 새로운 창조요 영적 부활이라고 칭하는 것이다. 신앙의 원리 또는 근원은 신비로운 것이다. 생명이 무엇인지를 아무도 말할 수가 없다. 식물의 생명의 형태도 다르고, 동물의 생명의 형태도 다르고, 이성적인 사람의 생명의 형태가 다르다. 이렇게 생명의 활동이 서로 다른 데 감추어져 있는 그 활동의 근원이 무엇인지를 추적해낼 수가 없는 것이다.

영적 생명의 본질도 그에 못지 않게 파악이 불가능하다. "바람이 임의로 불매 네가 그 소리를 들어도 어디서 오며 어디로 가는지 알지 못하나니 성령으로 난 사람은 다 이러하니라"(요 3:8). 하나님으로 말미암아 거듭난 영혼 속에 새로운 종류의 활동이 그 모습을 드러내는 것이다. 그러나 그 활동의 근원이 어디며 그것이 어떻게 유지되느냐 하는 것은 하나님의 비밀한 일들에 속하는 것이다. 그러나 그런 새로운 활동에 무언가 영구한 원인이 있다는 것은 의심할 수가 없다. 육체의 생명이 보고 듣고 맛보는 행위에 있는 것이 아니며, 영혼이 사고와 의지로 되어 있는 것도 아니며, 또한 영적 생명이 그 존재가 겉으로 드러나는 그런 행위에 있는 것이 아니라는 것은 우리가 이미 잘 알고 있는 사실이다.

중생할 때에 영혼의 상태에 변화가 일어나기 때문에, 중생한 영혼은 그 생각이나 목적이나 느낌에 있어서 과거와는 다르며 또한 그런 달라진 모습이 계속된다. 이렇게 달라지는 원인을 가리켜 때로는 새로운 마음, 은혜 또는 새 사람 혹은 내적 갱신이라고도 부른다. 이런 용어들은 전부 영적 생명의 원리를 지칭하는 것들로서 거룩의 열매로 그 모습을 드러낸다. 그것을 생명이라 부르는 것은 그것이 그렇게 영구하며 또한 항상 있기 때문이다.

신앙에 관해서 한때는 어느 정도 열심과 활력을 보이다가 그 문제에 대해서 관심을 완전히 잃어버린다면, 그것은 마치 죽은 시체에다 전기 자극을 주어서 마치 살아 있는 듯한 움직임을 잠시 보이게 만드는 것과도 같다. 그런 시체의 움직임은 그렇게 잠깐 생겨났다가 곧바로 사라져버리고, 그 다음에는 아무리 자극을 주어도 전혀 반응을 보이지를 않는다. 시체의 경우 생명의 원리가 없기 때문이다. 그러나 신앙이 순전하다면, 그 신앙은 새로운 마음에 뿌리를 박고 있으며 따라서 그 신앙은 영구한 것이다.

더욱이 지각 있고 이성적인 존재들의 특징은 그 모든 행위에서 자발적이다. 충동적으로 행하고 또 즐겨 하는 특정한 행위들이 있다. 동물들은 억지로 먹거나 마시거나 장난하지를 않는다. 마찬가지로 사람도 사상을 받아들이고 전달하며 느낌을 주고 받을 때에 강압에 의해서 정신력을 발휘하는 것이 아니다. 사람에게는 동료들에게서 소외되어, 지적 생활과 사회 생활을 영위하며 속에 있는 것을 발산할 기회를 상실한다는 것이야말로 모든 형벌 가운데 가장 극심한 것이다. 이와 마찬가지로, 경외와 감사와 사랑과 복종이야말로 새로움을 입은 심령의 자발적인 행위들이다. 그런 행위들을 통해서 영혼이 감추어지지 않고 억제되지 않은 상태로 자유로이 분출되는 것이다. 두려움 때문에나 양심의 가책 때문에 억지로 혹은 강제적으로 실행되는 신앙은 가짜 신앙일 수밖에 없다. 벌을 받을까 무서워서 겉모양으로만 행하는 부모에 대한 복종은 존경과 사랑에서 우러나오는 순종과는 매우 차이가 있다. 마찬가지로 하나님을 섬기는 행위 역시 우리 마음에서 우러나오지 않으면 그런 섬김은 가짜요, 우리가 그의 자녀인 증거가 될 수 없는 것이다.

성경은 하나님의 백성이 하나님의 일들에 대해 기뻐하는 것으로 말씀한다. 하나님의 말씀, 규례들, 성소, 그의 임재가 모두 그들의 가장 큰 즐거움인 것이다. 그런데, 사람이 병이 들면 일상적인 즐거움을 주는 여러 가지 것들에 별 흥미를 느끼지를 못한다. 이와 마찬가지로, 그리스도인이 침체 상태에 있게 되면, 신앙에 속한 것들에서 거의 기쁨을 느끼지를 못하게 된다. 그러나, 누구든 영적 생명에 속하는 것이 조금이라도 있으면, 자발적으로 경건을 실천하는 방식으로 그것이 반드시 드러나게 되어 있는 것이다.

또한, 어떤 형태를 취하든간에 생명은 발전하는 것이다. 처음에는 아주 가날프지만 점차로 성숙을 향해 나아가는 것이다. 식물도, 동물도, 사람도 다 마찬가지다. 그리고 영적 생명도 마찬가지다. 처음 신앙 생활을 시작할 때에 기쁨이 있지만 이것이 쇠퇴하는 경우가 아주 잦은데, 이런 사실 때문에 참된 그리스도인이라도 신앙 그 자체가 자기 마음 속에서 쇠퇴하고 있다고 생각하게 되는 일도 있는 것이다. 그러나 그런 기쁨은 영적 삶의 발전 또는 쇠퇴를 가늠하는 기준으로는 아주 불확실한 것일 뿐이다. 어린 동물들이 철없이 이리 뛰고 저리 뛰는 광경을 보면 그것들이 기쁨에 넘치는 모습을 본다. 그러나 다 자란 동물에게서는 그런 일이 거의 없는 것이다. 그런데 그렇게 뛰노는 동물들의 신체가 얼마나 불완전한지 모른다. 그것들보다 절반 정도의 기쁨밖에는 느끼지 못하는 성숙한 동물들에 비할 때에 견디는 힘도 절반밖에는 안 되고, 무언가 일을 할 수 있는 힘도 너무나 약하지 않은가!

그러므로, 어린 그리스도인이 감정적인 데서 행복감을 느끼고 자기들의 본성에서나 신선함에서 희열을 느끼지만, 그보다 성숙한 자들에게서는 그런 것들이 없고 오히려 그런 느낌이 무르익어서 하나의 삶의 원리가 되며, 더 기쁜 감정들이 모든 이해를 뛰어넘는 평안으로 정착되어 간다는 것이 전혀 이상스런 일이 아닌 것이다.

기쁨이 바른 영적 삶이 자라나는 일을 가늠하는 적절한 기준이 될 수는 없지만, 그 기쁨은 본질상 진보하는 것이다. 이는 마치 어린 아이에서 성인으로 나아가면서 육체가 성숙해지며, 또한 유아에서 성인으로 자라나면서 정신력이 또한 발전하는 것과도 같다. 성인이 어린 아이의 정신을 가지고 있으면 그 사람은 바보다. 이성적인 존재에 당연히 있어야 할 중요한 요소가 결핍된 상태에 있는 것이다. 마찬가지로 그리스도인의 경우에도 거룩함에 진보가 전혀 없다면, 근본적인 결함이 있는 것이다. 그런 진보를 입증하는 가장 분명한 증거는 힘의 증가, 곧 믿음의 힘, 목적의 힘, 원리의 힘, 올바르게 행하는 힘, 악을 저항하는 힘, 그리고 고난을 견디는 힘 등이 증가하는 데서 찾을 수 있다. 하나님의 백성은 모름지기 힘에서 힘으로 나아가며, 여호와를 경외함으로 거룩을 이루어가는 것이다.

그렇다면, 참된 신앙은 외형적인 봉사가 아니다. 그저 두려움과 슬픔에서 오는 흥분 상태에 이어서 평화와 기쁨이 따라오는 그런 것이 아니다. 그리고 그런 상태가 계속 교차하는 것은 더더욱 아니다. 참된 신앙은 영구한 행동의 원리요, 자발적인 시행이요, 본질상 발전적인 것이다. 그런 속성들이 신앙의 순전함에 필수적인 요소가 된다. 그러나 신앙의 성격이 온통 그런 속성들로만 이루어지는 것은 아니다. 신앙은 신의 성품에 참예하는 것이요(벧후 1:4), 영혼이 하나님께 화합하는 것이다. 신앙은 옛 사람과 옛 사람의 행실을 벗어 버리고 새 사람, 곧 "자기를 창조하신 자의 형상을 좇아 지식에까지 새롭게 하심을 받는 자"(골 3:10)를 입는 것이라고 묘사되고 있다. 또는 "오직 심령으로 새롭게 되어 하나님을 따라 의와 진리의 거룩함으로 지으심을 받은 새 사람"(엡 4:23, 24)을 입는 것이라고도 한다.

이 두 구절은 동일한 진리를 표현하는 것이다. "지식에까지 새롭게 하심을 받는다"는 것은 알 수 있는 능력을 지니도록 새로워진다는 것을 뜻한다. 여기서 지식이란 참되고 선한 것에 대한 지각, 인식, 그리고 인정을 의미한다. 이 단어가 이처럼 포괄적인 의미를 지닌다는 사실은 성경에서 이례적인 것이 아니다. 그러므로 하나님과 예수 그리스도를 아는 것이 영생이라고 말씀하는 것이다. 그런 지식이 영혼의 생명이다. 그 지식은 바로 하나님과 화합하여 진리를 지각하고 인정하는 것이다. 판단과 의지에 있어서 영혼을 하나님과 화합시켜 주는 것보다 더 고상한 도덕적 탁월함이란 없다.

이것을 가리켜 사도는 엡 4:24에서 "의와 진리의 거룩함"(즉, 진리에 기초하며, 또는 진리에서 나오는 거룩함이란 의미이다)이라고 부른다. 롬 12:2에서도 거룩함에 대한 동일한 사상이 나타난다: "오직 마음을 새롭게 함으로 변화를 받아 하나님의 선하시고 기뻐하시고 온전하신 뜻이 무엇인지 분별하도록 (또는 확증하도록) 하라." 하나님이 인정하시는 것을 인정하고, 그가 미워하시는 것을 미워하며, 그가 기뻐하시는 것을 기뻐하는 것, 바로 이것이 참된 신앙인 것이다.

이렇게 볼 때에, 이런 변화의 주체는 바로 전인(全人)이라는 것이 분명해진다. 지각이 새로워지고, 목적이 새로워지며, 느낌이 새로워지는 것이다. 정신이 점점 더 깨이며, 의지가 올바른 규범에 더 복종하게 되고, 감정이 더 철저하게 정결케 되는 것이다. 사도는 데살로니가서에서 이렇게 말씀하고 있다: "평강의 하나님이 친히 너희로 온전히 거룩하게 하시고 또 너희 온 영과 혼과 몸이 우리 주 예수 그리스도 강림하실 때에 흠 없게 보전되기를 원하노라"(살전 5:23).

몸은 여러 가지 면에서 성화(聖化)의 주체가 된다. 몸은 성령의 전(殿)이다(고전 6:19). 따라서 하나님을 섬기는 일을 위하여 거룩하게 구별된 존재이며, 또한 하나님의 임재로 말미암아 거룩함을 입는 것이다. 우리의 몸은 또한 예수 그리스도의 지체로서 이러한 그리스도와의 연합 덕분에 몸이 구속의 은택에 참여하며 장차는 그리스도의 영광스러운 몸과 같이 될 것이다.

그리고 더 나아가서, 악한 영향이든 선한 영향이든 몸이 육체에 미치는 영향이 아주 다양하고, 또한 우리의 타락한 상태에서는 악한 영향이 주류를 이루기 때문에, 그러한 악한 영향을 대항하는 일이 성화의 역사(役事)에 적지 않은 부분을 차지하게 된다. 사도 바울은 자기 자신에 대해서 이렇게 말씀한다: "내가 내 몸을 쳐 복종하게 함은 내가 남에게 전파한 후에 자기가 도리어 버림이 될까 두려워함이로라"(고전 9:27).

또한 그는 성령으로 말미암아 몸의 행실을 죽이는 것이 삶을 얻는 조건 가운데 하나라는 것을 선언한다(롬 8:13). 그러므로 몸이 거룩하게 되는 것은 죄를 섬기는 데서 하나님을 섬기는 데로 거룩하게 구별함으로써 되는 것은 물론, 영혼에 미치는 그 몸의 영향을 억제하고 그 몸의 소욕을 절제하고 새로움을 얻은 사람의 뜻에 몸을 복종시킴으로써도 이루어지는 것이다.

성화의 역사가 우리의 모든 기능에 다 미치듯이, 영혼에 새겨지게 되어 있는 하나님의 형상에는 도덕적으로 탁월한 모든 것이 포함되는 것이다. 사랑, 믿음, 온유, 자비 등 서로 다른 은혜들은 선(善)이라는 한 가지 동일한 원리가 달리 드러난 것들에 불과한 것이다. 그렇다고 해서 정의와 자비가 동일한 감정 혹은 동일한 성향이라는 것은 아니다. 그것들은 서로 분명히 구별되는 것들이다. 그러나 사람을 정의롭게 만들어주는 동일한 원리가 그 사람을 자비롭게도 만들어 주는 것이다.

신앙, 혹은 신적 생명의 원리는 온갖 종류의 탁월함을 다 촉발시킨다. 또한 각 종류마다 골고루 영향을 미친다. 마치 식물이나 동물이나 이성적인 존재나 생명의 원리가 각 부분 부분에 이르기까지 골고루 영향을 미쳐서 전체가 조화를 이루며 발전하도록 만들어 주는 것처럼 말이다. 가지가 커짐에 따라서 뿌리도 커진다. 몸의 이런저런 지체들이 자라날수록 몸 전체도 거기에 맞게 자라난다. 정신력에 속한 다른 능력들이 왕성하게 증가함에 따라서 판단력과 기억력도 증가하는 것이다. 모든 것이 이처럼 조화있게 발전해 가는 것이다.

몸의 다른 모든 부분이 성숙하게 자라는데 팔만 어린 아이 때의 모습 그대로 있다면, 그것은 끔찍한 결함의 상태일 수밖에 없을 것이다. 또는 판단력과 감정이 충만하게 발휘되는데 기억력과 양심은 유아 때의 모습 그대로 남아 있다면, 그 사람의 정신은 완전히 혼란 상태에 있을 것이다. 이런 균형 있는 발전의 법칙이 영혼의 생명에도 그대로 각인되어 있다. 과연 영혼에 생명이 존재한다면, 그 생명은 온갖 형태의 선(善)으로 그 모습을 드러내게 되어 있다.

그러나 어떤 한 부문에 대해서는 탁월함이 나타나는데 다른 부문에 대해서는 전혀 탁월함이 나타나지 않는 경우도 있는데, 그런 경우 그 탁월함은 신적 생명, 혹은 새로운 마음에 기원을 둔 것이 아니다. 왜냐하면 신적 생명이나 새로운 마음은 본질상 모든 도덕적 탁월함을 다 드러내기 때문이다. 사람이 좋기는 한데 불친절하다는 말은 모순으로 느껴진다. 왜냐하면 좋다는 말 속에는 정의롭다는 뜻과 자비롭다는 뜻이 함께 다 들어 있기 때문이다. 또는 사람이 신앙은 있는데 부정직하다는 말 역시 이에 못지 않게 모순이다. 신앙이란 경건성은 물론 정직성도 포함하는 것이기 때문이다.

신앙(religion)이라는 단어는 온갖 형태의 도덕적 탁월성을 포괄하고 표현하는 단어가 아니다. 오히려 신앙, 혹은 새 사람, 은혜의 원리, 혹은 마음 속에 있는 신적 생명의 원리 등의 단어들이 뜻하는 바는 모든 종류의 선(善)을 다 포괄하는 것이다. 경외, 사랑, 순종, 정의, 자비 등은 서로 다른 형식으로 시행되지만 모두가 거룩이라는 한 가지 동일한 원리에 속하는 것들이다. 자비가 없는 거룩이란 있을 수가 없다. 또한 경외나 정의가 없는 거룩도 있을 수가 없다. 그러므로 하나님의 형상을 따라 마음의 영이 새로움을 입은 사람은 성령의 다양한 온갖 은혜 가운데서, 물론 대상과 형편에 따라서 표현 방식도 달라지겠지만 도덕적인 탁월함이 반드시 드러나게 되어 있는 것이다.

성경은 내적인 영적 생명이 겉으로 드러나는 것들 가운데서도 가장 포괄적이며 가장 중요한 것으로 하나님을 향한 사랑을 특별히 두드러지게 강조하고 있다. 사람은 자기의 본성에 적합한 대상들에서 기쁨을 얻도록 되어 있다. 그러므로 외부의 대상들에게서 우리의 본성에 맞는 특질들을 접하면 거기서 만족과 욕구가 생겨난다. 그렇게 되면, 영혼은 그것들이야말로 자기 자신을 위해서 사랑해야 할 선(善)이라 여겨서 그것들에서 안식을 누리게 된다. 그리고 그 특질들이 고상할수록, 더 순결하고 더 고상한 사랑이 자극을 받아 일어나게 된다.

그런데 중생으로 말미암아 우리는 하나님의 무한하고 절대적인 완전하심이 온갖 탁월함을 다 포괄하며 또한 우리의 본성으로서 가능한 최고의 능력과 최대 능력에 적합한 것임을 인식하고 사랑하게 되는 것이다. 그러므로 마음이 새로워지는 즉시, 그 마음은 하나님께로 돌아서고 하나님의 탁월하심을 만족과 욕망의 최고의 대상으로 삼아 그 가운데서 안식을 누리는 것이다.

그러나 하나님을 향한 사랑이 그저 도덕적인 탁월함에서 만족을 얻는 것으로 그치는 것은 아니다. 그 사랑은 우리와 가장 친밀한 관계 속에 계신 인격적인 존재를 향한 사랑이다. 우리의 존재의 주인이시요 우리의 보존자시요 통치자이시며, 의식적인 사랑으로 우리를 보살피시고 보호하시고 우리의 모든 필요를 채우시며 우리와 교제하시며 우리에게 자기 자신을 드러내시는 우리의 아버지를 향한 사랑인 것이다. 이처럼 포괄적인 하나님을 향한 사랑에는 의존감, 의무감, 교제감이 개입된다. 또한 이 사랑은 그 대상이신 하나님의 무한하신 지혜와 능력을 인식함에 따라서 계속 수정된다. 이런 하나님의 속성들 하나하나가 찬양의 대상이 된다. 그리고 그 무한함이 무한하신 선하심과 연합하여 경이와 찬송과 경외와 만족을 자극하게 되고, 그리하여 찬양으로 나오며 부복하여 예배하는 것밖에는 다른 표현이 있을 수 없게 되는 것이다.

하나님을 향한 이러한 경외심보다 신앙의 본질에 더 필수적인 요소는 없다. 하늘이 열려 사람에게 그 모습을 드러낼 때면, 언제나 그 하늘에 있는 사람들이 얼굴을 가리우고 하나님의 보좌 앞에서 절하는 모습이 나타났던 것이다. 이 땅 위에서 행해지는 온전한 예배는 하나님의 말씀에 두려워 떠는 겸손한 자와 회개하는 자들에게서 나오는 것이다.

이러한 경외와 사랑의 감정들이 시행되는 일은 그저 우발적으로 이루어질 수도 있고 또는 좀더 지속적으로 이루어질 수도 있다. 바쁜 일상 생활 가운데서 하나님에 대한 생각들이 잠시 일어났다가 사라짐에 따라서 우발적으로 잠시 생겨나기도 하고, 세상사에서 벗어나 하나님의 임재 속에 잠겨서 하나님의 탁월하심을 기리며 그의 선하심에 대해 감사하며 그의 축복을 빌 때에는 그런 감정들이 지속적으로 생기게 되는 것이다. 구속자이신 그리스도께 그렇게 충만하게 나타났던 헌신의 심령이 하나님의 백성 모두에게 거하는 것이다. 그들은 모두가 경건한 자들이다. 모두가 하나님과 함께 행하며, 모두가 하나님이 가까이 계심을 느끼며 그의 임재 속에서 즐거워하며, 모두가 사적인 예배와 공적인 예배의 행위 가운데서 하나님과의 교제를 누린다. 이처럼 영혼이 하나님과 갖는 교제가 없이는 신앙이란 없는 것이다. 마치 살아 있는 육체에 온기(溫氣)와 움직임이 없을 수가 없듯이 말이다. 그리고 사람이 죽으면 육체가 급속히 부패하는 것처럼, 영혼도 하나님과의 교제가 없어지면 망하고 마는 것이다.

이러한 하나님을 향한 사랑은 굴복과 순종을 통해서 그 모습을 드러낸다. 굴복이란 하나님의 뜻을 겸손히 인정하고 따르는 것이다. 이 굴복은 모든 일에 대한 하나님의 명령들이 올바르며 그의 경륜들이 전부 지혜롭고 자비하며 정의롭다는 지각과 시인을 포함한다. 구름이 가려 주위가 캄캄해질 때에도, 그는 신앙으로 "공의와 판단이 그의 보좌에 거하도다"라고 고백하게 된다. 새로움을 받은 영혼은 하나님의 지혜와 능력과 선하심에 대한 확신이 가득 차서, 자신을 하나님의 손에 맡기면서 말하기를, "주의 뜻이 이루어지이다"라고 한다. 온 땅의 심판자이신 하나님께서 의를 행하시리라는 확신이 없는 사람들은 불편한 마음과 의혹들로 인해서 마음의 평화가 깨어지고 죄책감이 더욱 가중되지만, 이런 심령의 영향을 받으면 그런 불편과 의혹들이 사라지는 것이다.

하나님을 향한 사랑은 또한 반드시 순종을 낳는다. 왜냐하면 영혼이 하나님과 화합하는 것이 참되고 올바른 것을 지각하고 사랑하는 데 있다고 생각하기 때문이다. 그리고 이러한 화합은 오직 순종을 통해서 겉으로 드러나는 것이다. 마치 불순종이 우리의 뜻과 하나님의 뜻이 서로 반대된다는 증거이듯이 말이다. 하나님과 화해가 있거나 하나님의 형상의 회복이 있으면, 반드시 하나님의 뜻에 대하여 마음과 삶으로 화합하는 것이 있기 마련인 것이다. 사람이 하나님이 사랑하시는 것을 사랑하지도 않고 하나님이 미워하시는 것을 피하지도 않는데도 그 사람을 가리켜 하나님과 같다거나 하나님의 성품에 참예하는 자라고 말한다면, 그것은 정말 모순이 아닐 수 없다.

사랑이 행동으로 나타나는 것이 바로 순종이다. 순종은 사랑이 필연적으로 취할 수밖에 없는 목소리요 외모(外貌)요 겉 껍데기인 것이다. 이미 말씀했듯이 하나님을 향한 사랑은 그저 탁월한 것에 대한 사랑이 아니다. 그것은 하늘에 계신 아버지를 사랑하는 사랑이다. 따라서 그 사랑에는 순종이 뒤따르게 되어 있다. 이런 말을 할 수 있는지 모르겠지만 하나님의 백성과 하나님 자신 사이에 마음의 화합이 있기 때문이기도 하거니와, 하나님께 순종하는 것이 하나님의 뜻이기 때문이다. 그것이 하나님께서 기뻐하시는 것이다.

만일 사랑한다고 하면서 그 대상에게 기쁨을 주고자 하는 목적도 노력도 없다면 그것은 사랑이 아닌 것이다. 우리 주님은 말씀하시기를, "나의 계명을 가지고 지키는 자라야 나를 사랑하는 자니"(요 14:21)라고 하셨다. 순종은 사랑의 증거라기보다는 사랑 그 자체가 눈에 보이도록 나타나고 표현된 것이라 하겠다. 이따끔씩 감정이 격하게 분출되는 것이나 말로 표현하는 것보다 오히려 꾸준하게 생활 속에서 나타나는 모습이 사람의 마음의 상태를 한층 충실하게 드러내 보여주는 것인데, 만일 그런 일상적인 삶의 모습이 하나님의 뜻과 일치하지 않는다면 그 사람의 마음은 그 뜻을 대적하는 상태일 수밖에 없는 것이다. 그리고 반대로 그 마음 속에 사랑이 있다면, 반드시 순종이 나타나는 법이다.

영적 생명이 활동하는데 거기에 기쁨과 평안(혹은, 평화)이 없다면, 이는 하나님께서 제정하신 사물의 질서에 합당치 않은 것이다. 행복이 이처럼 기쁨과 평안과 긴밀한 관련을 갖고 있기 때문에, 사도는 말씀하기를, "영의 생각은 생명과 평안이니라"(롬 8:6)고 말씀한다. 어떤 것이 탁월하다 할 때에는 그 탁월함을 누리는 것이 반드시 함께 있기 마련이다. 그러므로 바른 감정과 사랑은 언제나 기쁨을 주는 것이다. 그리고 이 기쁨은 그것이 흘러나오는 대상의 위엄에 따라 비례한다. 기쁨의 정도가 아니라, 기쁨의 종류가 거기에 비례하는 것이다.

감각적인 데서 나오는 사랑은 가장 저급한 행복을 준다. 그리고 그 다음에는 사교적인 애정, 그 다음에는 지적인 능력, 그 다음에는 도덕적인 감정, 그리고 그 다음에는 신앙적 사랑의 순서로 기쁨의 품격이 높아지는 것이다. 그러므로 신앙적 사랑에서 나타나는 즐거움은 다른 어느 것에서 나오는 것보다 더 순결하고 더 고상하며 더 만족을 주며 우리의 본성에 더 잘 어울리는 것이다. 그러므로 성경은 하나님과의 교제야말로 말할 수 없는 영광으로 가득 차 있으며 또한 모든 지각에 뛰어난 평안을 준다고 말씀하는 것이다. 그러므로 기쁨(곧, 희락)은 성령의 열매 가운데 하나이다. 곧, 영적 생명에 반드시 수반되어 그 생명을 증명해 주는 한 가지 요소라는 뜻이다. 기쁨은 건강이 흘러넘친다는 증거이며, 성령께서 새로움을 얻은 영혼에게 부어주시는 즐거움의 기름이다. 성령께서는 그 기름을 부어주셔서 그 영혼의 활동에 활력을 주시며 그 모양을 밝게 하시고, 또한 하나님을 섬기고 찬양하는 데 능동적으로 힘쓰도록 만들어 주시는 것이다.

영혼은 하나님의 형상을 따라 새로움을 얻는데, 이 하나님의 형상이 도덕적인 탁월함에 있다면, 또한 도덕적인 탁월함이 곧 사람으로 하여금 온갖 형편 가운데서도 올바로 느끼고 행동하도록 만들어 주는 정신의 상태를 뜻한다면, 하나님에 대해서 올바른 시각과 감정을 가진 사람들로서는 그 이웃들을 향해서도 올바로 느끼고 행동하지 않을 수가 없는 것이다. 성경이 선한 자들로 칭하는 사람들은 경건할 뿐 아니라 자비하고 정의로운 사람들이다.

"네 이웃을 네 몸과 같이 사랑하라"(마 19:19)는 계명은 우리 이웃의 사람들을 향해서 우리가 감당해야 할 의무를 포괄적으로 진술해 준다. 여기서 의도하는 사랑이란 바로 우리 이웃들에 대해서 존중과 친절로 대하며 그들에게 선을 행하기를 구하도록 만들어 주는 그런 성향을 뜻하는 것이다. 이 사랑은 오래 참고 친절하다. 다른 사람의 행복을 시기하지 않고 오히려 그들이 잘되는 것을 기뻐한다. 이 사랑은 교만하지 아니하고 무례히 행하지도 않는다. 자기 자신의 유익을 구하지도 않는다. 이 사랑은 불의를 기뻐하지 아니하고 진리 안에서 기뻐한다. 이 사랑은 모든 것을 참으며 모든 것을 믿으며 모든 것을 바란다(고전 13장을 보라).

이 사랑이 없이는, 아무리 경건하다고 입으로 떠벌이고, 아무리 은사가 많고 아무리 자기 부인의 행위나 구제의 행위를 겉으로 행한다 해도 모두 소용이 없는 것이다. 이 사랑이야말로 그리스도인의 성품의 본질적인 요소인 것이다. 우리 자신의 행복을 추구하도록 충동하는 자기 사랑(self-love)이 우리 자연인의 본성에 속하듯이, 다른 사람의 행복을 추구하도록 충동하는 자비(benevolence)는 새 사람의 본성에 속하는 것이다. 새 사람이란 선한 사람, 곧 하나님을 닮아서 거룩하고 정의로우며 자비하고 긍휼히 여기는 사람을 의미하는 것이다.

신앙으로 말미암아 반드시 생겨나는 이 온유하고, 친절하며, 신뢰성 있는 기질은, 물론 개개인의 다양한 성격에 따라서, 또한 삶의 여러 가지 관계에 따라서 다양하게 나타난다. 성경은 우리가 모든 사람을 똑같은 느낌으로 대해야 한다고 가르치지 않는다. 모든 사람에게 자비하라고 가르치지만, 동시에 성경은 사람들이 한 가정의 식구들로서나 한 사회의 구성원들로서 맺는 특수하고도 더 밀접한 관계를 배려하는 것이다. 이러한 일반적인 자비를 생겨나게 하는 동일한 신앙의 원리가 삶의 갖가지 관계들에 속한 온갖 사랑들을 행하도록 보장해 주는 것이다. 그 신앙의 원리는 순종해야 할 자에게 순종하도록 하고, 경외할 자를 경외하게 하며, 존귀히 여길 자를 존귀히 여기도록 만들어 준다. 자기와 동등한 사람들과 관계할 때에는 존중하고, 배려하며, 친근히 대하게 하며, 아랫 사람을 대할 때에는 겸손하고 정당하며 친절히 하도록 해 주는 것이다.

이러한 사회적인 덕성(德性)이 참된 신앙에 필수적이라는 사실은 아무리 강조해도 지나침이 없다. 하나님의 백성은 하나님을 닮은 자들이다. 그

러나 이미 살펴 보았듯이, 하나님은 정의로우시고 긍휼이 많으시며 오래
참으시고 선하심과 진리가 풍성하신 분이시다. 그러므로 부정직하고 불친
절하며 교만하고 복수심이 있고 속이기를 잘 하는 사람은 하나님의 백성
이 아니다. 그런 사람들은 하늘의 형상을 드러내지 않는 자들이요 따라서
마음이 새로워진 일이 없는 자들이다. 악한 부모, 혹은 악한 자식, 혹은 악
한 이웃이면서도 동시에 선한 그리스도인이 될 수 있다는 식으로 자신을
속이는 사람이 없기를 바란다. 그리스도인은 그리스도를 닮는 것이다.

마음이 새로워진 사실이 겉으로 드러나는 또 한 가지 형태는 바로 자기
부인(self-denial)의 모습이다. 주님은 이렇게 말씀하셨다: "아무든지 나를
따라 오려거든 자기를 부인하고 날마다 제 십자가를 지고 나를 좇을 것이
니라"(눅 9:23). 자기 부인이 반드시 필요한 한 가지 이유는 우리 자신이
원하는 것을 충족시키려면 다른 사람의 유익을 가로막는 경우가 많다는
데 있다. 그리고 우리의 욕망과 욕구 가운데 무질서하고 악한 것이 너무나
많다는 것도 한 가지 이유가 된다. 복음이 제시하는 법칙은 우리가 우리
자신을 기쁘게 하려 해서는 안 되며 누구든지 이웃을 기쁘게 하고 그의
유익을 구해야 한다는 것이다. 그리스도께서도 자신을 기쁘게 하지 않으시
고 오히려 부요한 자로서 스스로 비천하게 되셔서 비천한 우리로 하여금
부요하게 하시지 않으셨는가?

이러한 자기 부인을 실천할 수 있는 기회는 매일매일의 삶 속에서 끊임
없이 다가온다. 그리스도의 마음을 품은 사람은 이기적이지 않고 오히려
다른 사람의 유익을 위하여 기꺼이 양보하며, 자기 자신의 만족과 심지어
자기의 권리까지도 다른 사람의 유익을 위하여 기꺼이 포기한다. 고기를
먹는 것이 형제를 거스리게 한다면, 일생 동안 고기를 먹지 않을 수 있다.
유대인에게는 유대인처럼 되어 유대인을 얻는다. 연약한 자에게는 연약한
자처럼 되어서 연약한 자를 얻는다. 그는 자기 자신을 위해 살지 않는다.
그가 추구하는 일의 주 목적이 자기 자신의 관심사에 있는 것이 아니다.
다른 사람들의 유익을 온전히 구하는 것이 구속자이신 그리스도의 탁월한
특징이었듯이, 그를 따르는 모든 사람들에게도 그런 특징이 나타나는 것이

다. 왜냐하면 그들이 하나님의 아들의 형상에 화합하도록 하나님께서 예정하셨기 때문이다.

자기 부인은 우리 인간의 본성의 부패함 때문에 그 필요성이 더욱 절실해진다. 타락의 결과 감각이 영혼에 부당한 영향을 미치게 되었다. 끊임없이 요구하며 또한 그것을 들어주면 줄수록 더욱 요구가 커지는 것이다. 이성을 지닌 우리가 우리 자신을 이런 저급한 인간 본성의 원리들의 힘에 굴복시킨다는 것은 정말 모순이 아닐 수 없다. 사람이 육체의 지배를 받으면 노예의 종이 되고 만다는 것을 이성 자체가 가르쳐주기 때문이다. 이성적인 사람도 육체를 정신에게 복종하게 해야 한다고 느낀다면, 신앙인으로서는 더더욱 감각에 사로잡혀 있을 수가 없는 것이다. 그리스도인인 사람들은 육체를 정과 욕심과 함께 십자가에 못박은 사람들이요, 몸을 쳐서 복종시키도록 만드는 것이다.

육체에 속한 것은 어떤 의미에서 외형적이며, 마음의 악한 기질들이 영혼과 보다 밀접한 관련을 맺고 있다. 교만, 허영, 시기, 악의, 자기 사랑이 육체적인 탐욕보다도 깨뜨리기 어려운 원수들이다. 그것들이 더 강하고 더 오래가며, 더 속이는 능력이 강한 것이다. 이런 악한 기질들은 우리 인간의 본성 가운데 깊이 자리를 잡고 있기 때문에, 부패한 옛 사람을 벗어버린다는 것이야말로, 혹은 이 거룩하지 못한 원리들을 깨뜨려 없앤다는 것이야말로, 그리스도인의 의무 가운데서 가장 힘이 드는 것이요, 신자의 삶 속에 끊임없는 갈등을 일으키는 것이다. "육체의 소욕은 성령을 거스리고 성령의 소욕은 육체를 거스리"(갈 5:17)므로, 신자가 스스로 원하는 일을 행하지 못하게 되고 따라서 갈등이 생기는 것이다. 그러나 이 갈등에서, 물론 언제나 그런 것은 아니지만, 선한 원리가 대개 승리를 얻는다. 하나님의 자녀는 육체를 따라서 행하지 않고 성령을 따라 행하기 때문이다.

그러므로, 참된 그리스도인은 하나님의 형상을 따라 새로움을 입어서 거룩해진다는 것이 이런 간단한 공부를 통해서도 분명히 드러난다. 그들은 하나님을 사랑하며, 하나님의 온전하심에 만족을 얻고 안식을 얻는다. 그리고 하나님의 뜻에 복종하고, 하나님의 피조물로서 또한 그의 자녀로서 그와 관계를 가지며 그 속에서 즐거워한다. 이들은 경건한 삶을 살며 영의 아버지와 교제를 나누며 또한 그의 독생자 예수 그리스도와 교제를 나눈다. 이들은 순종하는 자녀들로서 과거의 육욕에 따라서 살지 않고, 그들을 부르신 이가 거룩하시듯 그들도 모든 대화에서 거룩한 모습이 드러난다. 정의로우시고 긍휼이 많으신 하나님의 형상을 입고 있기 때문에, 이들은 이웃을 향하여 정직하며 자비를 베풀며 자기 자신의 유익이 아니라 다른 사람의 유익을 구한다. 또한 이렇게 자기 자신에 대해 승리를 거두는 일이나 하나님의 형상에 화합하는 일은 갈등이나 자기 부인이 없이는 이루어질 수가 없기 때문에, 이들은 마음의 미묘한 악들을 항상 대적하며 나아가는 것이다.

어떤 사람은, 이것이 신앙이라면 어느 누구도 신앙이 있다고 말할 수 없다고 말할지도 모른다. "청함 받은 자는 많으나 택함 받은 자는 적으니라," 혹은 "생명으로 인도하는 문은 좁고 길이 협착하여 찾는 이가 적음이니라"(마 7:14)는 말씀이 사실이라는 것이 여기서 드러난다. 신앙에 대한 관념을 성경에서 찾아야지, 신앙이 있다고 이야기하는 사람들의 삶에서 찾아서는 안되는 것이다. 성경이 신앙이 하나님을 사랑하고 사람을 사랑하는 데 있다고 말씀한다는 것은 부인할 수 없는 사실이다. 그리고 하나님의 사랑이 경외와 헌신과 순종, 그리고 사람에게 자비와 공의를 행하며 그들을 사랑하는 데서 나타난다는 것도 의심의 여지가 없는 사실이다.

그리고 하나님을 향하여 그렇게 경건하며 순종하며 또한 형제들을 향하여 그렇게 정의롭고 자비하며 또한 우리 자신을 향해서는 그렇게 순전하고 자기를 부인하는 모습이 없다면, 아무리 겉으로 모양을 갖추었다 해도, 아무리 입으로 고백한다 해도, 아무리 종교적인 봉사에 열심을 낸다 해도 우리가 그리스도인임을 주장할 수 없다는 사실을 우리의 양심이 증거해 준다. 그러나 이러한 특징들 모두가 참된 그리스도인에게 필수적이지만, 모든 그리스도인들이 다 똑같은 정도로 그런 특징들을 드러내는 것은 아니다. 마치 육체의 외모나 정신적인 능력이나 사회성이 사람마다 제각각이듯이, 그리스도인으로서 지닌 성품은 사람에 따라서 굉장히 다양하게 나타나는 것이다.

그러나 모든 사람들이 이처럼 서로 매우 다르지만, 그러면서도 동일한 특색을 갖추고 있으며 동일한 정신 능력을 갖추고 있고 또한 동일한 사회적 성향을 지니고 있는 것처럼, 그리스도인도 은혜를 나타내는 면에서는 개개인이 서로 차이가 있을 수 있지만, 그리스도인이라면 누구나 성령으로 말미암아 인도함을 받으며 또한 모두가 성령의 열매들을 맺는 것이다.

진정한 신앙의 본질에 대해서 이처럼 간략하게 살펴 보았으니, 이제는 참된 신앙의 필요성에 대해 몇 마디 말씀을 하는 것이 좋을 것이라 여겨진다. 거룩이 절대적으로 필요하다는 사실은 항상 염두에 두어야 한다. 그 이외의 다른 것들에 대해서는, 바람직하기는 하지만 필수적인 것은 아닌 것들도 있고, 또한 일상적인 상황에서는 필수적이지만 보편적으로 절대적으로 필요한 것은 아닌 것들도 있다. 그러나 거룩은 그것이 없이는 구원이 불가능하다는 의미에서 필수적이다. 왜냐하면 구원이란 원칙적으로 이런 마음의 변화에 있기 때문이다. 예수께서 구세주이신 것은 그가 자기 백성을 죄에서 구원하시기 때문이다. 그러므로, 거룩해지지 않는 사람은 구원 받은 것이 아니다.

사람이 죄 가운데 거하면서도 여전히 구원 받은 상태에 있을 수 있다는 가르침은 마치 사람이 병 중에 있으면서 동시에 건강할 수 있다는 말이나 마찬가지로 모순된 것이다. 구원의 상태는 바로 거룩의 상태인 것이다. 이 두 가지는 서로 뗄래야 뗄 수 없는 관계에 있다. 구원은 그저 죄의 형벌에서 건져내는 것만이 아니라, 죄의 권세에서 구해내는 것이기도 하기 때문이다. 구원이란 육체의 소욕과 마음의 악한 욕심에 종이 되어 있는 상태에서 자유를 얻는 것이다. 구원이란 하나님의 사랑과 교제 속으로 들어가는 것이요, 영혼이 하나님의 형상을 회복하여 하나님을 사랑하게 되는 것이요, 그를 섬기는 일을 즐거워하게 되는 것이다. 이것이 구원이다. 그러므로 구원은 언제나 이 땅의 삶 속에서 시작되는 것이다. "진실로 진실로 내가 너희에게 이르노니 믿는 자는 영생을 가졌나니"(요 6:47). 이것이 우리 주님이 쓰시는 언어다. "육신의 생각은 사망이요 영의 생각은 생명과 평안이니라"(롬 8:6).

그런 가르침만큼 도저히 변명할 수 없는 착각은 없다. 왜냐하면 은혜의 상태가 죄에 속한 삶과 부합된다는 사상보다 성경의 모든 가르침과 정면으로 상치되는 것은 없기 때문이다. 거룩함이 없이는 누구도 하나님을 볼 수가 없다(히 12:14). 우리가 어떠한 교파에 속해 있든, 우리가 어떠한 특권이나 전문 지식을 갖고 있든, 마음과 삶이 거룩하지 않으면, 하나님의 뜻을 생각하는 것에 습관적으로 지배를 받지 않으면, 하나님과의 교제를 즐거워하지 않고 하나님의 형상에 부합되기를 소원하지 않는다면, 성령으로 말미암아 인도함을 받지 않고 그리하여 성령께서 항상 만들어내시는 사랑과 희락과 평강과 오래 참음과 자비와 양선과 신실함과 온유와 절제를 나타내 보이지 않는다면, 그렇다면 우리는 신앙인도 아니며, 또한 구원 받은 상태에 있는 것도 아닌 것이다.

성경은 교만하고 이기적이며 시기심 많고 부정한 그리스도인에 대해서 전혀 아는 바가 없다. 그리스도인들은 거룩한 부르심을 받은 자들이요, 주 예수의 이름으로 우리 하나님의 성령으로 말미암아 씻음을 받았고 거룩하여졌으며 또한 의롭다 하심을 받은 자들이다. 이들은 그리스도 예수 안에서 거룩해진 성도(聖徒: 곧, 'saints', '거룩한 자들')들이다. 이들은 영적인 것들에 관심을 가지며, 정과 욕심을 육체와 함께 십자가에 못박았으며, 심령이 가난하며 마음이 온유하고 청결한 자들이요 긍휼히 여기는 자들이요, 의에 주리고 목마른 자들이다. 이들이 이미 얻었다 함도 아니요 완전해졌다 함도 아니다. 오직 그리스도 예수께 잡힌 바 된 그것을 잡으려고, 뒤에 있는 것은 잊어버리고 앞에 있는 것을 잡으려고 푯대를 향하여 그리스도 예수 안에서 하나님이 위에서 부르신 부름의 상을 위하여 좇아가는 것이다. 이들의 시민권은 하늘에 있고, 거기서부터 구원자 곧 주 예수 그리스도를 바라보니, "그가 만물을 자기에게 복종케 하실 수 있는 자의 역사로 우리의 낮은 몸을 자기 영광의 몸의 형체와 같이 변케 하시리라"(빌 3:12-14, 20-21).

다시 말씀하거니와, 하나님이 거룩하시므로, 그의 백성도 반드시 거룩해야 한다. 일치나 화합이 없이는 하나된 교제도 있을 수가 없다. 상대방이 싫어하는 것을 사랑하고, 상대방이 정죄하는 것을 인정하고, 상대방이 거부하는 것을 원한다면, 이들 사이에는 교제가 있을 수 없을 것이다. "빛과 어두움이 어찌 사귀며, 그리스도와 벨리알이 어찌 조화되리요?"(고후 6:14-15). 그러므로 우리가 하나님이 인정하시지 않는 상태에 있는 한, 하나님이 사랑하시는 것을 사랑하지 않는 한, 하나님과 우리 사이에 교제란 있을 수가 없는 것이다. 그리하여 그리스도께서는 이렇게 말씀하신다: "육으로 난 것은 육이요 성령으로 난 것은 영이니 내가 네게 거듭나야 하겠다 하는 말을 기이히 여기지 말라"(요 3:6-7).

"육신의 생각은 하나님과 원수가 되나니"(롬 8:7)라고 말씀했는데, 이런 상태가 계속되는 한, 우리가 하나님의 임재를 즐거워한다는 것은 불가능한 것이다. 하나님이 영혼에게 합당한 유일한 분이시며 그의 은혜와 교제가 우리의 행복에 필수적이며 천국이란 하나님을 보며 그를 사랑하고 섬기는 데 있기 때문에, 거룩해지지 않으면 구원받은 것일 수가 없고 여기 이 땅에서 하나님의 백성의 사귐과 의무와 기쁨에 마음을 두고 즐거워하지 않으면 하늘에서도 그것들을 누릴 수가 없다는 것이 너무나 분명해지는 것이다. 그러므로 거룩의 필연성은 하나님의 본성 그 자체에서 연유하며, 따라서 그 필연성은 절대적이며 불변하는 것이다.

또한 우리는 거룩이 구속의 목표(end)라는 것을 알고 있다. 그리스도께서는 그의 교회를 위하여 자기를 주셔서 그 교회를 거룩하게 하시고 깨끗이 씻으셨고, 그리하여 거룩하고 흠이 없게 하셨다. 주님은 의로우신 자로서 불의한 자들을 위하여 죽으셔서 우리를 하나님께로 인도하셨다. 계속해서 죄 가운데 남아 있는 자들의 경우에는 구속의 목표가 이루어지지 않는다. 다시 말하면 그들은 구속함을 받은 것이 아니다. 그러므로, 그리스도로 말미암아 구속받는 것과 죄에 계속 머물러 있는 것이 함께 공존(共存)할 수 있다고 생각한다면, 그것은 결국 복음 전체를 뒤집는 것이요 그리스도의 죽으심의 효과를 완전히 없애버리는 것이나 마찬가지가 된다.

그리스도의 백성이 그의 거룩에 참예하는 자가 되지 않는다면, 구세주의 사명과 고난의 계획과 목적 전체가 망쳐지고 마는 것이다. 왜냐하면 그 백성들이 거룩해져야만 비로소 그들에게서 하나님의 영광이 드러나기 때문이며, 또한 구속자이신 그리스도의 보상이 그의 백성들을 이끌어 그 자신의 형상과 화합하도록 하여 그가 많은 형제들 가운데서 장자(長子)가 되시는 데 있기 때문이다. 하나님의 자녀는 누구든지 구속의 매력과 영광은 바로 죄에서 구원함을 받는 것과 하나님을 닮아가는 데 있다는 것을 느낀다. 이것이야말로 의의 면류관이요, 하나님이 위에서 부르신 부름의 상이요, 그리스도인이 바라고 위하여 고난을 당하고 위하여 기도하는 그 존귀함이요 축복이다.

그리스도인에게 거룩해지지 않고서도 얼마든지 구원을 받을 수 있다고 말한다면, 그것은 구원에 대한 모든 사고를 혼란에 빠뜨리는 것이요 또한 그의 모든 소망을 산산이 깨뜨리는 것이다. 구원의 본질, 하나님의 성품, 하나님의 말씀의 선포, 구속의 계획 등, 이 모든 것들이 거룩이 절대적으로 필수불가결하게 필요하다는 사실을 한결같이 입증해 준다. 그러므로 우리가 지금 어떤 상태에 있든지 또 과거에 어떤 모습이었든지간에, 거룩하지 않다면, 우리는 하나님의 자녀도, 또한 하나님 나라를 상속받을 후사(後嗣)도 아닌 것이다.

제2절 성화의 수단

흔히들, 심지어 기독교 저술가들마저도, 거룩에 이르는 문제를 그저 도덕성의 문제로, 아니면 기껏해야 자연 종교에 속하는 문제로 취급하는 경향이 많다. 사람은 모름지기 이성의 힘을 사용하여 악한 성향을 통제하고 덕스러운 삶을 살아야 할 동기들을 마음에 가지며 자기 절제를 실행함으로써 의지를 강화시켜야 한다고들 말한다. 그리고 이성의 독단을 제어하기 위해, 혹은 죄인에게 범죄의 결과를 경계하기 위해 양심을 동원한다. 하나님의 임재와 하나님의 섭리의 교리, 그리고 미래의 심판에 대한 교리들 또한 대개 죄의 방종을 막고 덕행을 자극하기 위하여 존재하는 것처럼 생각한다. 덕스러운 습관을 배양하거나 악한 습관들을 교정하는 문제에 대해서 특별한 지침이 주어지기도 한다.

인간은 이성적 존재로서 동물적인 욕구나 감정에 대응하여 이성의 지배를 받도록 되어 있기 때문에, 덕을 실행하는 문제에 대한 그런 진지한 노력에는 진실한 면도 많고 중요한 점도 많은 것이 사실이다. 그러나 우리는 타락한 존재로서 우리 스스로 자신을 치유할 수 있는 능력이 전무(全無)하기 때문에, 그런 규칙들이나 그런 규칙들을 통해서 이루어지는 온갖 노력들이 그 자체로는 전혀 효과가 없을 수밖에 없는 것이다.

하나님께서 육체에는 회복 능력을 주셨다. 몸의 체계에 유해한 것은 제거하고 우발적인 사고나 해를 당했을 때에 상처를 스스로 치유하는 능력이 인간의 육체 자체 속에 있는 것이다. 그러나 그 체계 자체가 망가져 있을 때에는, 그 체계 가운데 잘못된 것을 교정시키기는커녕 오히려 일시적인 이상으로 그칠 것도 더 상태를 악화시킨다. 이 때에 외부의 수단을 통해서 한 부분에서 어떤 악한 증상이 감지되면, 그 증상이 다른 부분에서 또 나타난다. 팔 다리 가운데 어느 하나가 썩어서 절단해 놓고 나면, 남은 부분에서 곧 똑같은 증상이 나타나는 것이다.

몸의 체계 자체가 망가져 있을 경우, 그런 방법들은 그저 일종의 완화제(緩和劑)로서 악한 증상을 일시적으로 멈추거나 감추는 정도에 지나지 않고, 그 악한 증상의 근원을 전혀 건드리지 못하고 그냥 남겨두는 것이다. 이와 마찬가지로, 마음이 새로워지지 않는 한 이성과 양심을 동원하여 아무리 노력해도 거의 소용이 없는 것이다. 흐름을 방해하거나 은밀한 통로로 흐름을 바꾸어 놓을 수 있을지는 모르나, 물의 근원에까지 도달하지는 못하는 것이다. 타락 이후에도 여전히 우리에게는 이성, 선택력, 양심, 사회적 감정, 정의감, 두려움, 부끄러움 등이 있다. 그러므로 이런 행동 원리들을 기술적으로 운용하면 적절한 품행을 만들어내고 매우 온화한 성품과 가치있는 성격을 만들어내는 데 많은 기여를 할 수가 있는 것이 사실이다.

그러나 이런 수단을 사용하여 하나님과 우리의 이웃을 향한 올바른 안목과 느낌이 생겨나게 한다는 것은 불가능한 일이며, 또한 이기심, 교만 등 우리 본성의 타락한 갖가지 악한 면들을 근절시킨다는 것도 불가능한 일이다. 이성과 양심으로 인하여 행동이 바뀌게 될 수는 있다. 그러나 마음까지 변화되지는 않는 것이다. 싫어하는 사람에게 의무감 때문에 억지로 자선을 베풀 수는 있다. 그러나 그 미움을 사랑으로까지 바꿀 수는 없는 것이다. 행복을 바라는 욕심 때문에 외형적으로 하나님을 위해 봉사하는 일에 참여할 수는 있다. 그러나 그렇다고 해서 그런 봉사가 기쁨이 되는 것은 아니다.

사람의 감정 혹은 기분(affections)은 이성의 독단에도, 양심의 명령에도 복종하지 않는 법이다. 겉으로 상당히 절제된 것처럼 보일 수는 있지만, 그 본질까지 바꾸어지지는 않는 것이다. 감정이나 기분은 자기들의 법칙을 따른다. 당사자의 기질에 맞으면 좋아하는 감정이 나오게 되어 있는 것이다. 어떤 대상을 반드시 즐거워하고 기뻐해야 한다고 하여 그것을 억지로 사람에게 엮어 놓는다고 해서 감정이 거기에 복종하여 그대로 따르는 것이 아니다.

그렇다고 해서 이성과 양심을 무시하거나 폄하하려는 뜻은 아니다. 그러나 이성과 양심의 본연의 영역을 아는 것이 반드시 필요하다. 그래야만 거룩해지려고 노력할 때에 부적절한 수단에 의존하지 않을 것이 아닌가? 우리가 순수한 우리 자신의 힘만으로는 하나님을 알고 사랑하게 될 수가 없다는 것이 성경과 경험을 통해서 익히 아는 사실이다. 그러나 그렇다고 해서 이성이 전혀 소용이 없는 것은 아니다. 이미 새로움을 얻은 사람에게는 탁월한 도덕성의 배양을 위하여 이성이 제시하는 갖가지 법칙들이 상당한 가치가 있는 것이다. 이 문제에 대해서 지혜자들의 조언을 접함으로써 개선(改善)을 위한 이런 모든 종속적인 수단들을 부지런히 익히고 사용하는 것이 매우 중요한 것은 물론이다. 그러나 여기서 반드시 기억해야 할 것은, 사람의 영혼 속에 하나님의 생명을 산출시키고 유지시키는 일은 우리 자신이 지닌 목적의 힘으로도 도덕적 사고의 힘으로도, 아니면 어떠한 규율로도 되는 것이 아니라는 사실이다.

어떤 부류의 사람들은 도덕성을 계발하기 위하여 이성과 양심을 주로 의존하고, 또 어떤 부류의 사람들은 ― 아마 이 부류가 더 많을 것이다 ― 어떤 특별한 수단들을 의존하는 경향이 있다. 그 수단 자체로서는 거룩을 산출할 수 있는 능력이 전연 없는데도, 마치 하나님께서 그것들을 지정하셔서 거룩을 만들어내는 고유한 효능을 부여하신 것처럼 잘못 생각하고 그 수단들에 의존하는 것이다.

비단 이교도들이 하는 목욕, 순례, 고행 같은 것뿐 아니라, 부패한 기독교 교회들에서도 이런 의식들이 무수하게 많다. 성수(聖水)를 몸에 뿌린다든지, 일정한 형식의 기도문을 반복한다든지, 이해하지도 못하면서 종교 의식에 참여한다든지, 기름을 바른다든지, 안수한다든지, 믿음이 없이 그저 성례에 참여한다든지 ― 이런 수단들 자체가 사람의 영혼에 은혜를 전달한다고 믿는 것이다.

또한 세상에서 벗어나 은둔하는 일이나 특정한 시간과 장소에서, 혹은 특정한 자세로 기도하는 것이나, 혹은 금욕적인 자기 절제의 일과에 따라서 생활하는 따위의 수단들에 의지하는 사람들도 굉장히 많다. 죄를 멸하기 위해서 이런 수단들을 얼마나 열심히 끈기있게 실행해왔는지, 교회 역사가 여실히 증거해 주고 있다. 심지어 사도 시대부터 이미, 그런 수단에 의지하여 거룩에 이르겠다는 사고가 드러나기 시작하고 있는 것이다.

그 당시에도 이미 고기를 금하라든지, 결혼을 금하라든지 하는 명령을 수행하는 사람들이 있었다. 사도 바울은 이렇게 말씀하고 있다: "곧, 붙잡지도 말고 맛보지도 말고 만지지도 말라 하는 것이니… . 이런 것들은 자의적 숭배와 겸손과 몸을 괴롭게 하는 데 지혜 있는 모양이나" 이런 것들은 그저 육체를 만족시키기만 할 뿐이다(골 2:21-23).

성경은 이런 것과는 전연 다른 가르침을 우리에게 가르치고 있다. 성경의 가르침은 이런 것이다. 곧, 신자는 그리스도와 연합하여 그의 죽으심의 공효에 참여한 자가 될 뿐 아니라, 그들 속에 생명의 원리로서 거주하시며 점점 더 하나님의 형상에 일치되도록 역사하시고 하나님 자신의 선하고 기뻐하시는 뜻에 따라 행하도록 역사하시는 성령님께 참여한 자들이 된다는 것이다. 또한 성경은 사람이 율법 아래 있는 한 ― 즉, 하나님께 용납을 받는 근거로 율법의 요구를 만족시켜야 하는 한 — 그리고 율법적인 사고에 지배를 받는 한, 또는 형벌을 받을 것이 두려워 그저 의무감으로만 생활하는 한, 사람은 노예의 상태 가운데서 하나님을 향하여 올바른 감정을 가질 수도 없고, 거룩의 열매들을 맺을 수도 없다는 것을 가르쳐 준다.

그러나 그리스도의 죽으심으로 말미암아 율법에서 해방되면, 앞에서 이미 말씀한 그런 의미에서 하나님과 그들의 관계 전체가 변화된다. 이제는 종이 아니라 하나님의 자녀인 것이다. 그의 죽으심에서 그리스도와 연합하였으므로, 그들은 이제 그의 생명과 연합한 자가 되었고, 이러한 연합의 결과로 하나님을 향하여 열매를 맺게 되는 것이다. 그들 속에 성령께서 거하시게 되어 그의 인도하심을 받는다. 그리고 이 성령은 영혼에게만이 아니라 육체에게도 생명의 근원이시다. 그리스도를 죽은 자 가운데서 다시 살리신 그 하나님의 영이 우리 속에 거하신다면, 그리스도를 죽은 자 가운데서 다시 살리신 그 하나님께서 또한 우리 속에 거하시는 그의 영으로 말미암아 우리 육체도 살리실 것이다(참조. 롬 8:11).

그러므로 성경이 가르치는 성화(聖化)의 교리는, 우리가 거룩하게 되는 것이 양심이나 도덕적 동기의 힘으로나 극기(克己)의 행위로 되는 것이 아니라, 그리스도와 연합하여 하나님과 화목한 상태가 되며 성령께 참예한 자가 됨으로써 거룩하게 된다는 것이다. 그리스도께서는 우리에게 칭의(稱義: 의롭다 하심)가 되실 뿐 아니라 성화가 되시는 것이다. 그는 율법의 형벌에서 우리를 자유케 하실 뿐 아니라, 우리를 거룩한 자로 만드시는 것이다. 그러므로 복음에 의하면, 칭의 없는 성화, 혹은 칭의 이전의 성화란 있을 수가 없는 것이다. 그리스도 바깥에 있는 자들은 죄의 권세와 정죄 아래 있는 것이다. 그리고 그리스도 안에 있는 자들은 정죄에서 해방될 뿐 아니라 죄의 권세에서 구원을 받는 것이다.

그렇게 많은 것이 걸려 있는 그리스도와 그의 백성 사이의 이러한 연합의 본질은 아주 신비한 것임에 틀림없다. 사도 바울은 "우리는 그 몸의 지체임이니라"고 말씀한 다음, 곧바로 "이 비밀이 크도다"라고 덧붙이고 있다(엡 5:30, 32). 그러므로 이 연합의 문제를 우리가 이해할 수 있는 수준으로 끌어내리려는 시도는 허망한 것이다. 하나님께서 우주 가운데 임재하시고 활동하시는 방식은 우리에게는 도저히 파악할 수 없는 신비인 것이다. 우리의 영혼이 육체 속에 어떻게 존재하며 어떻게 활동하는지조차 알지 못하는 형편이 아닌가? 그러니 그리스도께서 그의 영으로 그의 백성의 마음 속에 거주하시는 방식을 파악할 수 있다는 기대 자체가 허망한 것이다. 그런 연합이 존재한다는 사실은 분명히 계시되어 있다. 그 효과가 분명하게 진술되어 있으며, 또한 아주 충격적인 실례를 통해서 그 본질이 제시되어 있다.

우리 주님은 그의 대제사장적인 기도에서 이렇게 말씀하셨다: "아버지께서 내 안에, 내가 아버지 안에 있는 것 같이 저희도 다 하나가 되어 우리 안에 있게 하사 … 내가 저희 안에, 아버지께서 내 안에 계셔 저희로 온전함을 이루어 하나가 되게 하소서"(요 17:21-23).

사도 요한은 말씀하기를, "그의 계명들을 지키는 자는 주 안에 거하고 주는 저 안에 거하시나니 우리에게 주신 성령으로 말미암아 그가 우리 안에 거하시는 줄을 우리가 아느니라"(요일 3:24)고 한다.

또한 사도 바울은 "누구든지 그리스도의 영이 없으면 그리스도의 사람이 아니라 또 그리스도께서 너희 안에 계시면 몸은 죄로 인하여 죽은 것이나 영은 의를 인하여 산 것이니라"(롬 8:9-10)고 덧붙인다. 그는 말하기를, "너희 몸은 너희가 하나님께로부터 받은 바 너희 가운데 계신 성령의 전(殿)인 줄을 알지 못하느냐? 너희는 너희의 것이 아니라"(고전 6:19)라고 하며, 또한 다음과 같이 묻는다: "너희가 하나님의 성전인 것과 하나님의 성령이 너희 안에 거하시는 것을 알지 못하느뇨?"(고전 3:16).

성경은 이런 가르침으로 가득 차 있다. 메시야의 강림과 관련한 구약의 위대한 약속은, 메시야가 강림하실 때에 성령께서 사람들에게 풍성하게 전해질 것이라는 것이다. 그리스도께서 우리를 구속하신 것은 우리로 하여금 그 약속하신 성령을 받게 하기 위함이라고 한다(갈 3:13-14). 사도들이 인정하는 바 구속의 은택에 참여했다는 유일한 증거는 바로 성령께 참여하는 것이었는데, 이는 성령께서 전달하시는 놀라운 능력으로 드러나든지,

아니면 성령의 임재를 끊임없이 표시해 주는 거룩의 아름다운 열매들을 통해서 드러나는 것이다.

이 연합으로 나타나는 효과는, 이미 말씀한 바와 같이, 그리스도의 공로에 대하여, 또한 성령의 내주하심에 대해서 관심을 갖게 된다는 것이다. 여기서 그리스도의 공로는 우리의 의롭다 하심을 위한 것이요, 성령의 내주하심은 우리의 성화를 위한 것이다. 이 연합의 본질은 여러 가지로 설명할 수가 있다. 그것을 한 대표자와 그가 대표하는 그 집단과의 사이에 존재하는 연합에 비할 수도 있다. 이렇게 본다면, 아담을 가리켜 그리스도와 같다고 할 수 있고, 그리스도를 가리켜 둘째 아담이라고 할 수가 있다. "아담 안에서 모든 사람이 죽은 것 같이 그리스도 안에서 모든 사람이 삶을 얻으리라"(고전 15:22).

이런 관념은, 그리스도께서 그의 양떼들을 위하여, 혹은 그들을 대신하여 죽으셨다고 말할 때나, 또한 양떼들이 그리스도와 함께 죽었고 그리하여 그리스도의 죽으심이 결국 그들의 죽음이 되었으며 그리스도께서 그들을 대신하여 공의의 요구를 만족시키사 율법의 저주에서 그들을 구속하셨다고 할 때나 항상 나타난다. 그리스도와 신자들 사이의 연합을 몸의 머리와 지체들 사이의 연합에 비유하는 것이다. 그러나 이것이 그리스도께서 그의 백성을 다스리신다거나 그리스도와 그의 백성 사이에 공동의 느낌과 관심이 있다는 의미만은 아니다.

이런 비유적 표현이 담고 있는 주된 사상은 생명의 연합된 교류(community)가 있다는 것이요 그와 그들 안에 동일한 성령이 거하신다는 것이다. 몸이 한 영혼에 의해서 생명을 갖게 되고, 그 영혼을 통해서 온 지체들이 하나가 되며 공동의 생명을 전달받듯이, 그리스도 안에 거하시는 성령께서도 그리스도로 말미암아 그의 모든 백성들에게 전달되며 그리하여 그 백성들이 아주 특별한 의미에서 그리스도와 하나가 되며, 그 백성들끼리도 하나가 되는 것이다. 성령께서 그리스도 안에 자리하고 있고 거기에 근원을 두고 있는 그 생명을 그의 백성 모두에게 부여하시는 것이다. "몸은 하나인데 많은 지체가 있고 몸의 지체는 많으나 한 몸임과 같이 그리스도도 그러하니라. 우리가 유대인이나 헬라인이나 종이나 자유자나 다 한 성령으로 세례를 받아 한 몸이 되었고 또 다 한 성령을 마시게 하셨느니라"(고전 12:12-13).

그리스도께서도 동일한 의미를 지닌 또 다른 비유적인 표현을 사용하신다. 곧, "나는 포도나무요 너희는 가지니 저가 내 안에, 내가 저 안에 있으면 이 사람은 과실을 많이 맺나니 나를 떠나서는 너희가 아무것도 할 수 없음이라"(요 15:5)라는 말씀이 그것이다. 가지가 포도나무와 연합하여 그 포도나무의 생명을 함께 나누며 절대적으로 그 나무에 의존하듯이, 신자도 그리스도와 연합하여 그의 생명을 함께 나누며 그에게 절대적으로 의존하는 자들인 것이다. 그리스도로 말미암아 그들에게 전달되는 성령께서 그들 속에 계셔서 생명과 결실의 원리가 되시는 것이다.

그리스도와 그의 백성은 하나이다. 그가 건물의 기초시라면, 그 백성은 건물이다. 그리스도는 포도나무요 그들은 그 나무의 가지들이다. 그는 머리요 그들은 몸이다. 그가 살아계시기 때문에 그들 역시 살 것이다. 그들이 사는 것이 아니요 그들 속에 그리스도께서 사시는 것이기 때문이다. 그리스도께서는 제자들에게 성령에 대해서 말씀하시기를, "저는 너희와 함께 거하심이요 또 너희 속에 계시겠음이라"(요 14:17)고 하셨는데, 그 성령께서는 영적 생명의 근원이실 뿐 아니라 영적 생명으로 말미암아 나타나는 모든 일들의 근원이 되시는 것이다.

그리스도의 백성은 성령으로 세례를 받으며(눅 3:16), 성령으로 나며(요 3:5), 하나님의 영이 그들 속에 거하시기 때문에 신령한 자들이라 칭함을 받는다(고전 3:16). 그러나 이와 반면에 중생하지 못한 자들은 자연인들이며 감각적이고 "성령이 없는 자"들이다(유 19). 신자들은 성령으로 말미암아 거룩하게 되며(고전 6:11), 성령의 인도함을 받으며(롬 8:15), 성령 안에서 살며(갈 5:25), 성령으로 말미암아 강건하게 되고(엡 3:16), 성령으로 충만케 된다(엡 5:18). 그들은 성령으로 말미암아 죄를 죽이며(롬 8:13), 성령으로 말미암아 의의 소망을 기다리며(갈 5:5), 성령으로 말미암아 하나님께로 나아감을 얻으며(엡 2:18), 성령 안에서 기도하고 찬미한다(고전 14:15). 그들에게 있어서 성령은 지식의 근원이요(엡 1:17), 기쁨의 근원이요(살전 1:6), 사랑과 오래 참음과 양선과 충성과 온유와 절제의 근원이다(갈 5:22-23).

성령의 내주(內住)하심의 교리는 복음의 본질 속에 배어 있어서 절대적인 복음의 필수적 요소가 되어 있다. 그리스도께서 값주고 사셔서 선물로 주신 하나님의 영이 그의 백성들과 항상 함께 계셔서 그들의 내적 활동과 외적 행동을 인도하셔서 마지막에 점도 없고 흠도 없이 하늘의 순결함과 복락에 들어가도록 이끄신다는 이 위대한 진리를 복음에서 빼버린다면, 그것은 복음이 아닌 것이 되고 마는 것이다.

거룩한 삶의 비결은 바로 이 그리스도와 신자의 연합의 교리에 있다. 이 교리는 죄 사함에 대한 소망의 근거가 될 뿐 아니라, 죄에 대하여 죽고 의에 대하여 사는 힘의 근원이 되기도 한다. 신자는 그리스도 안에 뿌리를 박고 터를 세움으로써 그의 성령으로 말미암아 속 사람이 강건해지며 구속의 비밀의 넓이와 길이와 깊이와 높이를 깨달을 수 있게 되고 지식에 넘치는 그리스도의 사랑을 알 수 있게 되고 하나님의 모든 충만하심으로 가득 채워지게 되는 것이다(엡 3:17-19). 신자는 바로 이 교리 덕분에 온갖 시련 가운데서도 꿋꿋이 설 수 있으며, 모든 원수들을 이길 수 있게 된다. 왜냐하면 사는 것이 그 자신이 아니고 그리스도께서 그의 안에서 사시며 그의 삶에 필요한 은혜를 풍성히 베풀어주시며 그를 정결케 하셔서 선한 일에 열심 있는 그의 친 백성이 되게 하시기 때문이다.

그리스도와의 연합이 영적 생명의 근원이므로, 그 생명을 유지하고 촉진시키는 수단은 모두가 이 교리와 연관되며 또한 이 교리에서 그 효능이 생긴다. 그리하여 우리가 믿음으로 깨끗이 되며(행 15:9), 믿음으로 거룩하게 되며(행 26:18), 믿음으로 살며(살 2:20), 믿음으로 말미암아 구원을 얻는다고 하는 것이다(엡 2:8). 믿음은 이처럼 중요한 기능을 지닌다. 왜냐하면 믿음은 우리와 그리스도의 연합의 끈이기 때문이다. 믿음은 우리로 하여금 우리의 의롭다 하심을 위하여 그리스도의 공로를 우리 것으로 요구할 권리를 줄 뿐만 아니라, 우리를 그의 성령에 참예케 하게 만들어주기도 하는 것이다. 그리스도께서는 약속하시기를, 누구든지 자기에게 오는 자는 생명의 물을 받을 것이라고 하셨는데, 사도는 이것이 성령을 의미한다고 말씀한다. 믿음으로 말미암아 그리스도와 연합을 이룰 때에 비로소 하나님께 가까이 나아가며 우리의 영혼을 열어 그의 거룩케 하시는 사랑의 영향력을 받을 확신이 생기는 것이다. 하나님의 모든 충만하심과 은혜에 은혜를 얻는 것도 믿음으로 말미암아 되는 일이다. 시험을 이기며 우리의 사명을 다할 힘을 하나님께 구하는 것도 믿음으로 말미암아 되는 일이다. 지극히 크고 귀한 약속들을 받아 하나님의 성품에 참예하게 되는 것도 믿음으로 말미암는 것이다.

그리스도를 믿는 믿음이 신자의 거룩함과 평강의 근원이라는 사실을 모든 그리스도인들은 경험으로 잘 알고 있다. 시험을 당하여 낙심이나 죄에 빠질 때에 그를 바라보며 그에게 도움을 구하면, 인간의 의지로도 어떤 다른 동기로도 얻을 수 없는 큰 힘을 얻게 되어 그 힘으로 시험을 이기고 견디게 된다는 것을 아는 것이다. 그리스도의 지체들로서 하나님께 나아갈 때에, 자유로이 하나님 앞에 나아가며 또한 말할 수 없는 기쁨과 영광이 가득함을 체험하게 되는 것이다. 환난으로 인하여 침체에 빠져 있을 때에도, 우리를 위하여 친히 고난 당하사 모범을 보이신 그분과 우리가 하나가 되었다는 사실을 기억하면 환난 가운데서도 기쁨이 생기는 것이다. 우리가 고난을 당하면 또한 그와 함께 왕노릇할 것을 알기 때문이다.

더 나아가서, 그리스도와 연합한 덕분에 우리는 영적 생명의 근원인 성령을 받았으므로, 우리는 또한 성령께서 떠나시게 부추기는 모든 일을 피하여 그 생명을 유지해간다. 성경은, 성령께서 근심하실 수도 있고, 그의 영향력이 소멸될 수도 있고, 하나님께서 가끔 그렇게 성령을 거스르는 자들에게서 그 성령의 영향력을 거두어가기도 하신다는 사실을 가르친다. 악한 생각과 거룩하지 못한 성질과 범죄 행위들은 피해야 한다. 그런 것이 죄악된 것이기 때문이기도 하거니와 또한 성령을 거스르는 것이기 때문이기도 하다. 영혼을 죄로 더럽히거나 무절제와 음란으로 육체를 더럽히는 것은 신성모독이다. 왜냐하면 우리가 그리스도의 지체들이요 우리의 몸은 성령이 거하시는 전(殿)이기 때문이다. 반대로, 올바른 생각과 의로운 목적과 거룩한 욕심은 계속 높이고 기려야 한다. 그 자체가 옳기 때문이기도 하거니와 그것들은 우리의 성화(聖化)를 주장하시는 성령께로부터 나오는 것이기 때문이기도 하다.

이것은 그저 도덕적인 사고에 의지하고 우리 자신의 힘에 의존하여 죄를 대적하고 올바른 감정을 배양하는 것과는 전혀 다른 것이다. 그런 것을 세상은 도덕성이라 부른다. 그러나 이것은 성경이 말하는 신앙은 아닌 것이다. 그리스도인으로서는 그런 도덕성에 대한 사고도 필요하고 또 그것에 대해서 정당하게 대해야 하는 것은 사실이다. 그러나 그 도덕성에 의지해서 거룩해지려고 노력할 수는 없는 것이다. 그리스도인의 삶은 예수 그리스도를 믿는 믿음으로 말미암아 되는 것이며, 끊임없는 성령과의 관계 속에서 그를 의지함으로써 그 삶이 유지되는 것이다. 우리 자신의 노력으로 우리 자신을 거룩하게 만들 수 있고 우리 자신의 행위로 의롭다 함을 받을 수 있다는 사고는 복음의 신앙과는 모순된 것이기 때문이다.

성령과의 교제는 주로 기도를 통해서 이루어진다. 기도는 그저 남을 의지하는 본성이 인간 존재의 근원이신 분께 도움을 구하는 하나의 본능적인 행위는 아니다. 더구나 기도를 믿음과 욕망의 자연적인 표현으로만 보아서도 안 되고, 우리의 영이 아버지와 나누는 교제의 한 방식으로만 보아서도 안 된다. 기도는 성령을 받는 지정된 수단이기도 한 것이다. "너희가 악할지라도 좋은 것으로 자식에게 줄 줄 알거든 하물며 너희 천부께서 구하는 자에게 성령을 주시지 않겠느냐?"(눅 11:13). 그러므로 우리는 항상 기도하며 끈질기게 기도해야 하며, 특히 하나님께서 역사하셔서 하나님의 생명이 우리 심령 속에 유지되며 촉진되도록 위해서 기도해야 하는 것이다.

성령께서 하나님의 백성들 속에서 역사하사 그의 기쁘신 뜻대로 뜻을 갖게 하시고 또한 행하게 하신다는 교리는, 우리 쪽에서 하나님을 아는 지식과 은혜 가운데서 자라나도록 합리적인 수단과 성경적인 수단들을 부지런히 사용해야 한다는 논리와 모순되는 것이 아니다. 성령께서 역사하시는 방식은 인간으로서 파악할 수가 없지만, 성령께서는 일깨우시고 가르치시고 설득하시는 일을 하시는데 이 모든 것이 이성에 영향을 미치는 것이다. 그러므로 성령께서 하나님의 백성 가운데 내주(內住)하신다고 해서 우리 자신의 기능이 소멸되는 것이 아니다. 성령께서는 그것들을 인도하셔서 행동하게끔 역사하시는 것이다. 그러므로 성령께서 우리를 위하여 행하신다고 말씀하는 그 일들을 사실 우리가 행해야 하며, 또한 그렇게 행하라는 명령을 받고 있는 것이다.

민음이 하나님의 역사에 속하지만 우리가 믿는다. 회개가 그리스도의 선물이지만 우리가 회개한다. 사랑, 온유, 양선 등 모든 은혜들이 성령의 열매들이지만, 우리가 사랑하며, 온유하며 선을 드러내는 것이다. 이렇게 우리의 존재가 하나님의 이러한 영향 아래서 인도함을 받아 바른 기질과 감정을 행사함으로써 성화(聖化)의 역사가 우리 가운데 이루어지는 것이다. 인간의 본성은 힘을 계속해서 발휘하면 그 힘이 더 커지는 법칙을 지니고 있는데, 이것이 거듭난 영혼의 거룩한 기질에서도 그대로 적용되기 때문이다.

철학자들은 한 마디 말을 발설함으로써 대기에 일어난 진동은 절대로 그치지 않는다고들 말한다. 이것이 사실이든 아니든, 경건한 감정은 그 어떤 것이든 경건의 원리를 강화시켜주며 영혼을 영구히 보다 낫게 만들어 주는 것이 사실이다. 그런 영향력에서, 혹은 우리로 하여금 사랑, 믿음, 또는 감사를 불러일으키는 그런 섬김에서 비롯되어 생겨나는 선행은 그런 행동 그 자체만으로서 끝나는 것이 아니다. 절대로 그렇지 않다.

하나님과 갖는 한 시간의 교제는 절대로 사라지지 않는 깊은 감동을 남기며, 언제나 악의 영향을 덜 받고 선의 영향을 더 받도록 만들어 주는 것이다. 또한 성령께서도 영혼을 자극하여 거룩을 실천하도록 하며 계속해서 하나님과의 교제를 갖도록 이끌어주며, 그리하여 그 영혼을 더욱 거룩하게 만들어주며 또한 하늘의 불변하고 완전한 거룩에 더 합당하도록 만들어 주는 것이다.

이러한 거룩한 행실이 실제로 나타나는 것은 주로 진리를 묵상하고 하나님을 예배하며, 사명을 수행함으로써 이루어지는 것이다. 모든 생각과 감정에는 대상이 있기 마련인데, 그 대상이 또한 그것들을 불러일으키는 성향이 있다. 하나님의 거룩하심과 능력이 우리의 마음 속에 있지 아니하면 우리는 하나님을 경외할 수가 없다. 하나님의 탁월하심과 선하심을 바라보지 않고서는 그를 사랑할 수가 없다. 하나님의 말씀을 묵상하지 않고서는 하나님을 믿을 수가 없고, 그의 약속을 바라보지 않고서는 소망을 가질 수가 없다. 이런 감정들이 그 적절한 대상을 상정하는 것처럼, 이 대상들이 또한 그 감정들을 자극하는 성향이 있는 것이다.

우리가 부패하지만 않았더라면, 그 대상들을 볼 때마다 거기에 합당한 감정들이 반드시 생겨났을 것이다. 그러나 우리가 부패하였지만, 그 대상들의 고유한 본질에서 나오는 성향들은 그대로 남아 있다. 그리고 성령께서 우리의 부패성을 교정하시고 제거하심에 따라서 그 대상들이 적절하게 영향력을 발휘하는 것이다. 그러므로 성경은 우리가 진리로 거룩함을 얻는다고 말씀하며(요 17:19), 그리스도의 말씀으로 깨끗하게 된다고 하며(요 15:3), 진리의 말씀으로 거듭난다고 하며(약 1:18), 하나님의 영광을 봄으로써 하나님의 형상으로 화하게 된다고 말씀하고 있는 것이다(고후 3:18).

하나님에 관한 진리가 지속적으로 마음 속에서 활동하도록 하지 않으면서 하나님의 형상을 닮아가기를 기대한다는 것처럼 불합리한 일은 없을 것이다. 마음에 세상의 생각과 근심이 가득 차 있으면서, 특히 죄를 생각하거나 죄를 보고서 악에 감동받기를 잘 하는 그런 마음을 갖고 있으면서, 어떻게 하나님의 거룩하심과 선하심과 위대하심에 부응하는 감정들이 그 속에서 강하게 자리잡기를 기대할 수 있겠는가? 그리스도와 그의 일을 거의 생각하지 않는 사람들의 가슴 속에서 어떻게 그리스도를 향한 사랑이 강하게 역사할 수 있겠는가? 사물의 본질 그 자체가 변화하지 않고서는 그렇게 될 수가 없다. 그러므로 하나님의 말씀을 읽고 듣고 묵상하는 일에 시간을 드리지 않고서는 거룩에 있어서 진전을 이룰 수가 없다. 하나님의 말씀이야말로 우리를 거룩하게 만들어주는 진리인 것이다.

이 진리를 마음에 담을수록, 이 진리와 교감하며 그 의미를 깨우치고 우리 자신의 경우에 적용시키며 그 원리들을 수용하고 그 동기를 인식하며 그 약속에 기뻐하며 그 경고에 떨며 그것에 영향을 받아 눈에 보이는 일시적인 것에서 벗어나 눈에 보이지 않는 영원한 것에로 올라갈수록, 더욱 더 마음을 새롭게 함으로 변화를 받아 거룩하고 의로우며 선한 것을 분별하고 사랑할 수 있게 되는 것이다. 경건에 뛰어난 사람들은 언제나 기도의 사람들이었고 동시에 묵상의 사람들이었고, 온갖 기쁨과 슬픔이 있는 세상의 영향에서 마음을 멀리하고 하나님의 말씀의 가르침과 계명과 약속들에 마음을 두는 사람들이었던 것이다.

진리에 대한 묵상 이외에, 하나님을 예배하는 일이 은혜 안에서 자라가는 중요한 수단이 된다. 예배는 모든 경건한 감정을 시행하고 표현하는 것만이 아니다. 예배는 하나님과의 교제를 유지하며 그의 은혜를 전달받는 지정된 수단이다. "오직 여호와를 앙망하는 자는 새 힘을 얻으리니 독수리의 날개치며 올라감 같을 것이요 달음박질하여도 곤비치 아니하겠고 걸어가도 피곤치 아니하리로다"(사 40:31). "주의 집에 거하는 자가 복이 있나이다. 저희는 힘을 얻고 더 얻어 나아가 시온에서 하나님 앞에 각기 나타나리이다"(시 84:4, 7).

이것은 계시의 문제요 동시에 체험의 문제다. 하나님의 백성들은 언제나 그들의 영의 아버지께 사적으로, 공적으로 예배를 드리는 일이 그들의 영적 힘을 새롭게 하는 주요 수단임을 깨달아왔다. 성소는 이 땅에 있는 하나님의 성전이요, 성소의 예배는 손으로 지어지지 않은 하늘에 속한 영원한 성전의 예배를 미리 예비하는 성격을 지니는 것이다.

은혜의 수단인 성례가 여기서도 적절한 위치를 차지한다. 옛 경륜에 속한 이스라엘 백성들에게 희생 제사와 의식들이 있었듯이 우리에게는 성례가 있는 것이다. 그러므로 하나님을 알고 사랑하는 일에 계속 발전하기를 바라는 그리스도인이라면 하나님께 드리는 모든 지정된 예배의 형식과 예배의 기회에 신실하게 참석하는 법이다. 홀로 골방에서도 늘 예배하며, 교회당에서 드리는 예배와 성찬에 시간을 엄수하여 참석한다. 뿐만 아니라 마치 사람이 친한 친구와 교제 나누기를 바라고 애쓰듯이 하나님과의 교제의 기회를 구하고 찾을 것이다. 이러한 예배를 많이 누릴수록, 하늘의 복락 가운데서 빛의 아버지와 나눌 완전한 교제를 더 잘 준비하게 되는 것이다.

마지막으로, 선해지기 위해서는 우리가 선을 행해야 한다. 행동이 웅변의 전부라는 말이나, 행동이 신앙의 전부라는 말은 분명 잘못된 것이다. 생각과 감정의 표현이 아닌 행동은 결코 웅변이 될 수 없고, 경건한 마음에 의해서 인도함을 받지 않는 행동에는 신앙이 있을 수가 없는 것이다. 그런 마음이 유지되어야만 비로소 겉으로 드러나는 행위가 의미나 가치를 지닐 수 있는 것이다. 오늘날 나타나는 악한 성향 가운데 하나는 아마도 신앙을 문 바깥으로 밀어내고 집 안에 들이지 않고 거리나 공중 집회에다 묶어두며, 떠들썩한 겉치례와 겉으로 드러내 보이는 흥분 이외에는 아무 음식도 주지를 않는다는 것일 것이다.

그러나 이런 것은 신앙의 힘을 파괴시키는 것이다. 신앙의 힘의 근원을 잘라내버리는 것이요 하늘에서 온 온유하고 거룩한 방문객을 시끄럽고 왁자지껄한 이 땅의 거민으로 바꾸어 버리는 것과도 같다. 속으로 신앙이 있기보다는 겉으로 신앙 있는 체하는 것이 훨씬 더 쉽고, 마음을 부지런히 다스리기보다는 교회의 임무들을 적극적으로 수행하는 것이 훨씬 더 쉽기 때문에, 우리는 신앙의 참 능력보다 신앙의 겉모양을 더 좋아하는 오류에 빠질 위험이 다분하다. 사람들은 무언가에 열심 있는 것을 좋아하고 바쁘기를 바라기 때문에 세상적인 일에도 아주 적극적으로 임하는데, 이런 성향이 전혀 성격이 바뀌지 않은 채로 종교적인 활동에서도 그대로 나타나는 경우가 얼마든지 있는 것이다.

그러나 위험은 이와 정반대쪽에도 상존하고 있다. 신앙이 외형적인 행동에 있는 것은 아니지만, 신앙은 언제나 행동을 만들어내는 것이다. "누가 이 세상 재물을 가지고 형제의 궁핍함을 보고도 도와줄 마음을 막으면 하나님의 사랑이 어찌 그 속에 거할까보냐?"(요일 3:17). 어머니의 사랑이 반드시 어린 아기를 살피고 돌보는 행동으로 이어지듯이, 하나님을 향한 사랑도 반드시 그의 계명에 순종하는 데로 이어지는 것이다. 그러므로, 사람이 오로지 자기의 구원에만 관심을 갖고 그것과 관련된 행동만을 한다면, 그 사람의 신앙은 헛된 것이다.

그리스도인들 중에 모든 관심을 지나치게 자기 자신에 대해서만 제한시킨 나머지 한평생을 머뭇거리며 사는 사람들이 얼마나 많은지 모른다. 모든 은혜들, 곧 하나님을 향한 믿음과 사랑, 그리고 사람을 향한 공의와 자비를 조화 있게 시행할 때에 비로소 영혼의 건강이 유지되고 촉진될 수 있는 것이다. 선을 행하면 사람이 더 나아지는 것이 자비를 실천함으로써 자비의 원리가 강화되기 때문만은 아니다. 물을 주는 사람이 또한 스스로 물을 받게 되도록 하나님께서 정해놓으셨기 때문이기도 한 것이다. 형제들의 육신적 영적 유익을 위하여 노력하는 자들에게, 구속자 그리스도의 모범을 따르는 자들에게, 선을 행하면서 하나님과 동행하는 자들에게, 하나님이 은혜를 부어주시는 것이다.

성경에 나타나 있는 대로 참된 신앙은 겉으로 과시하는 것도 아니요 감정으로 폭발적으로 분출시키는 것도 아니다. 참된 신앙은 영구하며 자발적이며 발전하는 영적 삶의 원리로서 전인(全人)에게 영향을 미치며 온갖 의의 열매를 맺는 것이다. 참된 신앙이란 어느 한 가지 선한 성향이 아니라, 모든 올바른 감정과 행동의 뿌리요 샘으로서 하나님을 향한 사랑과 순종에서, 사람을 향한 정의와 자비에서, 그리고 자기 자신을 적절히 운영하는 데서 그 모습을 드러내는 것이다.

이러한 신적인 생명은 이성이나 양심의 노력으로나 어떠한 미신적인 행위로 얻어지거나 지속될 수 있는 것이 아니다. 이러한 생명은 그리스도와의 연합에서 흘러나오는 것이다. 그리스도께서 그의 성령을 그의 모든 지체들 속에 거하게 하셔서 이러한 생명을 얻도록 하시는 것이다. 이 신적인 생명을 촉진시키기 위해서는 은혜의 성령을 근심케 하는 경향이 있는 모든 것을 피하여야 하며, 또한 성령의 거룩한 영향력을 마음에 기리게 해주는 모든 일을 행해야 한다. 우리가 거룩하게 되는 것은 바로 이 영향력으로 말미암는 것이다. 진리를 묵상하며 하나님께 예배하며 우리의 모든 상대적인 의무들을 수행하는 가운데 모든 거룩한 기질들을 실천하도록 이끌어주기 때문이다.

본서는 교양 있는 젊은이들을 위하여 계획된 것으로 실천적 신앙과 직접적인 관련을 맺는 계시의 위대한 진리들을 독자들에게 심어주고자 하는 목적으로 씌어졌다. 본서는 독자들에게 성경 자체가 분명한 근거를 갖고 있기 때문에 성경의 신적 권위에 대한 온갖 회의론이 도무지 핑계가 되지 않는다는 점을 설득력 있게 제시하도록 고안되었다. 하나님의 성품, 의무의 규범, 그리고 구원의 계획 등의 계시들을 제시하여 즉각적인 동의를 촉구하며 또한 그 계시들의 진실성과 선함에 굴복하도록 촉구해왔다. 구속자 그리스도를 하나님의 아들로 또한 죄인의 구주로 제시하였다. 하나님의 영광이 그의 속에 계시되어있기 때문에, 그를 하나님으로 또한 구주로 인정하기를 거부하는 사람들은 결국 무한히 탁월하신 하나님을 신뢰하고 순종하기를 거부하는 것이다. 모든 사람이 입을 닥치고 잠잠히 있도록 하기 위해서, 성경은 그 신적 기원에 대한 증거를 가득히 갖고 있음은 물론, 이적, 예언, 그리고 역사와 관련한 모든 종류의 적절한 증거들을 통해서 성경이 과연 하나님의 말씀이라는 사실이 확증되는 것이다.

성경의 신적 권위가 이렇게 확립된 다음, 성경을 아는 모든 사람들이 확정지어야 할 큰 문제는 바로, 구원의 계획에 대해서 의무의 규범에 대해서 성경은 과연 무엇을 가르쳐주느냐? 하는 것이다. 본서는 독자로 하여금 이 질문에 스스로 답할 수 있도록 도움을 주도록 고안되었다. 그리하여, 성경이 우리 모두가 죄인이라는 사실과 또한 죄인으로서 우리가 하나님의 사랑을 잃어버렸고 그리하여 우리 자신을 구속할 능력이 우리에게 없다는 것을 가르친다는 사실을 제시하였다.

그리고 이 죄의 문제에 대해 우리 자신이 깨달음을 갖게 되고 나면, 그 다음에는 "구원을 받기 위하여 우리가 어떻게 해야 하는가?" 하는 질문이 반드시 생겨나게 된다. 이 질문에 답하기 위해서, 본서는 예수 그리스도께서 여인에게서 나셔서 율법 아래 계셨고, 율법의 요구를 만족시키시며, 의인으로서 불의한 자로 죽임을 당하시고, 죽은 자 가운데서 다시 살아나사 지극히 높은 곳으로 오르셔서 거기서 항상 사셔서 우리를 위하여 간구하신다는 사실을 성경이 제시하고 있음을 지적하였다. 성경은, 우리가 하나님 보시기에 의로운 자들로 인정을 받는 것이 우리가 행하거나 경험한 어떤 일 때문이 아니라 전적으로 그리스도께서 우리를 위해 행하신 일로 말미암아서 되는 일이라는 사실을 가르친다. 성경은 또한 그리스도로 말미암아 구원을 받기 위해서는 그를 우리의 구주로 받아들여야 한다는 사실을 가르친다. 우리 자신의 의를 세우려고 이리저리 노력하는 것으로는 안 되고, 오직 하나님의 의에 굴복하는 것으로 구원을 받는 것이다. 이렇게 해서 믿는 자들은 동시에 회개하게 된다. 곧, 예수 그리스도로 말미암아 죄에서부터 하나님께로 돌아서는 것이다. 그들은 이제 그리스도를 좇는 자들이 되었고, 이제 세상 앞에서 그를 고백함으로써, 또한 그가 그에 대한 충성을 시인하며, 또한 그의 은혜를 우리에게 전해주시는 수단으로 지정하신 그 규례들에 열심히 참여함으로써, 과연 그리스도를 좇는 사람이 되었음을 스스로 선포하는 것이다.

계속해서 성경은, 우리가 그렇게 세상을 버리고 우리 스스로 주님과 연합하고 나면 이제 비로소 그리스도인으로서의 우리의 일이 시작된 것이라는 사실을 가르친다. 중생으로 시작된 영적 삶은 성령으로 말미암아 계속 지속된다. 성령께서 하나님의 모든 백성 안에 거하시면서 그들을 가르치셔서 형편에 따라 필요한 모든 은혜와 보호하심을 그들의 살아 계신 머리가 되시는 예수 그리스도께 구하도록 하시는 것이다. 그들은 주 예수 그리스도의 이름으로, 또한 우리 하나님의 영으로 말미암아 씻음을 얻고 거룩함을 얻고 의롭다 하심을 얻는다. 그리고 빛 가운데 있는 성도들의 기업을 받기에 합당하도록 만들어져서 결국 하나님의 그 복된 임재 속에 들어가게 되며, 그의 은혜와 사랑의 충만한 교제를 영원토록 누리게 되는 것이다.

찰스 하지의 조직신학개요

초판 발행   2004년 1월 25일
중쇄 발행   2011년 8월 30일

발행처   **크리스챤
다이제스트**
발행인   박명곤
주소   경기도 고양시 일산동구 정발산동 1193-2
전화   031-911-9864, 070-7538-9864
팩스   031-911-9824
등록   제 98-75호
판권   © 크리스챤다이제스트 2004
총판   (주) 기독교출판유통
         전화 031-906-9191~4
         팩스 080-456-2580